铸牢中华民族共同体意识研究

虎有泽 尹伟先 主　编
云　中 马晓旭 副主编

中国社会科学出版社

图书在版编目(CIP)数据

铸牢中华民族共同体意识研究 / 虎有泽，尹伟先主编 .—北京：中国社会科学出版社，2019.8（2024.11 重印）

ISBN 978-7-5203-4694-8

Ⅰ.①铸… Ⅱ.①虎…②尹… Ⅲ.①中华民族-民族意识-文集 Ⅳ.①C955.2-53

中国版本图书馆 CIP 数据核字（2019）第 143017 号

出 版 人	赵剑英
责任编辑	宫京蕾
责任校对	李 剑
责任印制	郝美娜

出　　版	中国社会科学出版社
社　　址	北京鼓楼西大街甲 158 号
邮　　编	100720
网　　址	http://www.csspw.cn
发 行 部	010-84083685
门 市 部	010-84029450
经　　销	新华书店及其他书店

印刷装订	北京君升印刷有限公司
版　　次	2019 年 8 月第 1 版
印　　次	2024 年 11 月第 8 次印刷

开　　本	710×1000　1/16
印　　张	16
插　　页	2
字　　数	260 千字
定　　价	98.00 元

凡购买中国社会科学出版社图书，如有质量问题请与本社营销中心联系调换

电话：010-84083683

版权所有　侵权必究

序

新时期、新阶段中华民族就是中国民族，中国民族包含了汉族在内的56个民族。共同生活在中国疆域内，共同书写了中国悠久的历史、共同创造了中国丰富多彩的文化，同时也创造了各自民族的传统文化和地域文化，形成你中有我、我中有你的中国民族。新时期的中华民族是一种自觉的民族认同和国家认同，不需要建构，也不可能建构。取消民族改用族群或者直接取消民族区域自治政策是行不通的，除了理论与政策外，更多的是感情，感情是长年累月、心与心交往所建立的，单靠政策或理论建构也只能是暂时的。中华人民共和国成立70年来，国家各项事业蒸蒸日上，国际地位显著提高，综合国力日益增强就是最好的佐证。所以说70年56个民族对国家的认同是发自内心的感情，56个民族间的交往也是真挚的感情，70年来各民族经济、文化、教育等各项事业都取得了长足的发展，70年的感情来之不易，70年的感情坚如磐石。从党的十七大报告中正式提出建设中华民族共有精神家园到2014年中央民族工作会议"建设各民族共有精神家园，积极培养中华民族共同体意识，强调要把建设各民族共有精神家园作为战略任务来抓。"、2017年党的十九大报告中"全面贯彻党的民族政策，深化民族团结进步教育，铸牢中华民族共同体意识。"贯穿始终的是民族团结、民族发展的重要性。如果说共有精神家园是一种精神，那么共同体意识就是一种力量源泉，这种力量源泉可以内化为一种凝聚力、向心力，为国家富强、民族振兴贡献每一个民族的力量，每一个公民的力量。这也应该是不断铸牢中华民族共同体意识的根本原因。正如费孝通先生所言，"中华民族作为一个自觉的民族实体，是近百年来在中国和西方列强对抗中出现的，但作为一个自在的民族实体则是几千年的历史过程所形成的。"中华民族不是56个民族的简单叠加，在中华民族共同体中具有高于56个民族的国家意识，这就是"共休戚、共存亡、共荣辱、共命运"的一个中国的凝聚力和向心力。

中华民族是包含汉族和少数民族的统称，是在一个国家认同的前提下蕴含的政治属性称谓，一味地强调中华民族是汉族或者少数民族都不属于中华民族。新时期的中华民族是中国各民族的总称。自梁启超在1902年《论中国学术思想变迁之大势》中正式提出"中华民族"，1840年第一次鸦片战争再到1945年全民族抗日战争的胜利，国家认同成为抵抗外来侵略、抗日救亡的一面大旗，各民族的国家意识空前高涨，围绕国家认同所形成的凝聚力奠定了中国民族解放和国家独立的精神基础、中国统一的多民族国家认同的思想基础，并且在国家独立、民族解放的实践熔铸中形成了相得益彰的多元文化与一元认同的共生共存共享的多民族国家结构。中华民族是包含56个民族的命运共同体，56个民族对中华民族的认同就是对中国国家的认同，这种认同有两方面的原因：一是民族自觉的过程。一方面是历史上各民族间自然交流交往交融，另一方面也可以说是一种外因与内因的转换，列强的侵略致使各民族面临亡国灭族的危险是外因，保族爱国是内因。二是政策扶持。以民族区域自治为主要内容的中国特色民族政策在中华人民共和国成立70年为各民族增强国家认同和中华民族认同创造了条件。特别是改革开放以后，随着西部大开发战略的实施，以经济建设为中心的发展使各民族的物质生活得到了极大的改善，中华民族认同和国家认同进一步加强，随着全面建成小康社会的不断推进和精准扶贫的持续深入，各民族互帮互助共同富裕、共同建设小康社会，实现伟大复兴的中国梦为构建中华民族共同体意识创造了物质基础。

培育中华民族共有精神家园，铸牢中华民族共同体意识不是一朝一夕就可以完成的，也不是依靠行政手段一蹴而就的。在2014年中央民族工作会议中，习近平总书记指出："做好民族工作，最关键的是搞好民族团结，最管用的是争取人心，要高举各民族大团结的旗帜，坚持绵绵用力、久久为功，把加强民族团结作为战略性、基础性、长远性工作来做。"用法律来保障民族团结，用民族团结铸牢中华民族共同体意识。要加强对民族地区和少数民族群众的普法力度，在宪法和民族区域自治法允许范围内，民族自治地方要尽快制定本地区政策法规保障各区域内少数民族的合法权益。只有56个民族合法权益都得到保障，民族团结才有可能全方位实现。由于经济的吸引力使人口流动的地域和数量规模都在扩大，大杂居、小聚居的民族生活居住格局将长期存在。对民族地区，民族宗教工作要放到社会发展整体中考虑，将各类社会事件笼统概括为涉民事件是将民族宗教工作的泛化，是主政者对于民族地区的不了解和群众基础差，是一种态度和意识问题。在非民族地区，习惯性将涉民事件指向为：事件当事人为少数民族，事件发生地生活着少数民族，或者直接认为事件中只要是汉族群众和非汉族群众就是涉民事件。我们认为新时期的涉民事件要放到社会综合治理中去考虑，在处理涉民事件要从宏观上区分：人民内部矛盾和敌我矛盾。人民内部矛盾中要区分：政治的、经济的、环境的、文化的、宗教的、风俗习惯六个关键因素。"无论是发生在非民族地区还是民族地区的社会事件，均应是社会总问题的一部分，应置于整个社会转型、经济转轨的大背景中去加以甄别、判断，舆论宣传在归因民族因素或社会因素时，主要侧重点在社会因素。发生在民族地区的群体性事件，并非全是民族因素突出的事件或因民族之间的关系问题而引发的事件，在探讨事件的原因时，不宜简单地认为只要是民族地区就往民族宗教因素上靠，不能把涉及少数民族成员、群体的一般民事纠纷和刑事案件都归结为民族问题。"和谐民族关系最重要的是相互尊重、相互包容，一定要用中华民族共同体意识包容各民族，使差异与多样成为资源和优势，而不是矛盾、麻烦和问题。另外，民族地区的发展不应该是"追赶"。民族地区"跨越式发展"要因地制宜，一味讲求追赶经济所带来的社会保障制度、环境承载力等问题势必凸显。民族地区经济的发展有其特有的社会环境，在决胜全面建成小康社会的过程中，要把"幸福感"作为经济发展的主要方向，在承接中东部产业转移过程中，要把生态环境的保护作为优先选择项，"绿水青山就是金山银山"。在文化方面，要尊重和认同中华文化是包含少数民族文化在内的多元一体文化。牢固树立中华文化是各民族优秀文化集大成的观念，绝不能仅把中华文化界定在汉族文化的有限范围内，要认识理解中华文化的多样性形式和多重性内涵。

中华民族的政治属性应该是 56 个民族的命运共同体意识，应该是对于国家的认同，服务于国家的整体发展；经济属性应该是在国家整体发展中的互补、互通有无、互借有益；文化属性应该是 56 个民族交往交流交融的历史延续和传承；制度属性应该是基于宪法，以民族区域自治法为主要内容的法律保障。"做好民族工作要坚定不移走中国特色解决民族问题的正确道路，让各族人民增强对伟大祖国的认同、对中华民族的认同、对中华文化的认同、对中国特色社会主义道路的认同、对中国共产党的认同"，56 个民族共同开拓、守卫祖国的疆域，56 个民族都对国家的发展做出了不可磨灭的巨大贡献，56个民族共同创造了中华文化、中国文明，新时期的"铸牢中华民族共同体意识，是铸牢56个民族你中有我，我中有你，谁也离不开谁的命运共同体"，是铸牢自觉维护国家统一、民族团结、社会和谐的国家意识，是铸牢共同致力于中华民族伟大复兴的中国梦。

虎有泽

2018年9月

目　录

中华民族共同体意识基本内涵探析 …………………… 哈正利（1）
在新发展理念下依法治理民族事务 ……………… 虎有泽　程　荣（8）
构筑各民族共有精神家园的机制研究 ………………… 胡清惠（24）
铸牢中华民族共同体意识在新疆的实践
　　——基于《新疆维吾尔自治区民族团结进步工作条例》
　　实施情况的调研 …………………………………… 彭无情（35）
乌兰夫民族团结思想的实践与启示
　　——以内蒙古自治区成立70年来建设各民族共有精神家园
　　为例 ………………………………………………… 吴胡日查（46）
国家认同：铸牢中华民族共同体意识 …………… 云　中　虎有泽（58）
中华民族共同体意识的形成
　　——以赣闽粤地区的畲族与客家为例 ……………… 钟观福（73）
蒙、汉民族关系研究
　　——以乌拉特后旗为例 ……………………………… 徐广玄（83）
民俗互动与民族交往：对一个乡村仪式的观察与思考 …… 舒斯强（93）
交往与交融：甘南卓尼县勺哇乡土、藏、汉民族关系研究
　　…………………………………………………………… 梁庆芬（104）
红星一牧场哈萨克牧工兵团意识变化及影响因素调查 …… 崔希涛（112）
施甸布朗族共有的精神家园
　　——众神守护的家园 ………………………………… 李发昌（126）
加强文化认同，铸牢中华民族共有精神家园的思想基础
　　…………………………………………………………… 殷　皓（136）
在"一带一路"背景下用"文化自信"构筑中华民族共有
　　精神家园 …………………………………………… 蒋　苇（143）
浅析民族文化建设对促进民族团结进步的影响 …………… 袁泽宇（151）

中国古代少数民族的中原文化认同意识
    ——以契丹人为例 ················· 格日拉措（158）
探析"中华民族共有精神家园"的构建基础 ········· 马青青（166）
构建中华民族共有精神家园 ····················· 祖钰棋（175）
和谐共生——共有精神家园的重要组成部分 ······· 钟晓焘（181）
中华民族共有精神家园建设中发挥少数民族文化作用的
    路径分析 ································· 丁 玫（189）
铸牢中华民族共同体意识内涵与路径 ············· 黄莉茹（200）
浅析"五个认同"与建设各民族共有精神家园 ····· 刘天培（207）
发展新型的民族关系，铸牢中华民族共同体意识 ··· 刘永礼（216）
浅谈铸牢中华民族共同体意识 ··················· 马文达（224）
构筑各民族共有精神家园
    ——大历史视域下对中华民族共同体的解读 ····· 王志达（233）
筑牢中华民族共同体意识
    ——浅谈文化认同的重要性 ··················· 桑吉扎西（240）

后记 ··· （248）

中华民族共同体意识基本内涵探析

哈正利[*]

中央民族工作会议召开以来，何为中华民族共同体、如何积极培育中华民族共同体意识成为热议话题。对于"中华民族共同体是历史上形成的一个命运共同体、政治共同体、社会共同体、文化共同体"已基本形成共识。但部分学者在探讨积极培育中华民族共同体意识的路径和策略的过程中，对于"中华民族共同体意识"则缺乏较为系统的理论阐释。如果不能准确把握"中华民族共同体意识"的科学内涵，各种培育实践效果势必会缩水打折。

何为中华民族共同体意识？笔者认为，中华民族共同体意识是中国各民族在不断交往交流交融的历史进程中，在历史、心理、社会、制度、政治、文化等层面取得一致性或共识性的集体身份认同。根据中央民族工作会议精神的指引，中华民族共同体意识的基本内涵至少包含以下六种意识。

一 国情家底意识

要培育中华民族共同体意识，首先必须准确掌握我国的基本国情，也就是必须有一个清晰的家底意识。习近平总书记在中央民族工作会议上明确强调了我们多民族国家的家底。

首先，掌握多民族的家底。这要求我们深刻认识"我国是一个统一的多民族国家"，正确认识"民族地区是我国的资源富集区、水系源头区、生态屏障区、文化特色区、边疆地区、贫困地区"。同时，必须看到

---

[*] 作者简介：哈正利，男，博士，中南民族大学教授，博士研究生导师。研究方向：社会人类学，民族理论与民族政策。

"多民族是我国的一大特色，也是我国发展的一大有利因素"。正如习近平所强调的，"多民族的大一统，各民族多元一体，是老祖宗留给我们的一笔重要财富，也是我们国家的一个重要优势。"

其次，掌握中华民族历史的家底。5000年的历史发展告诉我们，中华民族是一个命运共同体，一荣俱荣，一损俱损。各民族只有把自己的命运同中华民族的命运紧紧连接在一起，才有前途，才有希望。中华民族多元一体格局是历史上形成的，它是几千年来，中华民族始终追求团结统一的结果。它不是某些人的主观想象和建构，而是历史发展延续的实际结果。

最后，掌握中国民族理论政策的家底。中国特色解决民族问题的正确道路，是中国共产党在结合中国实际、总结中外经验的基础上，探索形成的，不是照搬照抄。正如习近平强调的："同世界上其他国家相比，我国民族工作做得都是最成功的，不要妄自菲薄！"

掌握这个家底是做好民族工作的基本前提，"只有了解了这个家底，才能真正了解我国的基本国情，懂得民族工作有多重要，做好民族工作多不容易。"

二　历史主流意识

要培育中华民族共同体意识，还必须准确把握我们多民族国家的历史与现实的主流。辨不清历史发展方向，判断不了复杂形势，必然导致认识上模糊，实践上失当，后果不堪设想！

首先，必须把握中国历史发展的主流。中央民族工作会议指出，从中国历史发展看，几千年来，中华民族始终追求团结统一，把这个看作"天地之常经，古今之通义。"无论哪个民族建鼎称尊，建立的都是多民族国家，而且越是强盛的王朝吸纳的民族越多，无论哪个民族入主中原，都把自己建立的王朝视为统一的多民族国家的正统。且在近代外国侵略和亡国灭种的危机前，经过血与火的抗争把各族人民凝聚为一个命运共同体。

其次，必须把握中国民族关系史的主流。我国历史的演进造就了我国各民族分布上交错杂居、文化上兼收并蓄、经济上相互依存、情感上相互亲近，形成了你中有我、我中有你、谁也离不开谁的多元一体格局。同时，历史上，我国各民族交往交流交融留下了很多佳话。战国时期赵武灵王的胡服骑射，北魏孝文帝自觉融入中原文化，新中国"八千湘女进新疆""三千孤儿入内蒙"，这使各民族间形成了越来越紧密的联系，增强了中华民族的凝聚力。这决定了我国现今民族关系大局是好的，民族团结的基础是稳固的。

最后，必须把握当前民族问题的主流。面对当今社会出现的涉及少数民族的问题，必须要有清醒的认识、科学的分析和准确的判断。习近平指出："涉及亿万人的交往交流交融过程，没有一点磕磕碰碰是不可能的。这是一个历史过程，出现这样的那样的问题，也不用大惊小怪，关键是要未雨绸缪，防患于未然，出了问题要及时化解，尽量避免出大的问题，不要影响安定团结的大局。""民族分裂势力企图破坏民族团结、极个别民族地区发生民族隔阂的现象，这是支流，不是主流。"他还强调："要摆事实、讲道理，引导广大干部群众多看主流，多看民族团结的光明面。"把握历史和现实的主流，是我们协调民族关系的重要前提。不能忽视历史主流，片面夸大问题，偏激处理问题。

三 政治法治意识

要培育中华民族共同体意识，必须树立正确的政治意识。处理好民族问题、做好民族工作，是关系祖国统一和边疆巩固的大事，是关系民族团结和社会稳定的大事，是关系国家长治久安和中华民族繁荣昌盛的大事。中外历史经验告诉我们，只要有民族存在，就会有民族问题存在，就要处理民族问题。民族问题是一个长期存在的历史现象，相应地，处理民族问题也是一个长期历史过程。因此，培育中华民族共同体意识，必须具有高度的政治意识和自觉法治意识。

首先，必须将中华民族共同体意识培育视为一项重要的政治。习近平强调："民族工作是政治性、政策性都很强的工作。要坚持从政治上把握民族关系、看待民族问题。要分清什么是民族问题，什么不是民族问题，既不能把不是民族问题的问题作为民族问题来处理，也不能把民族问题不当作民族问题来处理，而是什么问题就按什么问题处理，讲政治原则，讲政策策略，讲法治规范。"

其次，必须强化对伟大祖国、对中国共产党的政治认同。习近平说：

"我们党自成立之日起,就高度重视民族工作。做好民族工作是党的历史传统。""全党要牢记我国是统一的多民族国家这一基本国情,坚持把维护民族团结和国家统一作为各民族最高利益,把各族人民的智慧和力量最大限度地凝聚起来,同心同德为实现'两个一百年'奋斗目标、实现中华民族伟大复兴的中国梦而奋斗。"

再次,必须强化对中国特色社会主义道路的认同。在马克思主义理论的指引下,中国共产党团结带领各族人民选择了中国特色的社会主义道路。社会主义道路是全国各族人民在中国共产党领导下探索出来的,是解决民族问题的正确道路。这一道路在消除民族隔阂、促进民族交往交流交融、各民族共同发展繁荣上发挥出积极的推动作用,未来它必将同样发挥出更加积极的价值。

最后,必须强化对中国特色民族政策法律的制度认同。习近平指出:"现在,许多问题之所以会产生,不是因为没有政策,而是因为有政策而不落实。这个问题一定要解决,确保各项政策举措落实到位。""不落实"的主要原因在于对民族政策法律的制度认同不够,对政策法律内容掌握不够,推进民族事务治理法治化能力不够。要推进民族工作的法治化,就必须普及国家法律政策,使各族干部和群众普遍树立法治意识,自觉将民族事务、民族关系放在共同遵循的国家法律制度的天平上,以法理事、照章办事,才有可能做到是什么问题就按什么问题处理,才有可能更好地促进各民族和睦相处、和衷共济、和谐发展,巩固和发展平等团结互助和谐的社会主义民族关系,共同为实现中华民族伟大复兴的中国梦而奋斗。

四 团结合作意识

任何多民族国家,民族关系和谐都是其始终追求的目标,我国也不例外。正如习近平所强调的,民族团结是我国各族人民的生命线,要把加强民族团结作为战略性、基础性和长远性的工作,高度重视民族团结工作。促进民族团结的重要路径就是民族交往交流交融,其目标为:"通过扩大交往交流交融,创造各族群众共居、共学、共享、共乐的社会条件,让各民族在中华民族大家庭中手足相亲、守望相助。"毫无疑问,民族团结工作就是培育中华民族共同体意识的基础性工程。要做好这一基础性工程:

首先,强化"以人为本,心物并重"的民心意识。习近平强调"做好民族工作，最关键的是搞好民族团结，最管用的是争取人心。"他还强调民族工作的对象是人，不是物。"民族工作要见物，更要见人。做民族工作，说到底是做人的工作。"而且"推动民族工作要依靠两种力量，一是物质力量，二是精神力量。历史和现实都告诉我们，要解决好民族问题，物质方面的问题要解决好，精神方面的问题也要解决好，哪一方面的问题解决不好都会出更多的问题。还要认识到，物质力量和精神力量各有各的作用，在很大程度上是不可互相代替的，物质层面的问题要靠增强物质力量来解决，精神层面的问题要靠增强精神力量来解决。"

其次，强化"尊重差异，包容多样"的包容意识。要真正做到包容，一是要正确理解"一体"和"多元"的关系。习近平指出："一体包含多元，多元组成一体，一体离不开多元，多元也离不开一体，一体是主线和方向，多元是要素和动力，两者辩证统一。中华民族和各民族的关系，形象地说，是一个大家庭和家庭成员的关系，各民族的关系是一个大家庭里不同成员的关系。"二是要正确认识和处理差异性和共同性的问题，切实把握好处理民族问题的分寸。三是要坚决反对狭隘的民族主义和民族歧视。

五　共同发展意识

马克思主义民族理论强调，民族问题是社会总问题的一部分，因此，处理民族问题，就要在发展目标和路径的选择上，努力寻求各民族利益福祉的一致性。同时，必须明确认识，当今民族问题是社会发展中出现的，也必须用发展的手段来解决。习近平强调："发展是解决民族地区各种问题的总钥匙。""如果民族地区发展差距持续拉大趋势长期得不到根本扭转，就会造成失衡乃至民族关系、地区关系失衡。""落实民族区域自治制度，关键是帮助自治地方发展经济、改善民生。"

当前，解决失衡的问题主要是确保民族地区同步进入小康社会。要建成民族地区的小康社会，须做好四项重点工作，一是重点抓好教育和就业工作；二是重点抓好惠及当地的生态保护工作；三是抓好特困地区和特困群体脱贫的工作；四是抓好基础设施建设和对外开放。同时，要进一步推动兴边富民行动。基础设施落后是边疆建设要突破的"瓶颈"。要面向边疆农村牧区，打通"毛细血管"，解决好"最后一公里"问题，全面推进与群众生产生活密切相关的通水、通路、通电等建设，为兴边富民打好基础。

六　共建共享意识

习近平指出，加强中华民族大团结，长远和根本的途径是增强文化认同，建设各民族共有精神家园，积极培育中华民族共同体意识。文化认同是最深层次的认同，是民族团结之根、民族和睦之魂。文化认同问题解决了，对伟大祖国、对中华民族、对中国特色社会主义道路的认同才能巩固。

首先，要正确认识少数民族文化是中华文化的重要组成部分。习近平强调："中华文化是各民族文化的集大成。""要向各族人民反复讲，各民族都对中华文化的形成和发展做出了贡献，各民族要相互欣赏、相互学习。把汉文化等同于中华文化、忽略少数民族文化，把本民族文化自外于中华文化、对中华文化缺乏认同，都是不对的，都要坚决克服。"只有端正认识，才能相互尊重、相互欣赏、相互学习，才能相互认同；才能形成共识，才能实现文化共享。

其次，要正确理解少数民族自身的文化认同与中华文化认同并行不悖。多民族国家内，民族认同和国家认同客观上同时并存。习近平指出："不让一个民族认同本民族文化是不对的，认同中华文化和认同本民族文化并育而不相悖。当然，繁荣发展各民族文化，要在增强对中华文化认同的基础上来做，对本民族历史坚持正确的观点，不能本末倒置。"这一方面从理论上阐明了认同本民族文化与认同中华文化的关系；另一方面，也指明了增强中华文化认同是各民族文化发展的前提和方向。

再次，要汲取少数民族文化蕴含的社会主义核心价值观的养分。习近平明确指出，少数民族文化具有"崇尚自然，爱惜生灵，热爱生活，勤劳简朴，各族相亲，敬重长者，热情好客，守望相助，讲求道义，勇敢无畏，信守承诺，非义不取，自尊自爱，重情重理等"文化养分。他说："社会主义核心价值观决定着各民族共有精神家园的发展方向，一定要在全社会、在各民族中大力培育和践行。在这个过程中，要注重从少数民族文化中汲取营养。"他还批驳了对少数民族文化的错误认识，指出"那些认为少数民族文化落后，看不起甚至主张任其消亡的看法是错误的"。

最后，以上六种意识，基本涵盖了各族人民在历史、心理、社会、制度、政治、文化等层面对中华民族共同体形成与发展出来的一致性或共识性的认同。值得重视的是，不论是个体还是集体，其认同均具有多重性的特点，且其认同形式与内容未必是固定不变的，从来不是完成式，而是不断发展变化的历史过程，始终是进行式。因此，培育中华民族共同体意识必然是一个持续推进的战略性基础工程。只有厘清中华民族共同体意识的基本内涵，中华民族共同体意识的培育才不会成为无米之炊，才能有明确的培育内容、明晰的培育方向，科学的培育规划，从而收到事半功倍的效果。

在新发展理念下依法治理民族事务

虎有泽　程　荣*

党的十八届五中全会通过的《中共中央关于制定国民经济和社会发展第十三个五年规划的建议》首次明确提出"创新、协调、绿色、开放、共享"的发展理念。(简称"新发展理念")[①] 新发展理念是国家发展的理论指导，也是依法治理民族事务的行动指南。"在新发展理念下依法治理民族事务"应当是新时期民族法学研究的重要理论命题。然而，这一命题的历史实现需要在理论上以新发展理念为背景重新界说依法治理民族事务的内涵、重点和难点。

一　新发展理念下依法治理民族事务的内涵

在语言逻辑上，新理念下依法治理民族事务的内涵由新的发展理念和依法治理民族事务两个方面构成，其中依法治理民族事务为中心词，新的发展理念为限定性修饰语。当下，新的发展理念是依法治理民族事务的重要语境。申言之，理解新理念下依法治理民族事务的内涵，必须在对依法治理民族事务理论的内涵进行合理界说的基础上融入新发展理念的内容。当然，这一理解过程还必须建立在对关于依法治理民族事务的重要论述进行全面考察的基础之上。

---

* 作者简介：虎有泽，男，博士，西北民族大学教授，主要从事社会学、法学、民族学教学与研究；程荣，男，西北民族大学法学院讲师，四川大学法学院刑法学博士研究生，主要从事刑事法学与民族法学研究。

① 常欣欣、刘宗涛：《新常态下五大发展理念研究述评》，载《科学社会主义》2016年第2期。

（一）关于依法治理民族事务的重要论述

依法治理民族事务即"民族事务治理法治化"源自习近平总书记在2014年召开的中央民族工作会议上的讲话，他指出："用法律来保障民族团结，增强各族群众法律意识……顺应历史趋势，把推进民族事务治理法治化做深做实。"① 与之相关，中共中央、国务院《关于加强和改进新形势下民族工作的意见》明确提出："要加强民族工作法律法规建设，……坚持在法律范围内、法制轨道上处理涉及民族因素的问题。"② 其实，关于依法治理民族事务的重要论述是关于依法治国基本方略重要论述的具体化，是随着党和国家对依法治国基本方略的认识不断深化而被提出并逐步完善的。

1996年2月8日，在中央举办的第三次法制讲座上，江泽民同志首次对依法治国基本方略进行了系统全面的阐述，他指出："实行和坚持依法治国，就是使国家各项工作逐步走上法制化的轨道，实现国家政治生活、经济生活、社会生活的法制化、规范化；就是广大人民群众在党的领导下，依照宪法和法律的规定，通过各种途径和形式，管理国家事务，管理经济和文化事业，管理社会事务；就是逐步实现社会主义民主的制度化、法律化。"③ 尤其是"广大人民群众在党的领导下，依照宪法和法律的规定，通过各种途径和形式，管理国家事务，管理经济和文化事业，管理社会事务"。这一重要表述中蕴含着依法治理民族事务基本思想。此后直至党的十八届四中全会，无论是党的报告还是宪法修正案都对依法治国基本方略做了重要论述，从不同层面对依法治国基本方略的论述进行了完善。党的十五大报告将"法制"改为"法治"并将其确立为"党领导人民治理国家的基本方略"；九届全国人大二次会议将"依法治国，建设社会主义法治国家"作为宪法原则写入宪法修正案；党的十六大提出"政治文明""三统一"的法治原则来充实依法治国基本方略的内涵，并将其

---

① 《中央民族工作会议暨国务院第六次全国民族团结进步表彰大会在京举行》，载《人民日报》2014年9月30日。
② 中共中央、国务院：《关于加强和改进新形势下民族工作的意见》，载《人民日报》2014年12月23日。
③ 肖扬：《依法治国基本方略的提出、形成和发展》，载《求是》2007年第20期。

作为"全面建设小康社会的重要目标";党的十七大报告又强调"全面落实依法治国";党的十八大首次将"法治思维"和"法治方式"写入报告,提出"提高领导干部运用法治思维和方式深化改革、推动发展、化解矛盾、维护稳定能力",并将法治的作用重新定义为"法治是治国理政的基本方式",同时还把"全面推进依法治国"确立为推进政治建设和政治体制改革的重要任务,对"加快建设社会主义法治国家"做了重要部署;党的十八届三中全会将"推进法治中国建设"确立为全面深化改革的重大主题;党的十八届四中全会审议通过了《中共中央关于全面推进依法治国若干重大问题的决定》专题讨论依法治国,提出全面推进依法治国。① 由此可见,"法律手段""法治思维""法治方式""法律化""法治化"应当成为依法治国基本方略基本内涵的关键词。

而对于民族事务治理,据笔者考察缘于党的十八届三中全会将"推进国家治理体系和治理能力现代化"作为全面深化改革的总体目标提出。此后,时任国家民委主任的王正伟在国家民委学习贯彻习近平总书记系列讲话精神成果交流会上首次正式提出"民族事务治理体系和治理能力现代化",他指出:"要以推进民族事务治理体系和治理能力现代化为目标,依靠并服务各族人民,加快民族地区全面建成小康社会进程。"② 这一论断以"民族事务治理"替代"民族事务管理","突破了以'民族'作为民族事务事权与工作领域划分的狭隘观点,体现了服务型、责任型政府的职能转变趋势,更加强调政府综合运用市场、协商、法治等多种治理机制"。③

(二) 依法治理民族事务的理论内涵

对于依法治理民族事务的理论内涵,有观点认为:"民族事务治理法治化是指全面运用法治思维和法治方式治理民族事务,实现法律对民族事务治理从具体事项到治理过程的全覆盖,保障民族事务治理在法律范围内

---

① 参见张剑《依法治国渗入治国肌理》,载《京华时报》2014年10月24日。
② 王正伟:《推进民族事务治理体系和治理能力现代化》,新华网,http://news.xinhuanet.com/politics/2013-12/30/c_118771250.htm。
③ 朱军:《推进民族事务治理体系与治理能力现代化之我见》,载《中国民族报》2015年4月17日。

开展、在法制轨道上运行，形成办事依法、遇事找法、解决问题用法、化解矛盾靠法的民族事务治理新理念。"① 而根据上述党和国家关于依法治理民族事务的重要论述，借鉴基层治理法治化"是指在坚持党的领导、人民当家做主、依法治国有机统一的前提下，在县级以下（县级、乡级、村、社区等）行政区域推进依法执政、严格执法、公正司法、全民守法，将经济、政治、文化、社会等各项工作纳入中国特色社会主义法治体系，促进国家治理体系和治理能力的现代化"②的定义，笔者认为，依法治理民族事务是指广大人民群众在党的领导下，依照宪法和法律的规定，通过各种法律手段、途径和形式，运用法治思维和法治方式，解决民族关系公共事务问题，逐步实现民族事务治理的制度化、法律化的活动。之所以如此定义，是因为根据语言逻辑，依法治理民族事务由依法、治理、民族、事务四个语素组成。而"把复杂的语言分解成构成它们的基本成分，可以发现隐藏于语言内部的逻辑结构并增进语义的理解。"③

一般认为，依法是指"按照法律"，但是笔者愿意从实质上进行解释——不违法，即不违背法治精神，在依照宪法和法律规定的前提下，要综合运用各种不违法的手段、途径和形式，运用法治思维和法治方式，逐步实现制度化和法律化。简言之，在此依法之依为不违背，法为法治。由于民族习惯和宗教教义，将法理解为法治而非法律更有益于民族事务治理。

根据《现代汉语词典》，"治理有两个义项：一是统治、管理；二是处理、整修"。④ 如前所述，治理是对统治、管理的替代，更侧重于问题的处理和关系的整修。作为"政府再造运动"的产物，治理理念是对以往管理和统治的替代，是执政理念和工作机制的新发展，其本质在于不绝对依靠政府的权威或制裁，关键在于吸纳社会力量的积极参与，更强调价值理性和社会本位。⑤

---

① 侯万锋：《进一步提高民族事务治理法治化水平》，载《中国民族报》2016年2月5日。
② 李树忠：《全面认识基层治理法治化》，载《光明日报》2014年11月8日。
③ 参见［美］E.博登海默《法律学、法律哲学与法律方法》，邓正来译，中国政法大学出版社2004年版，第143页。
④ 《现代汉语词典》，商务印书馆2012年版，第1679页。
⑤ 参见杨鹍飞《论我国民族事务治理法治化：理念转变、现实困境与路径选择》，载《广西民族研究》2015年第5期。

对于民族与事务两个语素不宜再进行分解而应当合并理解,因为在语义上,"民族特指具有共同语言、共同地域、共同经济生活以及表现于共同文化上的共同心理素质的人的共同体;而事务是指所做的或要做的事情"。① 在此,民族事务应当限制解释,即应当理解为民族关系公共事务问题。一方面,是由国家治理的公共性决定的,并非所有涉及民族因素的事务国家都要进行民族事务治理;另一方面,是基于"从身份到契约"的平等理念考虑,以便能在法治的范围内廓清民族问题与社会问题的界限,而不致因血缘、地缘等因素泛民族化。如此理解也契合于中央"坚持从政治上把握民族关系、看待民族问题"的基本要求。②

(三) 新发展理念及其基本内容

诚如前述,新发展理念主要是指"创新、协调、绿色、开放、共享"的发展理念。详言之,"创新注重的是发展动力问题,要求从理论、制度、科技、文化等方面进行创新;协调主要解决发展不平衡问题,旨在通过区域协同、城乡一体等途径补齐发展短板;绿色关注的是生态文明,以实现人与自然的和谐共生;开放强调发展的内外联动,注重从全球视野解决中国发展问题;共享旨在实现社会公平正义,包括全民共享、全面共享、共建共享、渐进共享四个方面"。③

总体而言,新发展理念以目标和问题为导向,坚持以人民为中心,是在对社会发展态势和发展规律的认识进一步深化的基础上对科学发展观的发展,具有"系统性、辩证性、人民性、实践性、引领性等理论品格"④。尽管新发展理念立足国民经济和社会发展第十三个五年规划全局,但是这并不能遮蔽其本身所具有解决社会具体问题的方法论意义,更不影响从中萃取"发展""问题""创新""协调""绿色""开放""共享"等作为关键词。

毋庸置疑,新的发展理念赋予了依法治理民族事务新的内涵。"发

---

① 《现代汉语词典》,商务印书馆2012年版,第904、1188页。
② 中共中央、国务院:《关于加强和改进新形势下民族工作的意见》,载《人民日报》2014年12月23日。
③ 参见习近平《以新发展理念引领发展——关于树立创新、协调、绿色、开放、共享的发展理念》,载《人民日报》2016年4月29日。
④ 参见刘奇葆《新发展理念蕴含的理论特质和品格》,载《人民日报》2016年8月17日。

展"要素的融入使依法治理民族事务愈发动态化，更能突出治理的过程和应变；"问题"要素则能明确依法治理民族事务的导向，进而可以确立主线，在客体层面凸显治理的重点；"创新"要素的再次强调使得治理在替代管理、统治等理念创新的基础上从理论、制度、科技、文化等方面突破传统；"协调"要素有关系和比较意蕴使得依法治理民族事务的效果更加均衡，有利于从地域、阶层等方面改善民族关系；"绿色"要素背后的生态观念与协调相呼应，在其保护环境资源的本义之外还从民族关系健康发展的角度强调依法治理民族事务的效果；"开放"则更多地从视野和文化角度对依法治理民族事务的内涵进行充实，可以消除狭隘的民族主义和文化观念；"共享"要素背后的以人民为中心和社会公平正义则是依法治理民族事务的重要价值观念，而与以人为本和平等、正义、公平等社会法治理念形成合力。

二　新发展理念下依法治理民族事务的重点

新时期，新发展理念下依法治理民族事务的重点是在依法治理民族事务进程中贯彻新发展理念。质言之，在当下要想实现依法治理民族事务不但要以新发展理念为行动指南，而且要将贯彻落实新理念作为工作重点。于是，在依法治理民族事务的进程中贯彻新发展理念的方法即如何贯彻便成为一个无法回避的问题。根据问题解决的基本逻辑，在回答如何贯彻这一问题之前还必须明确在依法治理民族事务进程中贯彻新发展理念的原因和路径即为什么要贯彻和在哪些方面贯彻的问题。

（一）在依法治理民族事务进程中贯彻新发展理念的原因

一般认为，在依法治理民族事务进程中贯彻新发展理念的原因即为什么要贯彻分为现实和理论两个方面。在现实方面，如前所述，一方面新发展理念是党的十八届五中全会立足国民经济和社会发展第十三个五年规划全局提出的社会发展观，而贯彻落实党的重大会议决定则是我国特定历史时期的社会主题和重大任务。另一方面，这也是由我国社会的基本态势和民族事务治理工作实践所决定的，是历史实践的选择。发展可以说是人类社会永恒的主题。我国社会存在的各种问题，尤其是民族事务治理过程遇到的疑难问题在根本上是经济转型和社会发展所引致的问题。依法治理民族事务,从根本上也主要是为了解决少数民族自治地区和少数民族群众遇到的社会问题,以及少数民族群众之间及其汉族群众之间的民族关系问题,进而可以实现少数民族社会乃至全社会的健康发展。新发展理念正是"针对我国经济发展进入新常态、世界经济复苏低迷形势提出的治本之策,针对当前我国发展面临的突出问题和挑战提出来的战略指引。"① 概言之,在依法治理民族事务进程中新发展理念有充分的现实依据。

在理论层面,前已论及新发展理念具有解决社会具体问题的方法论意义。新发展理念"回答了新形势下实现什么样的发展、如何实现发展等重大问题,集中反映了我们党对经济社会发展规律认识的深化,是我国发展理论的又一次重大创新"②,一方面,是党对改革开放以来40年社会发展实践和治国理政经验的深刻总结,更是化解矛盾和解决问题的良方。而另一方面,依法治理民族事务尤其是强调社会效果和法律效果有机统一语境下的善治,除了要受社会主义法治理念的方法论指导,更需要新发展理念的指导。无论是依法治理还是民族事务治理都必须回归社会这个大背景,也都必须考虑发展这个永恒主题。甚至也可以说,发展本来就是一种问题解决方法。发展要求以发展的眼光看待问题,在发展中解决发展中的所有问题,解决问题是为了更好的发展,问题解决了社会也就向前发展了。更何况新发展理念并非只有发展一个关键词,而是蕴含着科学发展、创新发展、协调发展、绿色发展、共享发展等全新理念,更主要是其突出问题和目标导向,具有"系统性、辩证性、人民性、实践性、引领性等理论品格"。概言之,以新发展理念指导依法治理民族事务具有完全的理论正当性。

(二) 在依法治理民族事务进程中贯彻新发展理念的路径

在依法治理民族事务进程中贯彻新发展理念的路径即贯彻在哪里着手和从哪些方面切入,旨在寻找依法治理民族事务和新发展理念的交集。更准确地说是,贯彻路径的探求首先旨在分析依法治理民族事务的工作内容,进而发现其可以贯彻新发展理念的切入点。对此,有观点指出:"要

---

① 参见习近平《以新发展理念引领发展——关于树立创新、协调、绿色、开放、共享的发展理念》,载《人民日报》2016年4月29日。
② 同上。

推进民族工作法治化，一是健全配套法规，建立完备的民族法律法规体系；二是坚持严格执法，建立高效的民族法治实施体系；三是强化监督检查，建立严密的民族法治监督体系；四是完善体制机制，形成有力的民族法治保障体系。"① 也有观点认为："第一，坚持以法治思维贯穿民族团结工作，是提高民族事务治理法治化水平的根本前提；第二，加强民族法律法规体系的完善和创新，是提高民族事务治理法治化水平的基本遵循；第三，强化民族法治体系的健全和落实，是提高民族事务治理法治化水平的关键环节；第四，加大民族法治体系的监督力度，是提高民族事务治理法治化水平的重要保证；第五，培养民族机关自治意识和责任意识，是提高民族事务治理法治化水平的内在动力。"② 而根据依法治理民族事务的理论内涵，依法治理民族事务应当主要包括推进治理法治化、养成法治思维和法治方式、运用法治手段等三个方面。前述两种观点的内容多可以纳入运用法治手段范畴。

推进治理法治化是治理理念的转变，在承认自治、宗教、礼治等非法治模式在社会治理体系独立地位的前提下将其纳入法治体系，主要包括自治法治化、宗教法治化、礼治法治化等三个方面。首先自治法治化其实是在法治的语境下实现民族自治与区域自治的统一，少数民族的自治不能超越法治之上；其次宗教法治化就是把党的宗教工作和法治社会建设结合起来，在不违反法治的前提下充分发挥宗教在教化、调解、规制方面的社会治理效应。有学者将其概括为"用法律规范政府管理宗教事务的行为，用法律调节涉及宗教的各种社会关系，保护广大信教群众的合法权益，正确认识和处理国法和教规的关系"③；礼治法治化，其实是对道德、宗法、习惯、文化、传统、习俗、政策等非法律规范的法律化和合法化过程。易言之，对于法律以外的其他社会规范尤其是习惯和宗教教义，能将其法律化的尽量法律化，即使不能法律化的也要将其合法化，至少应当以法治精神消除二者之间的冲突，使其在发展中实现良性互动。

---

① 王正伟：《努力提高民族事务治理法治化水平，认真落实全面推进依法治国要求》，载《人民论坛》2015 年第 6 期。
② 侯万锋：《进一步提高民族事务治理法治化水平》，载《中国民族报》2016 年 2 月 5 日。
③ 参见俞学明《落实宗教工作法治化，推动宗教法治建设》，载《中国民族报》2016 年 7 月 14 日。

养成法治思维和法治方式是治理模式的转变，在承认多元治理模式的前提下，形成法律至上和法律权威的思想观念和行为方式。正如有观点所言，"法治思维主要是指人们在法治理念基础上自觉运用法律规范、法律逻辑和法律精神分析、解决问题的思维方式；法治方式是法治思维的行为实践，是人们运用法治思维处理和解决各种问题的方式"。①

运用法治手段是治理方法的转变，在提升主体发挥法治能力和社会整体法治水平的基础上推进"科学立法、严格执法、公正司法、全民守法"。当然，运用法治手段首先在于完善少数民族法律规范制度体系，健全少数民族法律运行、保障监督机制，其次在于处理好法治手段的优先性和有限性的关系，再次注意从动态、发展、社会、问题等层面推进法治治理体系和治理体系的现代化建设。

综上所述，在依法治理民族事务进程中贯彻新发展理念的路径就是将依法治国基本方略与新发展理念在法治化、法治思维和法治方式、法治手段与发展、问题、创新、协调、绿色、开放、共享等方面结合起来，进而可以用法律保障民族团结，用法治思维做好民族工作，推进民族事务治理法治化全面发展。

（三）在依法治理民族事务进程中贯彻新发展理念的方法

对于在依法治理民族事务进程中贯彻新发展理念的路径即如何贯彻这一问题，习近平总书记正确地指出："要深学笃用，通过示范引领让干部群众感受到新发展理念的真理力量；用好辩证法，对贯彻落实新发展理念进行科学设计和施工；创新手段，善于通过改革和法治推动贯彻落实新发展理念；守住底线，在贯彻落实新发展理念中及时化解矛盾风险。"② 也有观点认为："要深入贯彻新发展理念必须准确把握精神实质、树立系统和全局的观念、抓住关键问题、根本在于深化改革，建立有效的激励约束机制。"③ 具体到依法治理事务，笔者认为应当强调以下四个命题：

---

① 熊辉、吴晓：《用法治思维和法治方式推动经济社会发展》，载《光明日报》2016年7月18日。
② 参见习近平《以新发展理念引领发展——关于树立创新、协调、绿色、开放、共享的发展理念》，载《人民日报》2016年4月29日。
③ 张军扩：《牢固树立和深入贯彻新发展理念》，载《台州日报》2016年8月17日。

（1）立足发展进行辩证分析。发展意味着运用辩证法进行分析。"新发展理念的提出，是对辩证法的运用；新发展理念的实施，离不开辩证法的指导。"① 如前所述，"发展"要素的融入使依法治理民族事务愈发动态化，更能突出治理的过程和应变。无论是推进治理法治化，还是养成法治思维和法治方式，抑或是运用法治手段处理个案和化解矛盾来治理民族事务，都必须注重过程控制和程序正义以及根据事态变化辩证地提出对策。

（2）立足问题进行改革创新。解决问题需要改革创新。"贯彻落实新发展理念，涉及一系列思维方式、行为方式、工作方式的变革，涉及一系列工作关系、社会关系、利益关系的调整，必须发挥改革的推动作用、法治的保障作用。"② 如前所述，"问题"要素首先可以明确依法治理民族事务的导向，进而可以确立主线，在客体层面凸显治理的重点；"创新"要素意味着从理论、制度、科技、文化等方面突破传统。无论是推进治理法治化，还是养成法治思维和法治方式，抑或是运用法治手段处理个案和化解矛盾来治理民族事务，都必须突出重点和目标，突破思维定式和传统经验的限制，有针对性地采取措施。

（3）立足共享进行价值权衡。共享是在权衡基础上的价值分配。如前所述，"共享"要素背后是社会公平正义的基本理念。其实，作为人类社会的最高价值和唯一底线，正义乃百德之总，是中道权衡的结果。无论是推进治理法治化，还是养成法治思维和法治方式，抑或是运用法治手段处理个案和化解矛盾来治理民族事务，都需要对秩序与自由、公正与效率等冲突价值进行权衡取舍，合理兼顾，进而实现社会的公平正义。

（4）立足关系进行综合治理。立足关系的治理一定是综合治理。如前所述，协调、绿色、开放都是建立在关系尤其是民族关系之上的发展理念，"协调"要素有关系和比较意蕴，有利于从地域、阶层等方面改善民族关系；"绿色"要素背后的生态观念与协调相呼应，在其保护环境资源的本义之外还从民族关系健康发展的角度强调依法治理民族事务的效果；"开放"则更多的是注重视野和文化，可以消除狭隘的民族主义和文化观念。无论是推进治理法治化，还是养成法治思维和法治方式，抑或是运用

---

① 参见习近平《以新发展理念引领发展——关于树立创新、协调、绿色、开放、共享的发展理念》，载《人民日报》2016年4月29日。
② 同上。

法治手段处理个案和化解矛盾来治理民族事务，都必须立足关系运用多种手段和方式通过多种途径进行综合治理。

三 新发展理念下依法治理民族事务的难点

为了全面贯彻新发展理念，还必须厘清依法治理民族事务的难点。对此，有观点认为，"民族事务治理法治化须直面四大难题：一是法理困局造成民族法治体系'缺漏'；二是行政成本攀升致使民族工作的'边际效应'递减；三是民族习惯法与国家制定法的冲突；四是'体制性迟钝'与民族政治'效率需求'的冲突"。① 也有观点指出："推动民族事务依法治理面临的问题主要是相关立法有待完善、执法效果有待改善、守法意识有待增强、法律监督有待加强、依法治理能力有待提高五个方面。"② 其实，从根本上看，新发展理念下依法治理民族事务自身特有的难点是厘清民族事务与依法治理的关系以及依法治国与依法治理民族事务的关系。

（一）依法治理民族事务的难点是厘清关系的理由

为什么说新发展理念下依法治理民族事务的难点是厘清民族事务与依法治理的关系以及依法治国与依法治理民族事务的关系？质言之，确定新发展理念下依法治理民族事务难点的标准和依据是什么？对此，需要从理论和现实两个方面寻找理由。

理论方面，难点的语义是指"问题不容易解决的地方"。③ 在此，笔者认为，除上述意蕴外，难点还可以从反面进行理解和定义即应当包括人们难以理解、容易误解而导致错误决策从而形成疑难的地方。易言之，问题不容易解决根本上在于人作为主体认识客观问题的局限性，进而难以理解、容易误解客观问题而形成错误的观念，做出错误的决策，从而阻碍问题的解决。就认识与理解而言，事实的本质特征和核心意义通常容易理

---

① 杨鹍飞：《民族事务治理法治化须直面四大难题》，载《中国民族报》2016年2月26日。
② 杨正根：《落实依法治国总体部署 推动民族事务依法治理》，载《中国民族报》2015年2月17日。
③ 《现代汉语词典》，商务印书馆2012年版，第933页。

解，难以理解的是其边缘地带和与其他事物的交叉部分。因而基于事物之间关系进行比较分析进而形成认识结论、提出对策就成为突破难点的有效路径。哲学上习惯于从联系与区别方面辩证地理解两个范畴之间的关系，进而确定方法论上的难点。逻辑学一般从包容、交叉、矛盾等方面分析两个概念之间的关系，进而确定命题形成的难点。政策学通常从分析现象与原因两个问题之间的关系入手，进而确定对策实现的难点。新发展理念下的依法治理民族事务，其实是新发展理念下依法治理民族事务的解构，并在社会主义法治理念与民族事务治理理论结合的基础上进行重构。在依法治理民族事务的构造过程中会实现诸多范畴、概念、问题之间的关系，其中厘清民族事务与依法治理的关系以及依法治国与依法治理民族事务的关系属于抽象的理念层面。另外，关系的理解还需要运用辩证法，因而也最难以理解。职是之故，将新发展背景下依法治理民族事务实现的难点确定为厘清民族事务与依法治理的关系以及依法治国与依法治理民族事务的关系有着充分的理论根据。

现实维度，依法治理民族事务的实现是社会系统工程。新发展理念下依法治理民族事务实践的难点取决于问题解决过程中难点正反两方面的经验归纳和原因分析。从正面观察，新发展理念下依法治理民族事务实践就是将新发展理念、社会主义法治理念、民族事务治理理论等各种理念贯彻落实到治理法治化、养成法治思维和法治方式，运用法治手段处理个案和化解矛盾等进程中。而这一进程的推进必须在理顺各方关系的基础上充分发挥主观能动性。从反面总结，新发展理念下依法治理民族事务遇到的疑难问题和失败案例，无一不是方法失灵、手段失效的结果，而在根本上是缺乏正确的理论认识和方法论指导，从而导致了决策的盲目性和随意性。总而言之，将新发展背景下依法治理民族事务实现的难点确定为厘清民族事务与依法治理的关系以及依法治国与依法治理民族事务的关系，是基于实践正反两面的经验分析和原因分析，是来源于实践检验的结果。

(二) 民族事务与依法治理的关系

正如前述，确定新发展理念下依法治理民族事务难点的依据需要从语言学、逻辑学以及政策学等方面寻找依据，厘清民族事务与依法治理的关系需要进行多学科分析。易言之，厘清民族事务与依法治理的关系需要运用多学科知识进行综合分析。

根据维特根斯坦的语言学法学及后期的分析法理学,"把复杂的语言分解成构成它们的基本成分,可以发现隐藏于语言内部的逻辑结构并增进语义的理解。"[①] 在语言学上,民族事务与依法治理是动宾关系,即民族事务是依法治理的宾语。根据语法规则,治理是动词,在句子成分中充当谓语;民族事务是名词,在句子成分中充当宾语。而依法则是副词,在句子成分中充当状语。之所以如此解构,是因为不同的理念实践活动强调不同的成分,进而在一定程度上会影响这一动宾关系命题的中心词。例如,社会主义法治理念自然侧重依法,即便如此不同的法治理念也会各有侧重,实证主义法哲学更加强调对法本身的绝对遵从即依法中依是重点,而自然主义法哲学中更加强调法的道德性批判即追求所依之法的良法本身。同理,国家治理体系和治理能力现代化等"政府再造运动"以及立足发展和辩证的新发展理念自然侧重治理,甚至强调治理对管理的替代;民族学理论与政策学,以及以问题与目标为导向的新发展理念无疑更侧重民族事务这一问题本身。

在逻辑学上,概念之间的关系分为等同、交叉、反对、矛盾、无关等几种类型。根据逻辑学理论,民族事务与依法治理是交叉关系,即二者在对象和手段上存在交叉。一方面,依法治理的对象可以是民族事务也可以是其他社会事务;另一方面,依法治理只是民族事务治理的一种手段。当然,新发展理念下依法治理民族事务的理论和实践更加侧重二者的交叉部分,无论是突出重点,还是突破难点,民族事务与依法治理的交叉部分毫无疑问是最好的切入点,当然非交叉部分也至关重要,对其不同理解也会在一定程度上影响交叉部分的内涵和外延。正如前述,社会主义法治理念、新发展理念、民族学理论自然也会在交叉部分、非交叉部分以及交叉部分与非交叉部分之间各有不同侧重,进而会影响交叉关系的内涵和外延。

在政策学上,公共政策的实体构造分为主体、行为、客体、环境等要素。根据政策学理论,民族事务与依法治理是客体与行为的关系以及现象与理念之间的关系。之所以会有双重关系的论断,是因为依法治理是行为,更是一种理念,这当然也是取决于依法与治理的理解侧重不同使然。

---

① 参见[美]E. 博登海默《法律学、法律哲学与法律方法》,邓正来译,中国政法大学出版社2004年版,第143页。

客体与行为的关系理解是一种微观的理解，是将治理理解为一种行为，依法理解为一种方式和手段，二者关系的联结点在于作用力的因果关系，着眼点在于问题解决的效果；现象与理念的关系理解适应宏观的理解，是将治理理解为一种理念，依法理解为一种思维和范式，二者关系的联结点在于主体和环境，着眼于规则建构的成效。

（三）依法治国与依法治理民族事务的关系

依法治国与依法治理民族事务的关系，也可以从语言学、逻辑学、行为学进行多学科分析。例如在语言学上，可以将二者的关系理解为语素与语境关系，即依法治国是依法治理民族事务的基本语境；在逻辑学上，立足国家视角可以将二者的关系理解为整体与局部的包容关系，立足民族事务可以将其理解为一般与特殊的种属关系；在政策学上，可以将二者的关系理解为立足顶层设计的治国方略和应对具体问题的具体政策。不过，这都是基于将治国解构为治理国家事务这一基础之上。在此，笔者更愿意以政策学视角，从依法治国与民族自治、民族政策与民族法律，国家制定法与民族习惯法之间的关系进行重点论述。易言之，厘清依法治国与依法治理民族事务的关系其实是厘清依法治国与民族区域自治的关系、民族习惯与国家制定法、民族政策与民族法律的关系的关系。

依法治国与民族区域自治的关系，是基本政策与具体政策之间的关系。对此，有观点认为，"民族区域自治是依法治国的方略的重要组成部分，是实现依法治国方略的有效形式和载体，要正确认识和处理二者的关系则要正确处理统一与自治的关系、民主与集中的关系、权利和义务的关系、国家治理和社会管理的关系。"[①] 如前所述，依法治理民族事务其实是社会主义法治理念与民族事务治理理论结合的产物，在国家基本制度和政策层面，二者则是上下位的逻辑学关系，语素与语言的语言学关系，基本与具体的政策学关系。在新发展理念下，二者的关系则需要从一般正义与个别正义、平等的普遍适用与区别对待的个别化等价值权衡的角度进行辩证地理解，也更需要从"科学立法、严格执法、公正司法、全民守法"以及尊重民族个性与风俗习惯等法治运行的角度，以发展的眼光审视问

---

① 参见叶介甫《正确认识和处理依法治国与民族区域自治的关系》，载《广西社会主义学院学报》2015年。

题。当然无论如何，依法治国是民族区域自治的语境和界限，民族区域自治不得僭越依法治国的藩篱，当然在法治的语境下则要给予民族区域自治充分的自由，否则将会磨灭民族的个性。概言之，新发展理念下，依法治国与民族自治的关系处理的妥当性在于二者能否良性互动进而可以健康发展。

民族习惯与国家制定法的关系，是习惯与法律之间的关系，即非正式规范与正式规范之间的关系。近年来，学者从不同层面论述了民族习惯与国家制定法冲突与融合的关系，结论是二者的冲突导出二者的协调互动——为民族习惯的法律化或合法化与国家制定法对民族习惯的尊重与认可。这其实与新发展理念是相吻合的。不过，在新发展理念下，笔者倾向于从立法与两个层面对其进行全新的诠释。在立法上体现为对二者的充分尊重与相互吸收，民族习惯要绝对服从法治，凡是与国家宪法、法律冲突必须进行合法化改造，而其依据民族区域自治立法要最大限度地成文法律化，在刑事法等涉及国民重大利益的法领域尤其需要如此。需要特别说明的是，这不意味着法律对民族习惯和宗教教义的直接取代进而直接调整民族宗教关系，而是在调整民族习惯和宗教教义的或法律关系的基础上间接调整民族宗教关系，而且要因公法与私法而有所区分。而在司法等法治运行过程中，则应当适用特殊法优于一般法的原则，充分尊重民族习惯等地方性知识，在不违反法治的前提下，基于法律意识和内心确信的法治效益优先考虑民族习惯的适用。概言之，新发展理念下，民族习惯与国家制定法的关系应当在立法与司法等法律运行层面有所区分，民族法律化或合法化和在不违反法治的前提下充分适用民族习惯应当成为依法治理民族事务的常态。

民族政策与民族法律的关系，是政策与法律之间的关系，即非正式法源与正式法源之间的关系。"理论上比较一致的看法是：二者既有区别又有联系，一方面法律要以政策指导，另一方面政策又受法律的制约，二者是辩证统一的关系。"[①] 也有学者认为："二者具有辩证关系：民族政策对民族法律的制定和实施具有指导作用，民族法律对民族政策的制定和实施

---

① 详见魏东《论广义刑事政策的基本内涵》，载《清华法学》2011年第2期。

具有制约、促进和保障作用。"① 在新发展理念和国家治理体系及国家能力现代化语境下，笔者认为，民族政策与民族法律的关系借鉴魏东教授的观点应当进行系统的层次理解，"一是在价值权衡的理念层面，将其理解为指导与被指导的关系；二是在对策系统的决策层面，将其理解为整合与被整合的关系；三是在具体措施的实践层面，将其理解为校正与被校正的关系。"② 当然，政策对法律的指导，是建立在充分决策层面合法化、立法层面法律化为法律原则、适用层面区分公法与司法补充灵活指导的基础之上。然而，笔者同意政策法律化的做法，但反对法律政策化的实践。尽管在依法治理民族事务进程中，政策等软法治理或许有某种功利效果，但其属于适用的效益而且功利不能损害公正，个案实质公正应当服从制度形式公正，法律不能强人所难，良法善治才是新发展理念下依法治理民族事务的基本追求。

结 语

依法治理民族事务的根本是用法治思维和方式来做好民族工作，用法律来保障民族团结，用民族事务治理法治化来促进民族关系科学发展。在新发展理念背景下，依法治理民族事务就是广大人民群众在党的领导下，立足发展、问题、创新、协调、绿色、开放、共享等基本理念，依照宪法和法律规定，通过各种法律手段、途径和形式，运用法治思维和方式，解决民族关系公共事务问题，逐步实现民族事务治理法治化以及民族关系科学发展的创造性活动。

---

① 参见夏骏《试论民族政策与民族法律的关系及其适应》，载《贵州民族研究》1997年第4期。
② 详见魏东《论广义刑事政策的基本内涵》，载《清华法学》2011年第2期。

构筑各民族共有精神家园的机制研究

胡清惠[*]

"中华民族共有精神家园"是党的十七大报告中提出的重要概念,它具有深刻的历史意蕴和丰富的时代内涵。在2014年中央民族工作会议上,习近平总书记强调:"要把建设各民族共有精神家园作为战略任务来抓。"当前是信息化、全球化时代,在各种文化思潮的冲击下,人们的信仰、理念、价值观也趋多元化。在统筹推进"五位一体"总体布局和协调推进"四个全面"战略布局的大背景下,统一思想认识,凝聚精神力量,建设各民族共有精神家园,从而为实现中华民族伟大复兴中国梦创造良好的思想环境和强有力的精神保障,是管根本、打基础、利长远的大事。

为此,从民族工作的视阈需要深入研究什么是各民族共有精神家园、构筑各民族共有精神家园的时代背景以及具体路径选择三个问题,进一步形成构筑各民族共有的精神家园的社会机制,从而为实现中国梦创造良好的思想环境和强有力的精神保障。

一 构筑各民族共有精神家园的意蕴

"精神家园"是比喻、象征性的说法,源自美国作家梭罗发出的疑问:一个人如果失去精神家园,就算得到整个世界又如何?精神家园是一种与物质家园相对应的,建立在文化认同基础上的文化精神、价值观念、态度情感的系统。每个民族、族群甚至是任何文化群体,作为一种社会存在,都有文化纽带或精神纽带,因此也就拥有自己的精神家园。在我国,各民族共有精神家园即中华民族精神家园是被汉族、少数民族所共同认知和接受的精神、文化、价值、信仰等。由于立足点和思考角度不同,对精

---

[*] 作者简介:胡清惠,女,内蒙古党校民族理论教研部副教授。

神家园内涵的理解也就有所差异。从功能看，各民族共有精神家园是"中华民族全体成员的精神支撑、情感寄托和心灵归宿；是增强民族凝聚力、推动民族进步的智力支持和精神动力"①。笔者以为，各民族共有精神家园是指以中华传统文化为根源，以社会主义核心价值观为内核，以五个认同为根本目标的被各民族所共识、共建、共有、共享的精神文化体系。

（一）构筑各民族共有精神家园为民族团结进步事业指明了发展方向

民族工作有两件大事，一是发展，二是团结。发展解决的是物质力量问题，团结解决的是精神力量问题。构筑各民族共有精神家园是要通过一系列相关体制和制度建设，落实到实际工作，形成完整的社会机制，从而形成各民族心向往之的精神文化追求目标。精神家园不仅为各民族成员提供精神支撑和寄托，而且为各民族的发展提供凝聚力和精神动力。而民族团结工作，是要利用民族工作途径，力求实现和谐的民族关系，为民族发展提供强大动力。从这点上来看，精神家园建设和民族团结工作具有目标的一致性，都是解决精神力量方面的问题。从某种程度上来说，构筑各民族共有精神家园为民族团结进步事业指明了发展方向。民族团结进步事业的发展方向就是要巩固和发展新型社会主义民族关系，夯实中华民族共同体的思想基础，构筑各民族共有精神家园，汇聚中华民族强大凝聚力和向心力，实现中华民族伟大复兴的中国梦。

（二）构筑各民族共有精神家园为处理好中华文化与各民族文化的关系开辟了新途径

每个民族都有自己固有的价值观，这些价值观根植于每个民族的传统文化。文化之精华抑或糟粕，都是民族价值观的土壤。由于文化的不同，造成各民族价值观的差异。中华文化是各民族文化之总和，中华优秀传统文化是集各民族文化之大成。因此，社会主义核心价值观作为社会主义核心价值体系的高度凝练和集中表达必然根植于中国优秀传统文化之中。

---

① 欧阳康：《民族精神——精神家园的内核》，黑龙江教育出版社2010年版，第7页。

我国各民族共有精神家园是各民族精神家园中交叉的被各民族共同接纳并遵从的文化精神，中国优秀传统文化是各民族共有精神家园的肥沃土壤。价值观作为精神家园的主要表现形式，社会主义核心价值观体系理所成为各民族共有精神家园（中华民族精神家园）的内核。因此，无论从培育和践行社会主义核心价值观的角度，还是从构筑各民族共有精神家园的角度，都需要处理好中华文化与各民族文化的关系。正确回答如何构筑各民族精神家园的问题，也就找到了处理中华文化与各民族文化的答案。

二　构筑各民族共有精神家园面临的挑战

对当前构筑各民族共有精神家园面临的困难和挑战，我们不妨从国外国内两个背景进行深入考量。

（一）构筑各民族共有精神家园的国外背景

在全球化、国际化、信息化的大背景下，构筑各民族共有精神家园面临来自国际社会史无前例的巨大压力。民族问题已然成为世界性难题。一方面，世界范围内民族问题普遍存在。世界上二百多个国家，每个国家或多或少有民族问题。从亚洲到欧洲，从美洲到非洲再到大洋洲，民族问题以各种各样的形式存在，对所在国家的民族关系和谐与发展、社会安全与稳定起到重要作用。无论是美国的黑人白人枪杀事件、巴黎系列暴恐事件，还是越南少数民族武装与政府军的连续冲突，其中涉及的民族宗教因素，都使国际社会对民族宗教问题的重视程度提升到新的高度。特别需要指出的是，民族分离主义有甚嚣尘上的趋势。从东欧剧变到中亚、东欧颜色革命，再到2014年苏格兰独立公投，尽管所在国家存在这样那样的社会问题，但是无法回避的事实是西方国家在背后的煽动和支持，这是任何一个存在民族分离主义危险的国家都需要警惕的问题。另一方面，世界上还没有任何一种模式或者道路可以彻底地解决民族问题，即使是同一种政策在不同国家实施的效果也不尽相同。比如，多元文化主义政策，在加拿大、澳大利亚、新西兰实施的效果尚遂人意，但也没有彻底解决民族问题。近些年，欧洲多国领导人也纷纷表态多元文化主义政策已经失败。橘生淮南则为橘，生于淮北则为枳。历史经验告诉我们："处理好民族关系，没有放之四海而皆准的模式，关键要找到符合自身实际的正确道路。"① 因此，正视民族问题长期性，是我们开展社会工作的首要认识。

面对当前世界范围内民族问题的普遍性及其表现出来的民族问题"泛化"、宗教问题与民族问题互为表里、西方势力以民族宗教旗号对他国政治无节制地干涉，这一系列问题对中国的干扰和冲击，无疑增加了我们进行经济建设和社会发展的难度。

（二）构筑各民族共有精神家园的国内背景

毫无疑问，中国的综合国力与日俱增。但与此同时，国内的情况也日益复杂，构筑各民族共有精神家园面临的形势极为严峻。少数民族和民族地区经济发展仍然落后。全面建成小康社会，少数民族兄弟不能落伍，民族地区不能掉队。虽然这些年民族地区保持良好发展势头，但是整体发展水平滞后，民族八省区的经济总量和广东省大体相当，30个自治州的经济总量不如一个苏州市。这些地区群众困难多、困难群众多。在经济发展新常态下，一些主要靠"出售"矿产资源的省区经济发展也呈现了明显放缓甚至下滑的趋势。如民族八省区中经济总量最大的内蒙古，2015年以来已被陕西省超越，排名下降到第16位。全面建成小康社会，民族地区是短板，是重点，也是难点。这是我们要解决问题的基本共识，立足点。如果"民族地区发展差距持续拉大的趋势长期得不到根本扭转，就会造成心理失衡乃至民族关系、地区关系失衡。"② 因此，实现共同繁荣发展已经成为构筑各民族共有精神家园的物质保障。

涉及民族因素的社会问题呈现新特点。第一，少数民族流动人口问题增多。我国每年都有三亿多流动人口，其中有3000万是少数民族，占到10%。而我国少数民族人口比例只有8.49%，也就是说，少数民族的流动性更强。同时，也有大量汉族前往民族地区旅游观光、走亲访友、求学谋生。在这种双向流动中，容易出现"进城的少数民族群众对城市的生活和管理方式、城市居民对他们的某些生活和行为方式以及我们的工作方式

---

① 国家民族事务委员会编：《中央民族工作会议精神学习辅导读本》，民族出版社2015年版，第54页。

② 同上书，第54、139、137页。

和管理机制等都不能很好适应"①的"三个不适应"的问题。第二，涉及民族风俗习惯的社会问题频发。民族风俗习惯具有民族性的特征，任何不尊重民族风俗习惯的行为都会被等同于不尊重这个民族。一些群众民族常识缺乏，民族法律和民族团结意识淡薄，不尊重、歧视他族风俗习惯的事件时有发生。第三，宗教问题与民族问题相互交织。宗教信仰具有民族性，任何歧视宗教信仰的行为都会引起相关民族的反感。第四，藏独、疆独的分裂活动趋于极端化。2008年拉萨"3·14"事件和2009年乌鲁木齐"7·5"事件这类犯罪活动不仅性质恶劣，而且社会危害性极大。藏独势力从2009年开始出现僧人自焚现象，疆独势力以"暴恐"为特点的事件频繁发生，并向内地蔓延。伴随着中国综合国力的提升，西方敌对势力利用民族、宗教问题对我实施西化、分化的图谋也在加剧，民族地区反分裂、反渗透的形势更为复杂。

各民族对国家和中华民族的认同有待加强。统一多民族国家的基本国情是我们正确认识民族问题、构筑各民族共有精神家园的最现实的问题。中国有56个民族，各个民族都有自己的风俗习惯、宗教信仰以及南北有别、东西各异的生产生活方式。在此基础之上，形成了各个民族的共同心理素质。这种心理素质表现为民族成员对自己民族的认同感、归属感和有别于他族的分界意识。意识外化于行动，就是对本民族政治、经济、文化、社会等各种权益的强调和维护。过度的维权意识和行为就会导致狭隘的民族主义和大汉族主义。再加上我国民族政策的导向，一定程度上使一些民族更多认同自己的民族。对于汉族而言，大汉族主义的突出表现是把汉族与中华民族画等号，对中华民族的认同就是对汉族的认同，这种意识在民族关系上也是极为有害的。

人们的信仰、理念、价值观多元化。伴随全球化与社会主义市场经济体制的建立和完善过程，多元文化时代扑面而来。人们在价值选择和追求上产生困惑和犹豫甚至是迷茫，不同社会阶层、不同民族的价值取向呈现多样化的特征。如个人利益、民族利益、国家利益难以权衡，一边要求国家保障公民或民族的合法权益，一边又在做不利于国家统一的事，说不利于民族团结的话；理想信念迷失，一边以中国共产党党员的身份从事社会

---

① 国家民族事务委员会编：《中央民族工作会议精神学习辅导读本》，民族出版社2015年版，第284页。

活动，一边又在生活中算命看相、烧香拜佛；政治态度暧昧，一边吃党的饭，一边又有对"西边风景独好"的制度向往和价值追求；是非观念模糊不清，一边对于社会上的不道德行为嗤之以鼻，一边又对自己的不文明举止视而不见。尽管这是社会发展中各族群众自我意识和主体意识提升的表现，但会造成价值观上的冲突，影响社会主义核心价值观的培育和践行。

总之，民族工作面临的国内外形势决定了构筑各民族共有精神家园的紧迫性和必要性。

三 构筑各民族共有精神家园的有效机制

构筑各民族共有精神家园的机制，其实就是要从体制和制度上形成构筑各民族共有精神家园的一个完整社会机制，保障其有效性和可行性。从民族工作的角度而言，就是要有效地利用民族工作的途径或者手段，来构建各民族共有精神家园。从民族工作的视域审视构筑各民族共有精神家园的机制，毫无疑问，坚持中国特色解决民族问题的正确道路的"八个坚持"，为其提供了思路，明确了途径。

首先，需要正确认识"两个问题"。

坚持中国特色解决民族问题的正确道路的问题。选择以民族区域自治为核心的解决民族问题的道路符合我国历史发展、革命发展、经济发展的客观需要，体现了其历史合理性和必然性。这条道路给少数民族和民族地区带来翻天覆地的变化足以说明其优越性。在世界上绝大多数国家的民族问题层出不穷的同时，我国的民族关系和谐、社会稳定，则充分体现了其当代价值。因此，西方经验也好，美国模式也罢，我们不能也不需要照抄照搬，我们要有这样的道路自信、理论自信、制度自信、文化自信。

正确认识和把握民族关系的主流和大局的问题。拉萨"3·14"事件和乌鲁木齐"7·5"事件发生后，暴恐事件时有发生，包括内蒙古等地也发生了一些事件，国内学术界、官场一片哗然，一些地区广大群众安全感丧失，民族隔阂加深，我国的民族关系是否已经到了剑拔弩张的地步。为此，在判断民族关系是否和谐、民族政策是否过时的问题上，习近平总书记明确指出："不能把某个民族自治地方出现的问题和民族自治地方整体捆绑在一起，不能把某个少数民族的极少数人闹事和这个民族捆绑在一起,不能把发生在少数民族人员身上的事同经长期实践证明行之有效的民族政策捆绑在一起。"① 因此,他强调"我国民族关系大局是好的,民族团结的基础是稳固的"②。厘清这些认识,形成正确的社会共识,是构筑各民族共有精神家园的思想前提。

其次,行动上要落实"五个关键"。

在政治方向上,关键是坚持党的领导、国家统一和民族团结。构筑各民族共有精神家园,在政治方向上,重点要落实到坚持党的领导、国家统一和民族团结上来。坚持党的领导、国家统一和民族团结是由党的性质、地位和国家的性质决定的。这是做好民族工作的基础和前提。中国共产党是领导我们事业取得胜利的核心力量,新民主主义革命是这样,社会主义建设也是这样,中国共产党成立九十多年的历程已经证明了这一点。因此,在中国,没有中国共产党的领导,"马克思主义理论、国家的社会主义性质将不存在,与之相关的民族区域自治制度、对少数民族和民族地区的照顾政策,必然难以为继"。③ 因此,坚持党的领导是构筑各民族共有精神家园首要坚持的政治方向。

维护国家统一和民族团结是各民族的最高利益和共同愿望。信仰可以不同,价值观可以有别,但在维护民族团结和国家统一上必须高度统一。"如果国家不统一,民族不团结,就没有社会的稳定,就无法集中力量进行经济建设,各民族也就不可能实现共同发展。"④ 因此,"加强民族团结、维护祖国统一和社会稳定,这是全国各族人民的共同愿望和根本利益所在"⑤,没有民族的团结和国家的统一,精神追求何处安放。

为此,首先,要坚持党的领导。全面贯彻落实党的民族政策,加强民族工作干部的培养和任用。其次,要搞好民族团结。全面实现小康社会,

---

① 国家民族事务委员会编:《中央民族工作会议精神学习辅导读本》,民族出版社 2015 年版,第 103 页。

② 同上。

③ 丹珠昂奔:《坚持走中国特色解决民族问题的正确道路——学习习近平同志关于民族工作重要论述的体会》,《中国民族》2015 年第 2 期。

④ 江泽民:《在全国统战工作会议上的讲话》,《历次全国统战工作会议概况和文献(1988—1998)》,华文出版社 1998 年版,第 160—161 页。

⑤ 中共中央文献研究室:《在中央民族工作会议暨国务院第三次全国民族团结进步表彰大会上的讲话》,《十五大以来重要文献选编》(中册),人民出版社 2001 年版,第 1053 页。

一个民族都不能少,要帮助少数民族群众脱贫,共同走上康庄大道。深入开展民族团结教育,多做"滴灌",少做"漫灌",使"三个离不开"的观念深入人心。培育中华民族共同体意识,加强国家认同。最后,要反对民族分裂活动。维护国家统一和反对民族分裂是每个公民的义务,在我们国家,不管什么人,来自哪个民族,信仰何种宗教,都必须在法律范围内做事,绝不允许破坏民族团结和祖国统一。没有对民族分裂主义的坚决斗争,就没有民族地区社会稳定的大好局面,更没有少数民族和民族地区的繁荣发展。要实现各民族的大团结,维护国家统一,就要时时刻刻对西方敌对势力对我国进行"西化""分化"的图谋保持高度的警惕,就必须旗帜鲜明地同三股势力做斗争。

在构建和谐民族关系上,关键在于践行社会主义核心价值观和促进民族交往交流交融。构筑各民族共有精神家园,必须以构建和谐的民族关系为基础。构筑各民族共有精神家园,在构建和谐民族关系上,重点要落实到践行社会主义核心价值观和促进民族交往交流交融上来。

和谐民族关系的构建,一方面要在思想认识上形成共识,另一方面要在推动民族关系上良性互动。各民族思想上的共识就是社会主义核心价值观。国家层面上,富强、民主、文明、和谐是各民族共同的价值目标;社会层面上,自由、平等、公正、法治是各民族共同的价值取向;个人层面上,爱国、敬业、诚信、友善是各民族共同的价值准则。培育和践行社会主义核心价值观的过程,也是构建社会主义和谐民族关系的过程,反过来,构建社会主义和谐民族关系的过程又会促进社会主义核心价值观的培育和践行,二者是一个良性互动的关系。构建和谐民族关系就必须促进民族间的交往交流交融。交融不等于同化,交往交流的前提是尊重和保护每个民族文化的独特性,让多元文化和谐共生,促进少数民族文化繁荣发展,从而相互认识、理解,增进民族感情。如利用互联网搭建各民族交往交流交融的平台,就是要增进各民族的了解互信友好互助。如建设各民族相互嵌入式的社会结构和社区环境,就是打破不同民族间居住区域隔离的状况,促进各民族相互了解,尊重彼此文化与生活方式,和谐共处。总之,就是要扩大交往,增进交流,达到交融。

在打牢中华民族共同体的思想基础上,关键是加强文化认同。构筑各民族共有精神家园是夯实中华民族共同体的思想基础的核心要义。构筑各民族共有精神家园,在打牢中华民族共同体的思想基础上,重点要落实到加强文化认同上来。

人心相聚,根本的在于价值相通,认同归一。而"文化认同则是最深层次的认同,是民族团结之根、民族和睦之魂"①,文化认同解决了,对伟大祖国、中华民族、中国共产党、中国特色社会主义的认同才能巩固。这里所言之文化认同,就指中华文化。民族文化认同,一是尊重民族文化,二是保护和发展各民族文化。

尊重民族文化,首先要理清中华文化与各民族文化的关系。不能忽视少数民族文化,中华文化不等同于汉族文化,是集各民族文化之大成,汉族要认同少数民族文化为中华文化;不能把少数民族文化自外于中华文化,而不认同中华文化,或者不认同汉族文化为中华文化。没有汉族文化的中华文化汉族不会认同,没有少数民族文化的中华文化少数民族也不会认同。只有在中华文化、汉族文化、少数民族文化的关系上达成共识,才能相互欣赏,相互学习,各美其美,美人之美,美美与共,才能在文化层面形成共同意识,建设各民族共有精神家园。

对文化的认同,还要保护和发展各民族文化。在如何认识和对待民族文化上,习近平同志强调:"繁荣发展各民族文化,要在增强对中华文化认同的基础上来做,对本民族历史坚持正确的观点,不能本末倒置。弘扬和保护各民族文化,不是原封不动,更不是连同糟粕全盘保留,而是要去粗取精、推陈出新,努力实现创造性的转化和创新型发展。"② 各民族文化的繁荣发展,"有益于构筑抵制敌对势力渗透、破坏的牢固防线,有益于构筑各民族共同的精神家园,夯实各族群众守望相助、团结奋斗的思想基础,有益于汇聚各族干部群众推进国家科学发展和长治久安、全面建成小康社会、实现中华民族伟大复兴的磅礴力量"。③

在工作方式方法上,关键是用法律维护民族团结。构筑各民族共有精神家园,要有正确的工作方式方法作为保障。构筑各民族共有精神家园,在工作方式方法上,重点要落实到用法律维护民族团结上来。

---

① 《人民日报》评论员:《筑牢中华民族共同体的思想基础——二论学习贯彻习近平中央民族工作会议重要讲话精神》,《人民日报》2014年10月10日。

② 转引自丹珠昂奔:《坚持走中国特色解决民族问题的正确道路——学习习近平同志关于民族工作重要论述的体会》,《中国民族》2015年第2期。

③ 胡清惠:《守望相助视角下开展内蒙古民族工作的新思路》,《广播电视大学学报》(哲学社会科学版)2015年第4期。

民族团结工作的关键是争取人心、凝聚人心、温暖人心。构筑各民族共有精神家园不是一时之功，维系精神家园也不是一劳永逸的事情。构筑各民族共有精神家园的目的是使各族群众搭建心灵归宿。如何保障精神家园对中华民族共同体的稳定持久的思想基础功能，关键要实施依法治国方略。第一，不断完善民族工作的政策法规，加强民族法制宣传，依法保障少数民族的合法权益，坚持平等对待，一视同仁，坚决纠正和杜绝歧视和变相歧视少数民族群众、伤害民族感情的言行。充分尊重少数民族的风俗习惯和宗教信仰，依法开展民族宗教事务，处理包括民族问题在内的任何社会问题都要有法治原则，不管任何人、任何部门违法必究。第二，严格区分两类不同性质的矛盾，是什么问题就按什么问题来处置。第三，引导少数民族流动人口自觉遵守流入地的民族法律法规，让少数民族更好地融入城市生活，城市更好地接纳少数民族群众，营造温暖祥和的民族大家庭。总之，依法开展民族工作不是死板地依法办事，既要体现原则性，也要体现灵活性。原则性在于，一切不利于国家统一和民族团结的行为、不利于社会和谐稳定的方式，不利于人的全面发展的做法都要依法禁止，最大限度地减少和消除民族之间因为各种原因形成的矛盾、隔阂、不信任。灵活性在于依法开展民族工作不是横眉冷对，而是要体现人文情怀，有温度的执法。总之，依法构筑各民族共有精神家园既要依法开展工作，又要争取人心，但最终要实现争取人心，即维护民族团结。

在组织保障上，关键是用好民族工作干部。构筑各民族共有精神家园，要有有力的组织保障。构筑各民族共有精神家园，在组织保障上，重点要落实到用好民族工作干部上来。

人是构筑各民族共有精神家园的决定性因素。用好民族工作干部是构筑各民族共有精神家园的组织保障。民族工作干部作为解决民族问题、构筑各民族共有精神家园的组织者和引领者，具有不可替代性。民族工作干部"要坚持从政治上把握民族关系、看待民族问题。要分清什么是民族问题、什么不是民族问题，既不能把不是民族问题的问题当作民族问题来处理，也不能把民族问题不当作民族问题来处理，而是什么问题就按什么问题处理，讲政治原则、讲政策策略、讲法治规范"[①]。在构筑各民族共

---

① 丹珠昂奔：《沿着中国特色解决民族问题的道路前进——中央民族工作会议精神学习体会》，《中国民族报》2014年11月7日。

有精神家园的过程中，需要他们具有明辨大是大非的清醒立场、维护民族团结的坚定行动、热爱各族群众的真诚感情。为此，意识上，要正确认识构筑各民族共有精神家园的紧迫性和重要性；行动上，要在维护民族团结和国家统一、培育践行社会主义核心价值观和促进民族交往交流交融、加强中华民族文化认同、提高民族工作法治化水平中发挥重要作用。同时，作为中华民族的一分子，要身体力行、身先士卒，在构建各民族共有精神家园中发挥表率模范作用。

这些举措的实施，目的在于形成构筑各民族共有精神家园的长效机制，在思想上，强化中华民族共同体意识，在实践中，增强构筑各民族共有精神家园的有效性，为中华民族的伟大复兴的中国梦汇聚力量。

铸牢中华民族共同体意识在新疆的实践
——基于《新疆维吾尔自治区民族团结进步工作条例》实施情况的调研

彭无情*

摘要：在新形势下，为了更好地做好新疆民族团结进步工作，促进各民族的交往交流和交融，新疆及时出台了《新疆维吾尔自治区民族团结进步工作条例》。一年多来，各地积极宣传该条例，并探索出一些行之有效的方法具体贯彻之，新疆民族团结进步工作取得了可喜的成绩。但是同时也存在一些问题，如重形式不重内容等。在总结经验和不足的基础上，需要积极引导新疆各族群众增强中华民族共同体意识，需要营造尊重民族差异但不固化差异的现代社会氛围，需要加强法制观念、公民意识和责任意识，需要扎实推进"民族团结一家亲""三进两联一交友"等活动。

关键词：中华民族共同体意识；交往交流交融；民族团结

习近平总书记在党的十九大报告中明确指出："全面贯彻党的民族政策，深化民族团结进步教育，铸牢中华民族共同体意识，加强各民族交往交流交融，促进各民族像石榴籽一样紧紧抱在一起，共同团结奋斗、共同繁荣发展。"十八大之后习近平总书记曾多次强调："新疆最大的群众工作就是民族团结和宗教和谐"，"民族团结是各族人民的生命线"。党中央文件多次明确："民族工作在党和国家工作全局中具有特殊重要性"，"新疆工作在党和国家工作全局中具有特殊重要的战略地位"，从这两个"在党和国家工作全局中"和这两个"特殊重要"显而易见，党中央和国务

---

* 作者简介：彭无情，男，新疆师范大学科研处副处长，硕士研究生导师，南京大学哲学博士，台湾辅仁大学访问学者，国家民委民族问题研究"首批优秀中青年专家"。研究方向：民族宗教理论、少数民族宗教。

院向来高度重视新疆的民族团结进步工作。

为增进民族团结，促进和谐民族关系，新疆先后实施了《新疆维吾尔自治区民族团结教育条例》（2010）和《新疆维吾尔自治区民族团结进步工作条例》（2016）。《新疆维吾尔自治区民族团结进步工作条例》（以下简称《条例》）自2016年1月1日实施以来，各地是怎么宣传的？有什么具体的实施规划？目前采取了哪些措施？实施的效果如何？有哪些经验？存在哪些问题？等等。这些问题都需要及时梳理和总结。为此，课题组一行七人于2017年5月下旬在巴音郭楞蒙古自治州和昌吉回族自治州的7个县（市）进行了调研。

一　做法与经验

民族团结进步活动是一项全社会参与的系统性工作。新疆维吾尔自治区主要从制度保障、队伍建设、改善民生、依法治理和开展"民族团结一家亲"活动等方面步步稳扎，全面推进，取得了显著成效。

（一）制度保障与群众性相结合

1. 组织保障力强

组织保障是开展民族团结进步的基础。各级党委政府把《条例》的宣传和实施作为当前实现社会稳定和长治久安的重要工作予以高度重视，下大力气推进相关工作。各地都成立了不同形式的组织领导机构，专门负责民族团结工作。如昌吉回族自治州成立了由州党委、州政府主要领导为组长、副组长的民族团结进步创建活动领导小组和办公室，出台了相关配套文件。同时，各地还制定了相应的规章制度，为民族团结进步工作提供了制度保障。如巴音郭楞蒙古自治州党委制定了《自治州民族团结进步创建工作任务分解实施方案》等具体落实文件。

2. 民族团结工作形式多样

各地通过多种方式宣传和落实民族团结工作。如巴音郭楞蒙古自治州在当地报纸、电台、电视台和微信等信息平台上密集宣传《条例》，还印发了民、汉文的《条例》下发至各单位组织学习和宣传。同时，各地把民族团结进步工作融入文艺演出、节日、体育、演讲等群众喜闻乐见的活动之中，多措并举丰富活动的内容和方式。此外，各地积极推进民族团结进步"八进"(进机关、进乡镇、进农村/社区、进企业、进学校、进部队、进团场连队、进宗教活动场所)活动,做到人员的全覆盖。各地还广泛开展民汉"结对子、交朋友"活动,促进各民族干部和群众互帮、互学,在全社会中形成你中有我、我中有你、相互离不开的良好氛围。

(二)抓好"三支队伍"、注重与"访惠聚""学转促"的结合

1. 在民族团结进步工作中抓好"三支队伍"

一是集聚力量抓好干部队伍。各地要求在民族团结进步工作中,领导干部要先学先行,在群众中切实起到引领的作用。多地将民族团结进步工作纳入各级领导班子及领导干部的年度考核中,并实行一票否决制。各级党组织以中心组带头学习、专题培训班、巡回宣讲等形式为载体,深入推进《条例》宣传和实施的"八进"。二是立足长远抓好教师队伍。教育部门重视抓好民族团结知识进课堂、进教材工作,加强教师队伍的教育培训,加强教师对学生的引导作用。如奇台县把民族团结教育工作贯穿学校教育、家庭教育和社会教育中,让各族青少年从小玩在一起、学在一起、成长在一起。三是着眼统战抓好宗教人士。各地要求以新编"卧尔滋"的培训和宣讲等形式为载体,积极推进《条例》宣传进宗教场所。宗教人士大力宣传并践行民族团结,引导信教群众正确认识和理解宗教教义,团结各民族群众,加强对国家的认同,强化公民意识。

2. 把民族团结进步工作融入"访惠聚""学转促"活动中

一是充分发挥"访惠聚"工作组在民族团结进步工作中的作用。各地"访惠聚"工作组不仅通过"结对子""帮扶""语言互学"等方式积极参与当地的民族团结活动中,而且还通过举办免费技能培训班增强就业能力、积极争取项目资金扶贫和帮助创业,这些重要举措赢得了民心,让各族群众充满获得感,也奠定了民族团结的民心基础。二是通过"学转促"活动发挥党员在民族团结进步中的引领作用。领导干部和党员通过学习党章进一步明确了为各族人民服务的意识,同时在学习中领会党中央和自治区党委关于民族团结、民族工作方面的文件精神,在实践中以党员的标准严格要求自己,充分发挥党员在民族团结进步工作中的先锋模范作用。

(三) 改善民生、促进发展，发挥合作社的引领带动作用

1. 民族团结进步工作的重要目标是改民生、促发展

各地政府综合施策，把民族团结与改善民生相结合，以民生建设为抓手，以实现各民族共同发展、共同繁荣为目标，通过多种方式切实改善各族人民的生活条件，促进经济社会的繁荣发展。同时各地把促进发展与帮扶解困有机结合起来，加强对农牧区、城市社区重点贫困人员精准扶贫力度，坚持精准扶贫、精准脱贫与争取凝聚人心相结合。突出解决住房、就业、上学等问题，通过多种形式的帮扶脱困，实现了各民族之间团结和谐。

2. 积极扶持合作社组织的发展，支持小微经济，发挥合作社对各族群众的引领带动作用

多地大力发展合作社和小微经济，如和静县把农民专业合作社作为民族团结、维护稳定的重要抓手和有效载体，大力开展五个在一起活动（生活在一起、劳动在一起、致富在一起、利益在一起、团结在一起）。合作社已经形成了利益共享、共同致富的共同体，互信互助、民族团结的共同体，吸引了更多的各族群众参与其中，不仅达到了致富的目的，还有效地解决了部分群众的就业问题。

(四) 推动依法治国、依法治疆，认真落实相关法律法规

1. 加大普法工作力度，提高人们的法制意识

各级党委和政府都非常重视法制工作，通过多种方式宣传法律观念和条文，特别是有关民族团结的法律，逐步提高人们的法制观念，逐步形成知法、懂法和守法的社会氛围。

2. 严格依法办事，切实推进依法治国、依法治疆

各地认真落实自治区党委提出的"依法治疆、团结稳疆、长期建疆"的工作思路。保障各项法律制度的执行，有法必依。如各地采取有力措施，保证各民族群众公平就学、就业、选拔和提干。严格按照法律行事，执法必严。在执法的过程中，不依民族、地域、性别等的不同而有差异。对违法犯罪活动依法予以严惩，违法必究。切实维护法律的权威和尊严。

（五）开展"民族团结一家亲"活动，促进各民族交往交流交融

1. 大力推进"民族团结一家亲"活动

自治区党委于2016年10月精心部署了"民族团结一家亲"活动，并制定了详细的实施方案，并且及时落实。自此民汉结对认亲、走亲戚等活动在天山南北轰轰烈烈地开展起来，还专门开通了连接南北疆的"民族团结一家亲"专列，每天往返于南北疆之间的"结亲"队伍络绎不绝。2017年12月，为深入宣讲党的十九大精神，加强各族干部群众交往交流交融，同时为实现新疆社会稳定和长治久安凝心聚力，又启动了民族团结"结亲周"活动，全疆干部职工自带行李吃住在结亲户家中，开展为期一周的与群众同吃同住同劳动同学习活动。此外，在学校又启动了"三进两联一交友"（进班级、进宿舍、进食堂；联系学生、联系家长；师生交朋友）等活动。目前，"民族团结一家亲""三进两联一交友"等活动取得了非常好的效果，全疆各族人民以实际行动积极投入民族团结进步的事业中，建立起虽然没有血缘关系但是却有亲情的深情厚谊，大大促进了新疆各民族的交往交流交融。

2. 为各民族的交往交流交融搭建平台

各地注重文化阵地建设，村（社区）普遍建起了文化室、图书室、乡村舞台等文化设施，有的还建起了篮球场等体育设施，随处可见民族团结的展板、标语、提示，社区文化娱乐、体育活动活跃，人们的精神面貌发生了巨大的变化。木垒县哈萨克族的阿肯弹唱会已连续举办了21届，连续四年成功承办了新疆维吾尔自治区马术节、马术耐力锦标赛等赛事活动。和静镇组织开展各民族饮食厨艺大赛，在你来我往、共同参与的过程中，不断促进各民族群众间的交往、交流和交融。

二 问题与不足

（一）要更加注重民族团结工作的内容

目前的民族团结进步工作取得了不少的成效，但仍然有需要改进的地方。

1. 民族团结的内容要进一步丰富

有些民族团结的内容较为单一，主要形式是面对面的宣讲，出板报、贴标语、举办文体活动等，这些形式多年不变，缺乏吸引力。

2. 民族团结的深度要进一步挖掘

"同唱一首歌、同跳一支舞、同说一句话"的确非常有必要，但不仅仅是这些，更不能只流于表面，要进一步推进加强各民族间交往交流交融。

3. 民族团结的长效机制要进一步形成

目前尚缺乏长久实用的措施和方法，需要不断创新机制，增强实施效果。

（二）民族共同团结奋斗、共同繁荣发展的理念要融汇到具体实践中

"两个共同"既是目标，也是途径。在具体实施过程中存在落实不到位的情况。

1. 对"两个共同"的理念理解不全面

"两个共同"不仅仅体现在几个人、几件事和几个领域上，而是体现在所有的人、所有的事和各个领域，不能只见树木不见森林。

2. 对"两个共同"的理念落实不到位

理念最为重要的不在口头上，而是在行动中。要在生产生活工作学习中真正做到"两个共同"。

（三）各族人民都要提高法制意识、公民意识和责任意识

作为中华人民共和国的公民，各族人民理应有相应的法制观念、公民意识和责任意识，但是在实际上还是存在多种问题。

1. 法制意识还不够

法律是公平正义的保障，是个人实现相应权利的依据，各民族在法律面前一律平等。由于历史的原因，人们的法制意识普遍还不强，知法、懂法方面还做得不够，甚至还存在选择性用法的情况和违法的行为。

2. 公民意识还不强

人在社会中有多种身份认同，其中公民身份应该是第一位的。作为国家公民，不了解自己的义务和权利，在认知方面就会出现偏差。

3. 责任意识淡薄

维护国家统一、民族团结、社会稳定是每一个公民的责任。然而个别人认识不深刻，甚至存在只强调自己的权利而无视责任的情况，缺乏大局意识和集体观念。

三　对策与建议

（一）积极引导新疆各族群众增强中华民族共同体意识，共建中华民族共有精神家园，倡导社会主义核心价值观

1. 增强新疆各族群众的中华民族共同体意识

中华民族共同体意识是国家统一之基、民族团结之本和精神力量之魂。①

（1）迫切需要在新疆培育中华民族共同体意识，筑牢新疆各族人民团结奋斗的心理基础和思想基础，形成普遍的社会风气和社会意识。培育新疆各族群众的中华民族共同体意识，极为关键的就是要把各个民族"心往一处想、劲往一处使、拧成一股绳"贯穿在日常的交往交流活动中，落实在具体行动中。

（2）在新疆各族群众中筑牢正确的国家观，深刻认识国家统一是各个民族的最高利益，进而打牢共同维护新疆社会稳定和长治久安的根基，② 深刻领会"团结统一是福，分裂动乱是祸"的道理，让维护国家统一、反对民族分裂成为一种自觉的意识。

（3）通过具体、到位的方式和方法做好新疆的民族团结进步工作，找准各族群众的心理契合点、情感共鸣点和利益结合点，在全疆形成人人参与"民族团结一家亲"的生动活泼、热火朝天的局面。

2. 构筑各民族共有精神家园

（1）让新疆各族群众深刻领会构筑各民族共有精神家园的重要意义。各民族共有精神家园是整个中华民族共同传承、共同发扬的文化精神、价值观念和情感态度的总和，是中华民族生生不息、团结奋进、不断地克服

---

① 徐贵相：《积极培育中华民族共同体意识》，《人民日报》2015年11月30日。
② 同上。

困难、不断地从一个胜利走向另一个胜利的精神动力。

(2) 倡导包容与求同,"共有"当然是共同拥有的意思,不仅是指中国各个民族共同组成了中华民族整体,也不仅是指中国各个民族文化融汇而成中华文化,更蕴含各个民族既是各民族共有精神家园的建设者,而且也理应是各民族共有精神家园的拥有者。

因此,在构筑各民族共有精神家园过程中,既要充分吸收和弘扬少数民族文化中的优良传统,也要引导少数民族群众及其文化以具体行为积极投入各民族共有精神家园的建设中。①

3. 积极培育社会主义核心价值观

(1) 以社会主义核心价值观来指导民族团结进步工作。在当前,社会主义核心价值观承载中华民族的精神追求,为构筑各民族共有精神家园提供了精神支柱与行动向导。

(2) 用社会主义核心价值观来凝聚民心、统一行动。以社会主义核心价值观来巩固新疆各族群众团结奋斗的共同思想基础,从而使各民族人民同道并同心同德,坚定不移地坚持走中国特色社会主义道路,同心共筑中国梦。②

(二) 营造"尊重差异,包容多样"的现代社会氛围,完善各民族交往交流交融机制

1. 营造"尊重差异,包容多样"的现代社会氛围

(1) 尊重差异,尊重各民族文化和风俗习惯。民族差异的存在有其历史、地理环境和社会文化等方面的原因,也是客观事实,要予以尊重。

(2) 不以静止的眼光固化民族差异。人们在交流的过程中,会彼此沟通、彼此学习,逐步增加共同性,减少差异性。不应人为扩大民族差别,过分强调民族身份。

2. 促进各民族交往交流交融

各民族的交往交流交融,是促进民族团结的核心和关键。实现新疆社

---

① 王换芳、郑信哲:《构筑"四维一体"的中华民族共有精神家园模式》,《满族研究》2015年第3期。

② 张立辉、许华峰:《积极培育中华民族共同体意识路径探析——以西南民族大学民族团结教育为例》,《西南民族大学学报》2015年第5期。

会稳定和长治久安，需要凝心聚力、需要加强民族团结和推进各民族交往交流交融。

（1）要进一步推动建立各民族相互嵌入式的社会结构和社区环境。要有序推进双语教育，为各民族群众之间深度交流创造语言、思维和心理条件。

（2）各级政府要为各民族群众交往交流交融营造良好的社会条件。使各民族群众在共同的生产生活和工作学习中加深了解，不断增进感情，在中华民族大家庭中手足相亲、守望相助。

（三）大力发展各民族共同参与的合作社组织，提高脱贫和自我发展的能力，实现各族人民共同奔向全面小康

1. 大力支持发展各民族群众共同参与的合作社组织

（1）认真总结合作社组织的成功经验。目前巴州等地已经有了群众自发组织的农村合作社，参与的各族群众不仅脱贫致富了，而且在合作的过程中建立了深厚的友谊，形成了命运共同体。

（2）适时适度在农村和城市推广合作社组织。在总结成功的做法和经验的基础上，引导各族群众广泛参与，在共同劳动、共同出资、共同受益中自然达到相互离不开。

（3）引导各民族群众在共同生产生活和工作学习中相互了解、相互尊重、相互包容、相互欣赏、相互学习、相互帮助，不断增进感情，真正达到相互离不开。

2. 提高脱贫和自我发展的能力

（1）当前要继续实行国家优惠政策，帮助民族地区加快发展，早日脱贫致富。民族地区大多地处边疆和自然条件较差的地区，其发展相对落后是由多种原因造成的，也是客观的，需要政策的持续支持。

（2）从长远和根本上来看，最重要的还是提高少数民族和民族地区的自我发展能力，发挥西部民族地区自有优势，千方百计加快少数民族和民族地区的发展。

（3）要找寻创新模式和符合当地实际的发展路径，实现可持续发展，确保脱贫后不返贫。

3. 推进各民族共同发展、共同繁荣，共同迈向小康社会

（1）加快少数民族和民族地区经济社会发展，逐步达到全国平均水

平。这就要求加快发展、缩小差距，使各族群众共享改革发展成果，共同发展既是重大经济问题，又是重大政治问题。

（2）通过切实的路径让各族人民的生活水平和生活质量不断提高，为各民族和谐发展、共同繁荣创造坚实的物质基础。

（3）加强帮扶支援，确保全国各族人民共同奔向全面小康。全国各族人民共同团结奋斗、共同繁荣发展，不断走向富裕、走向文明，在此过程中进一步巩固中华民族共同体意识。①

（四）加强法制观念、公民意识和责任意识

1. 要进一步加强法制观念，坚持讲法治、讲秩序、反暴力

（1）要加大普法工作力度，通过各种途径宣传法律，让各族群众知法、懂法。

（2）培育人们的法制意识，加强人们的法制观念和守法意识。引导各族群众用理性、合法的方式表达正当诉求，保持社会在有序轨道上运行，不断提高新疆治理水平。

（3）对违法的后果也要宣传到位，加大对暴恐案件的打击力度。从而自觉维护宪法和法律的尊严，在法律面前存有敬畏感。

（4）要全面理解和运用法律，避免选择性用法，避免只见有利于自己行为的条文，而无视规范和约束自己行为的条文的情况发生。

2. 要进一步增强公民意识

（1）明确每个人首要身份是中国公民，所有的中国公民都一律平等，不存在有超出其他人权利的存在。

（2）作为公民，要自觉维护国家统一、社会稳定和民族团结，这是每个公民义不容辞的义务。要坚持严格执法、公正司法，是什么问题就按什么问题处理，依法妥善处理涉及民族因素的问题。涉及民族因素的矛盾和问题，有不少是由于群众不懂法，或者不守法酿成的。这些矛盾和问题，虽然带着"民族"字样，但不都是民族问题，必须"去敏感化"。

3. 要进一步加强责任意识

（1）明确权利和义务是相统一的，没有无权利的义务，也没有无义务的权利。目前部分人权利意识不断增强，对国家和中华民族的义务和责

---

① 徐贵相：《积极培育中华民族共同体意识》，《人民日报》2015年11月30日。

任意识反而有弱化的趋向,这种情况不能任其发展。

(2) 要有大局意识和服务意识,个人是社会中的一分子,离不开社会,要树立我为人人、人人为我的意识。

(3) 维护民族团结、现实各民族共同发展、共同繁荣是各个公民的责任,也是神圣使命,要带着责任意识去推动相关工作。

近两年来,新疆认真贯彻落实中央民族工作会议精神,认真实施《新疆维吾尔自治区民族团结进步工作条例》,民族团结进步工作取得了可喜的成绩。在新时代,新疆将全面贯彻落实十九大精神和党的治疆方略,不断深化推进新疆的民族团结进步工作,在新疆铸牢中华民族共同体意识,进一步加强新疆各民族交往交流交融,促进新疆各民族像石榴籽一样紧紧抱在一起,共同团结奋斗、共同繁荣发展,为实现新疆社会稳定和长治久安这个总目标而不懈奋斗。

乌兰夫民族团结思想的实践与启示
——以内蒙古自治区成立 70 年来建设各民族共有精神家园为例

吴胡日查[*]

摘要：民族团结是马克思主义处理民族问题的根本原则，是我国社会主义民族关系的主线，也是建设各民族共有精神家园的重要保障。维护和加强民族团结，关系国家统一、人民团结、社会稳定和国防巩固，是我国社会主义建设必备的政治条件，是社会主义政治建设的一项重大任务。民族地区占我国国土总面积的 64%，如果民族不团结，失去各民族共有精神家园，就会形成四分五裂的局面，就不可能进行社会主义建设事业。当今一些多民族国家，由于民族矛盾所导致的国家动乱，经济发展停滞，人民生活困苦等现象处处存在。在党的十九大报告中习近平总书记明确提出深化民族团结进步教育，铸牢中华民族共同体意识，加强民族交往交融，促进各民族像石榴籽一样紧紧抱在一起的重要论断。所以，我们必须牢牢坚持各民族共同团结奋斗、共同繁荣发展的原则，并加强民族团结的宣传教育，营造民族团结的浓厚氛围，使各民族和衷共济、和谐发展，坚决反对、打击任何民族分裂的活动。本文以乌兰夫民族团结思想的实践为理论背景，以内蒙古自治区成立 70 周年来建设各民族共有精神家园为例，浅述在以后的思想政治工作中，如何搞好对各民族群众及民族干部进行民族团结教育的见解。

关键词：乌兰夫；民族团结思想；实践；启示

乌兰夫的民族团结思想和丰富的实践，在中国共产党内和社会主义民

---

[*] 作者简介：吴胡日查，男，蒙古族，内蒙古民族大学蒙古学学院教师。

族关系中都极具特色,已成为中国共产党民族理论、党和国家民族工作的重要组成部分。在内蒙古自治区成立70年来建设各民族共有精神家园的进程中发挥着重要作用。今天,我们重温乌兰夫同志的革命实践及思想,对于稳定边疆、巩固民族团结、更好更快地发展少数民族和民族地区经济、文化、教育以及实现中华民族伟大复兴仍有普遍的借鉴价值。

一 乌兰夫民族团结思想的基础

19世纪末20世纪初,正值人类社会发生重大的变革。各民族争取自由平等,反抗剥削压迫的斗争此起彼伏,民族矛盾和阶级冲突比以往任何时候都更加尖锐,民族问题已成为所有被压迫民族和人民所共同关注的焦点。乌兰夫的民族团结思想,也是在这样的历史背景下形成和发展的,其中有以下几个方面构成了乌兰夫民族团结思想的重要基础。

(一) 蒙古族人民反帝反封建反压迫的斗争史

蒙古族人民和其他民族人民一样,饱受了历代封建王朝的残酷统治和剥削压迫。特别是清王朝满族封建贵族和汉族地主官僚勾结在一起,对蒙古族实行了阶级压迫和民族压迫政策,造成蒙古族人口剧减,畜牧业迅速萎缩,社会发展日益落后和人民生活愈加贫困。然而随着1840年鸦片战争的炮火,俄、日、英、美等帝国主义也先后侵入了这一地区,造成了更加深重的灾难。针对世界列强,在国难当头的危急时刻,虽然作为一个被压迫、被奴役的民族,蒙古族还是坚决地认同中华民族的大家庭,为维护国家主权的完整承担了重大的民族牺牲。对于蒙古族的反抗斗争,乌兰夫进行过深刻的反思和总结。他认为:"之所以每一次革命都遭到失败,关键是没有形成广泛的团结,特别是蒙汉人民的团结,如果没有蒙汉人民革命的团结,联合斗争,只是蒙古族人民孤立进行斗争,革命是搞不好的,也是不可想象的。"[①]

(二) 中国共产党初期的民族工作和民族政策

乌兰夫最初投身革命运动是抱着改变蒙古族悲惨命运的强烈愿望,在

---

① 乌兰夫:《乌兰夫文选》(上册),中央文献出版社1999年版,第7页。

李大钊等中共早期领导人的关怀培养下，乌兰夫参加了马列主义研究小组的学习。对此，乌兰夫回忆道："它使我真正从理论上明白了蒙古民族为什么贫穷、受压迫，蒙古民族的解放斗争与中国革命乃至世界无产阶级的关系，以及中国革命的道路与前途。"① 1925年，中国共产党加强了对少数民族地区革命斗争的领导，先后派出了大批干部，在少数民族地区开展工运、农运和学运等革命斗争，积极培养少数民族的革命干部，初步建立了一支少数民族干部队伍，从而推动了少数民族地区革命运动的蓬勃发展。

为了正确指导少数民族人民的革命斗争。中国共产党又制定了一系列的民族革命斗争纲领和方针政策。如1922年中国革命民族纲领，1925年《蒙古问题决议案》，1935年毛泽东《对内蒙古人民宣言》，1940年《关于抗战中蒙古民族问题提纲》和1947年《关于内蒙古自治问题的指示》等，对少数民族的解放运动特别是蒙古民族的解放运动，起到了极其重要的指导作用，也为乌兰夫领导内蒙古民族人民的革命斗争奠定了重要的基础。

（三）十月革命和共产国际的影响

1925—1929年乌兰夫在苏联期间，系统地掌握了马克思列宁主义的基本理论，对十月革命有了更深刻的认识和了解。"于1929年返回祖国开展内蒙古西部地区的革命斗争，在内蒙古西部地区进行了组建农会开展农民运动下深入旧军队开展兵运工作：选拔青年输送革命干部，建立农村党组织，开展党的活动：争取各阶层及民族上层人士抗日，开展统一战线工作和组织武装暴动、开展武装斗争等具体的革命实践。"② 在这些工作中，乌兰夫以学到的马克思列宁主义基本理论为指导，坚持理论与实践相结合，注意积极团结蒙古族各阶层和汉族及其他各民族人士，不断壮大革命力量，试图摸索出一条符合内蒙古实际的革命道路。

（四）我国无产阶级民族关系的建立

我国无产阶级民族关系的建立，是从中国共产党建立时开始的，这种

---

① 乌兰夫革命史料编研室：《乌兰夫回忆录》，中共党史资料出版社1989年版，第23页。
② 乌兰夫：《乌兰夫文选》（上册），中央文献出版社1999年版，第165页。

新型民族关系从一开始,就有力地冲击、动摇一切旧的民族关系,极大地推动了中国各民族的民族解放运动。它不仅有共同的敌人,还有共同的任务和共同的奋斗方向,即推翻封建主义、官僚资本主义和帝国主义三座大山,争取中华各民族的翻身解放,建立民族平等、团结、互助的新型民族关系,成立社会主义的新中国。在十月革命的影响下,五四运动中,我国少数民族中的一大批先进分子,在投身传播马克思主义活动的同时,又积极组织和领导本民族的革命斗争,并把这一斗争与中国无产阶级的革命事业,紧密地结合成一个整体,确立了无产阶级民族关系,为中国各民族的解放运动,提供了坚强有力的保证。

以上四个方面,对乌兰夫民族团结思想的形成和发展,都起到了重要的作用。

二 乌兰夫民族团结思想在内蒙古自治区建设各民族共有精神家园中的实践

建设各民族共有精神家园是以维护民族团结和国家统一作为各民族最高利益的,乌兰夫的民族团结思想,内容十分丰富,在开展民族地区革命斗争开辟我国民族区域自治,恢复发展少数民族经济、文化和建立社会主义新型民族关系方面,都发挥过突出的作用。正如马克思指出的:"物质生活的生产方式制约着整个社会生活、政治生活和精神生活的过程。"因此笔者认为,乌兰夫民族团结思想从以下几个方面为内蒙古自治区建设各民族共有精神家园奠定了坚实的经济基础和物质文化保障。

(一) 坚持中国共产党是民族团结事业的领导核心

中国共产党的领导是民族工作成功的根本保证,是各民族大团结的根本保证,也是建设各民族共有精神家园的正确的政治方向的保证。

1947年初,当中共中央决定内蒙古成立以中国共产党为领导核心的民族民主政府的时候,各种政治组织和党派纷纷出现,内蒙古地区的政治斗争极其尖锐。有人以内蒙古特殊为理由,要求恢复内蒙古人民革命党,取代中国共产党对内蒙古革命的领导地位。更有个别人甚至纠集反动势力,准备在中共内蒙古工委宣布成立时,发动叛乱,进行夺权。形势严峻,已经威胁到蒙古族内部的团结,蒙古族和汉族以及其他民族的团结,威胁到了内蒙古解放区的稳定和发展。面对这种局势，乌兰夫十分清醒地意识到，民族团结能否巩固的关键，在于以什么为核心的问题，在于领导权掌握在什么人手中的问题。乌兰夫尖锐地指出："共产党是与蒙古族人民血肉相连的，是为人民所信任的，内蒙古也只有在共产党的领导下才能获得彻底解放。"① "团结要有个核心，那就是共产党。"② 从而有力地回击了对共产党的各种攻击。由于有一些错误观点首先出自革命队伍内部甚至部分共产党员干部中间，因此更具消极的影响。针对这种情况，乌兰夫尖锐地指出："如果没有党内各民族干部党员的团结，就不可能搞好本民族内部和各民族之间的团结，夺取革命胜利就会成为空谈。而搞好党内各民族干部党员的团结，关键是要树立起以共产党为领导核心的思想。"在乌兰夫的主持下，党内进行了认真的讨论，并严肃批评了错误的观点。乌兰夫指出："他们虽然是共产党员，但无产阶级的立场和思想还没有很好地确立起来"，"如果不在共产党领导下觉悟与转变过来，最后是要走上反党道路的。虽然个别同志是因为思想幼稚，但也是很危险的。"③ 乌兰夫还对以民族为由分裂无产阶级队伍的言论，进行了猛烈的抨击。乌兰夫指出："他们总是把蒙古族劳动人民和中国劳动人民分开来，总是把蒙古族区域内的蒙汉劳动人民按民族分开来，把内蒙古民族孤立起来。实际上中国共产党乃是代表中国各民族利益的无产阶级政党。把中国无产阶级按民族分割开，是危险的，十分错误的。"④ 通过摆事实讲道理，弄清了思想，统一了认识，并且还粉碎了个别人的叛乱阴谋，使蒙古族内部的团结，各民族之间的团结，在以共产党为核心的基础上，重新得到了加强和巩固，使内蒙古的团结和解放事业又进入了新的发展阶段。

历史证明，中国共产党成为我国各民族团结的核心，是在新民主主义革命和社会主义革命以及建设的实践中形成的，是和以乌兰夫为代表的一大批少数民族共产党人的努力分不开的，是中国各民族人民的共同选择，由此而产生出的巨大凝聚力和号召力，使我国各族人民战胜了无数艰难困

---

① 乌兰夫：《在内蒙古干部会议上的总结报告提纲》，1948年7月30日。
② 乌兰夫革命史料编研室：《乌兰夫纪念文集》（第二辑），内蒙古人民出版社1989年版，第334页。
③ 乌兰夫：《在内蒙古干部会议上的总结报告提纲》，1948年7月30日。
④ 同上。

苦，夺取了革命和建设的一个又一个胜利。相反，民族团结一旦失去共产党的领导，民族就会破坏，中国革命和建设就会遭受挫折。如"文化大革命"搞"踢开党委闹革命"，就造成了各民族人民的深重灾难，形成历史的浩劫，其教训是惨痛的。所以，坚持民族团结以共产党为核心的思想，是永远也不能放弃的。正如习近平总书记强调："只要我们牢牢坚持中国共产党的领导，就没有任何人任何政治势力可以挑拨我们的民族关系，我们的民族团结统一在政治上就有充分的保障。"所以"做好民族工作关键在党、关键在人"①。

（二）维护民族团结和祖国统一，坚持民族区域自治

在世界近代史的民族解放运动中，各国政党和政治势力提出了许许多多关于民族解放的主张，归纳起来，大致有分离制、联邦制和自治制三种。而无产阶级夺取政权后，以何种方式来解决本国的民族问题，马克思主义经典作家也没有规定统一的模式。在列宁的指导下，苏联采取了联邦制；在苏共的策动下，蒙古国则采取了分离制。而中国采取哪种形式，却经历了艰难的摸索和选择；在这一过程中，乌兰夫最突出的贡献就在于，坚决维护民族团结，坚决维护祖国领土完整和国家主权的统一，坚持实行民族区域自治。中国的民族解放运动情况比较复杂，以蒙古族解放运动为例，其中就充满了矛盾、波折和斗争。首先，外蒙古人民在俄国十月革命的影响和苏共的策动下，采取分离制的方式，实现了该地区的民族解放，并宣布独立，组成国家，成立了蒙古人民共和国，走上了独立发展的道路；其次，内蒙古各种"独立"活动和自治运动也接踵而至，其中既有激进的民族主义者和民族上层人士开展的，也有国民党左派人士组织发动的，还有反动的封建贵族和帝国主义分子策划挑唆的。于是，中国共产党在 1922 年第二次全国代表大会上，正式提出了以联邦制的方式来推动各民族的解放运动。这一主张在各民族中产生了深刻的影响，各民族的解放运动又掀起了新的高潮。但是，由于 1927 年国民党蒋介石背叛了革命，1931 年日本帝国主义入侵中国，给我国各民族的解放运动造成了极大的破坏和威胁，成为各民族的共同敌人。此时，没有深入的团结和广泛的联

---

① 参见《习近平总书记在中央民族工作暨国务院第六次全国民族团结进步表彰大会上的讲话》，2014 年 9 月 28 日。

合是难以打败敌人取得最后胜利的。在这种情况下，走联邦制的道路显然行不通了，因为这既不符合中国历史的国情，又不符合现实形式的发展。所以，中国共产党放弃了联邦制的主张，确定了建立统一的国家，而后实行民族区域自治的正确决策。

但是，如何实行民族区域自治，是中国共产党在民族解放运动中一个特殊的领域和崭新的课题。乌兰夫紧紧依靠党中央的支持，进行勇敢的探索和实践，成功地为解决中国民族问题，摸索出了一条正确的道路。

1. 民族区域自治，不能是危害民族团结，分裂祖国的自治，必须在国家不可分割的完整领土内进行

抗日战争结束后，内蒙古地区部分青年、知识分子、王公上层和原伪政府官员等，先后搞起了"内蒙古人民共和国临时政府""东蒙古人民自治政府和呼伦贝尔自治省"等民族自治政权，并提出了或联合共产党、或联合国民党、或内外蒙合并或独立自治等不同主张。是分裂还是统一，是独立还是自治，在蒙古族内部和各民族之间，形成了严重的分歧。在民族命运面临重大抉择的紧要关头，乌兰夫遵照党中央的指示，同不符合中国国情的各种主张进行了针锋相对的斗争。他指出："内蒙古不仅在区域上是中国领土不可分裂的一部分，内蒙古革命运动也是中国革命的一部分。没有全国人民革命的胜利，就没有内蒙古人民革命的胜利。"[①] 乌兰夫认为："中国各民族如果各行其是互不相顾，就会被帝国主义国家瓜分乃至吞灭。""合则存，分则亡，二者必居其一。为了救亡图存，为了各民族的繁荣昌盛，为了建设伟大的社会主义现代化强国，中国各民族人民都是坚持统一而反对分裂的。"[②] 在党的民族政策感召下，经过乌兰夫艰苦卓绝的工作，各种势力终于放弃了独立和分裂的主张，一同组建了内蒙古自治运动联合会，使自治运动走上了健康的道路，这也为今天中华民族的伟大复兴奠定了坚实的基础。

2. 民族区域自治，是民族自治和区域自治的双重结合，不能是纯民族的单一孤立的自治，在自治的民族区域内，各民族一律平等

1947年内蒙古实行民族区域自治后，有些人产生了错误的理解，有

---

① 乌兰夫：《在庆祝"五一"劳动节暨内蒙古人民政府成立五周年大会上的讲话》，见《内蒙古日报》1952年5月1日。

② 乌兰夫：《民族区域自治的光辉历程》，见《人民日报》1981年7月14日。

人认为自治以后，汉族就可以离开了，内蒙古自己的事情，自己来干。也有汉族同志认为，既然是少数民族当家做主，我们干几年就可以了。对这两种错误的认识，乌兰夫敏锐地指出：前一种是"他们不了解蒙古民族的解放与发展，必须有先进民族援助的真理，而不是抱残守缺把本民族禁闭在狭隘范围内和安置在孤立的地位上。这些人不了解汉族是中国最大最先进的民族，在中国革命运动和国家建设中起着主导作用。各少数民族的解放与民族自治区的建设和发展，必须有汉族的帮助才能胜利"①。后一种是，"做客思想，汉族干部首先是共产党员，要去边疆民族地区工作，帮助那里的少数民族翻身，使他们发展起来"。② 要把少数民族的发展和繁荣，看作是自己的事情，全心全意地为少数民族服务。在乌兰夫的领导和努力下，党的民族区域自治政策在内蒙古地区变成了光辉的现实，为全国解放后在各民族地区展开自治工作，提供了宝贵的经验。1947年内蒙古自治政府的施政纲领和组织大纲，针对我国民族关系的基本特点和内蒙古地区的历史与现实情况，第一次比较具体地体现了中国共产党关于实行民族区域自治主张，使我国民族区域自治制度基本定型，也为后来的《中华人民共和国民族区域自治实施纲要》和《中华人民共和国民族区域自治法》的制定奠定了重要的基础。这也为我们建设各民族共有精神家园提供了政治、制度保证，坚持这样的道路自信和制度自信更是建设各民族共有精神家园的文化动力。

（三）建立新型民族关系，第一次提出各民族谁也离不开谁的思想

乌兰夫的民族团结思想，有一个重要内容就是：旗帜鲜明地反对资产阶级民族主义，坚持树立马克思主义民族观，并第一次提出了各民族谁也离不开谁的思想。在中华人民共和国成立前后，新型民族关系还在建立的过程中，许多民族地区的民主改革进程也不平衡。由于历史上统治阶级长期实行民族压迫政策，各民族之间，主要是少数民族和汉族之间还存在着很深的隔阂，有些地区甚至还存在严重的民族对立。如何尽快搞好民族团

---

① 乌兰夫：《在庆祝"五一"劳动节暨内蒙古人民政府成立五周年大会上的讲话》，见《内蒙古日报》1952年5月1日。

② 乌兰夫：《绥远省干部会议上的讲话提纲》，1951年11月。

结，建立新型的民族关系，是各级党和政府面临的一项重要任务。在解放区内，各民族虽然都获得了政治平等，成为解放区的主人，但民族之间的纠纷却依然存在，如果处理不好，会直接威胁解放区的存亡。究其根本原因，主要是大汉族主义思想和狭隘的民族主义思想在起作用。为此，乌兰夫曾明确指出："对于民族纠纷的处理，绝不能以大汉族主义观点或狭隘民族主义的观点来解决处理。应当以蒙汉团结的原则进行调节处理。"① 在此以后乌兰夫又多次强调："只有坚决反对与经常批判狭隘民族主义与大民族主义倾向，以爱国主义和国际主义教育各族人民，才能使内蒙古人民涌现新的爱国主义高潮，才能巩固和发展平等、友爱、互助、团结的民族关系。"② 由于乌兰夫旗帜鲜明地反对资产阶级民族主义，坚持树立马克思主义民族观，消除了不利于民族团结的各种干扰，使内蒙古自治区很早就建立起了新型的民族关系，推动了我国社会主义民族关系的形成和发展。

随着形势的发展，1952年5月，乌兰夫首先提出了各民族关系中谁也离不开谁的思想，即"蒙古民族在争取彻底解放的斗争中与民族政治、经济、文化的发展上，都离不开先进兄弟民族——汉族的帮助。"③ 尔后，又在1956年全国人大一届三次会议上进一步完善为汉族和少数民族之间互相离不开的思想。乌兰夫指出："我们必须向少数民族干部和广大的人民群众进行教育。使他们懂得，占全国人口94%的汉族人民对他们的帮助，是使他们能够过渡到社会主义社会的伟大力量。同样地，把我国建设成为一个伟大的社会主义国家，离开少数民族的共同努力，也是不行的。因此，我们也必须向汉族干部和广大的人民群众进行教育，使他们懂得，我国领土的64%是少数民族聚居地区，那里有极为丰富的物质资源，那里绝大部分地区又是我国的边疆。"④ 这样，就把汉族和少数民族在中国革命与建设中的关系，明确为相互间谁也离不开谁的关系，使民族团结和发展，完善新型的民族关系，有了更充分的理论依据。

---

① 乌兰夫：《关于蒙地工作中的几个问题》，1946年7月。
② 乌兰夫：《在庆祝"五一"劳动节暨内蒙古人民政府成立五周年大会上的讲话》，见《内蒙古日报》1952年5月1日。
③ 同上。
④ 乌兰夫：《在全国人大一届三次会议上的发言》，见《人民日报》1956年6月22日。

直到党的十一届三中全会之后,1981年7月6日,中共中央书记处召开会议专门研究新疆工作时指出:"新疆的汉族干部要确立这样一个正确观点,即离开了少数民族干部,新疆各项工作搞不好;新疆的少数民族干部也要确立这样一个正确观点,即离开了汉族干部新疆各项工作也搞不好。"同年10月,胡耀邦同志在接见全国少数民族参观团负责人时进一步概括指出:"我们中央书记处最近讨论新疆民族问题,有一个观点:汉族和少数民族的关系是,汉族离开少数民族不行,少数民族离开汉族也不行。这个关系是相互依存的、相互帮助的关系,谁也离不开谁。"邓小平同志对这一观点也给予了高度评价。党中央又正式将这一思想总结为"汉族离不开少数民族,少数民族离不开汉族,少数民族之间也相互离不开"。即将"两个离不开"思想进一步完善发展为"三个离不开思想"。中国共产党关于民族关系"三个离不开"思想的提出,正是对乌兰夫在中华人民共和国成立初期这一观点的充分肯定、完善和发展,这也是对我国现阶段民族关系特殊性的最高总结。它既深刻概括了我国民族关系的发展史,又生动表述了中华各民族休戚相关、生死与共的血肉关系。

以上三点,是乌兰夫民族团结思想在内蒙古自治区建设各民族共有精神家园的探索,也是通过不断的实践为建设各民族共有精神家园奠定了坚实的经济基础和物质文化保障。总之,在新的形势下,这一思想可以更具体、更科学地与国情、民族情相结合,会更为有效地进一步推动我国民族团结的伟大事业。

三 乌兰夫民族团结思想的启示

在中华人民共和国成立70周年、内蒙古自治区成立72周年之际,在中国特色社会主义理论体系的指引下,党和国家历来高度重视在各民族干部、群众特别是在各级各类学校的各民族学生中开展以马克思主义民族观、宗教观和党的民族、宗教政策为重点内容的民族团结教育。因为在建设各民族共有精神家园的进程中民族团结思想的"宣传教育"是最为有效的途径,然而需要开拓创新,从实际出发,顶层设计要缜密、政策统筹要到位才能有效推动这一进程。

2014年9月28日,习近平总书记在国务院第六次全国民族团结进步表彰大会上明确指出:"民族团结是我国各族人民的生命线。做好民族工作，最关键的是搞好民族团结，最管用的是争取人心。要正确认识我国民族关系的主流，多看民族团结的光明面；善于团结群众、争取人心，全社会一起做交流、培养、融洽感情的工作；加强各民族交往交流交融，尊重差异、包容多样，让各民族在中华民族大家庭中手足相亲、守望相助；创新载体和方式，引导各族群众牢固树立正确的祖国观、历史观、民族观；用法律来保障民族团结，增强各族群众的法律意识；坚决反对大汉族主义和狭隘民族主义，自觉维护国家最高利益和民族团结大局。"[①]

目前，在我国民族关系的特殊情况之下，社会各界进行的民族团结教育的形式已多样化，在这种情况下我们应从以下几点做好民族团结教育，培育和践行社会主义核心价值观，建设各民族共有精神家园。

（1）进一步加强民族团结教育深入领导干部的教育和培养过程中，提高领导干部的整体素质，解决好建设各民族共有精神家园中的"人心"问题。领导干部始终代表着中国最广大人民的根本利益。在民族团结教育中领导干部发挥模范带头作用，首先要提高自身的素质是至关重要的。领导干部要看到，长期以来境外敌对势力对我国实施西化、分化的政治图谋，与国内民族分裂势力的相互勾连，通过各种手段加紧对祖国进行渗透、颠覆和破坏活动，应第一时间采取敏锐的措施，不误导、虚传，维护祖国的稳定与统一。

（2）进一步加强民族团结教育要培养各族人民基于中华文化认同的民族自信。"文化是民族的血脉，是人民的精神家园。"文化是凝聚人心、整合民族力量的重要精神纽带。"中华文化"不是单纯地属于某一个民族的，是56个民族的优秀的传统文化汇聚而成的，它是建设各民族共有精神家园的重要资源。实践证明，文化认同是最深层次的认同，是民族团结之根、民族和睦之魂，然而文化认同要基于文化建设的持续教育和不断宣传，是拥护民族团结的主渠道。

（3）进一步加强民族团结教育在各级各类教育中得到普及，推动爱国主义事业，搭建各民族共有精神家园广阔的理论宣传平台。学校是对青少年进行民族团结教育的主阵地、主渠道。要把开展民族团结教育作为加强未成年人思想道德建设和大学生思想政治教育的重要内容，贯穿课堂教学及课外活动之中，帮助各族青少年牢固树立正确的民族观。尤其要加强

---

① 参见《习近平总书记在中央民族工作暨国务院第六次全国民族团结进步表彰大会上的讲话》，2014年9月28日。

在高校思想政治理论课和形势与政策课中充实民族团结教育进教材、进课堂、进学生的头脑。要分批次对学校教师进行民族团结宣传教育方面的专题培训，以保证民族团结教育理论阵地的巩固性。

（4）进一步积极营造促进民族团结教育的舆论氛围，推动各民族共有精神家园的建设。我们各级各类新闻媒体应高度重视民族团结宣传教育，要认真做好历届国务院全国民族团结进步表彰大会的宣传，积极倡导集中学习中央领导同志在大会上的重要讲话精神，宣传我国民族团结进步事业的发展成就，广泛形成民族团结宣传教育的热潮。与此同时，加强民族团结进步教育是践行习近平新时代中国特色社会主义民族思想的重要前提，是各民族交往交融的唯一途径。

综上所述，在当前努力实现中华民族伟大复兴中国梦的前提下，内蒙古自治区70年民族团结进步的历史，就是内蒙古各民族携手迈入社会主义、在社会主义道路上共同团结奋斗、共同繁荣发展的历史，就是内蒙古各民族对中国特色社会主义形成高度认同的历史，就是乌兰夫的民族团结思想在内蒙古自治区的实践经验成为构筑各民族共有精神家园的直接经验来源，对于进一步加强民族团结教育的力度具有十分重要的借鉴作用和深远的政治影响。总结中华人民共和国成立68年的民族团结和进步的伟大成就深刻表明：中国特色社会主义道路是实现各民族共同繁荣发展的唯一正确道路。

参考文献

习近平：《在中央民族工作暨国务院第六次全国民族团结进步表彰大会上的讲话》，2014年9月28日。

乌兰夫：《乌兰夫文选》（上册），中央文献出版社1999年版。

乌兰夫革命史料编研室：《乌兰夫回忆录》，中共党史资料出版社1989年版。

吴仕民：《中国民族理论新编》，中央民族大学出版社2007年版。

贾东海：《民族精神研究专论》，甘肃民族出版社2007年版。

丹珠昂奔：《建设各民族共有精神家园》，《民族论坛》2015年第8期。

丹珠昂奔：《不断推进各民族共有精神家园建设》，《中国民族报》2017年9月1日。

国家认同：铸牢中华民族共同体意识

云 中 虎有泽[*]

摘要：民族团结是国家的核心利益，国家认同是民族团结的前提和根基，没有国家认同就没有民族团结，没有国家认同，民族团结就是无本之木，中华民族共同体意识是民族团结的生命线，也是国家认同的生命线。我们所理解的中华民族共同体意识应该是一种国家认同的表现形式。从国家认同层面理解、分析铸牢中华民族共同体意识的重大作用，有助于树立正确的思想意识助力社会经济发展，有助于正确认识涉民事件、正确认识民族与国家的关系，有助于以疏代治做好舆论的引导，有助于增强公民的国家认同，国家自豪，自觉维护国家统一。

关键词：国家认同；中华民族共同体意识；民族关系；民族发展

2017 年 10 月召开的中国共产党第十九次全国代表大会将"铸牢中华民族共同体意识，加强各民族交往交流交融，共同团结奋斗，共同繁荣发展"① 写入新修订党章，充分体现了党对民族工作的重视，对各民族发展的重视。我国是统一的多民族国家，这是让我们引以自豪的基本国情，近年来，社会上出现一些杂音。比如，"一个国家一个民族""中华民族是一个"，把多民族当作"包袱"，把社会转型时期的各类问题当作民族问题、当作麻烦，把人口较少民族当作"外人"。所谓的"涉民事件"层出不穷，地方政府对于"涉民事件"的鉴定、分析、处理等都存在一定的

---

* 作者简介：云中，男，中南民族大学民族学专业博士研究生，研究方向：民族学、民族理论与政策；虎有泽，男，博士，西北民族大学教授。研究方向：社会学、法学、民族学。

① 习近平：《决胜全面建成小康社会 夺取新时代中国特色社会主义伟大胜利——在中国共产党第十九次全国代表大会上的讲话》，《人民日报》2017 年 10 月 28 日。

问题意识不清、事件鉴定泛化、舆论导向不明等问题。从担心、害怕发生"涉民事件"到应付事件再到处理事件的两个极端：一是严苛控制；二是妥协退让；三是网络自媒体时代，涉及恶意损毁民族关系、破坏民族感情的事件时有发生。正确理解认识中华民族的丰富内涵对做好新时期民族工作有积极的作用。

一 中华民族的概念形成

近代以来，政界、学界提出了五族共和、中华民族、国族等一系列概念。旨在团结国内众多民族一起抵抗外来侵略，免受亡国灭种的危险，民族自觉思想开始生根发芽。历史上，各民族交替入主中原，各民族间的迁徙、会盟、经商等频繁进行，政治、经济、文化方面的交流与各民族间的通婚交织在一起，同步进行，无论是地理还是血统意义上的华夏已很难保持纯粹，各民族融合基础上的中华民族初步形成。无论是管仲"尊王攘夷"还是王夫之"天下之大防有二，中国与夷狄，君子与小人"都是在特定历史空间和时间的生存、政治手段和措施。伴随着历史上几次大的民族融合浪潮，各民族间的交融从来没有停止过，各民族在两千多年的历史交往中，无论是战争还是"和亲"都是一种互交互往的状态；国家意识是结果，这样的结果是历史上各民族长期在经济、政治、文化、自然环境、外部环境五大基础上相互交流交往交融发展而来，没有历史上各民族间的互动交往，没有近代以来的反抗列强侵略，各民族国家意识和国家认同是不成立的。

新时期的中华民族是包含56个民族的命运共同体。

（一）公民和民族成员的关系

西方学界普遍认为人们通常忠于自己的民族，但不一定忠于执政的国家政权。这种观点较为明显带有纯学术讨论而没有考虑中国国情，所以这种观点并不适合中国和中国民族。首先，中国是中国共产党领导的统一的多民族国家，不存在政党更替；其次，新中国所取得的成就是56个民族共同努力的结果，这是不可否认的事实。最重要的是各民族之间的情感、人与人之间的感情，家国情怀、乡约民风这些政治属性以外的情感构筑了中国的民族。各民族成员首先是具有中国国籍的中华人民共和国公民，其次才是民族成员。公民身份是国家成员的基本属性，民族身份是公民的自我属性。同理。宪法是国家的根本大法，民族区域自治法是重要组成部分。取消民族统一公民称谓是对西方制度的照搬、是对公民权利的践踏、是对各民族付出巨大牺牲才取得民族独立和国家解放历史的抹杀、是对中国是一个多民族国家基本国情的不尊重。在人权至上的西方，只有种族和族群，对于他们诟病的中国，人权在民族成员和公民的称谓上得到了充分的体现，在中国既是公民也是民族成员是现实而不是学术研究。公民应具有这两种"权利"，其一，作为一个国家成员的基本公民权利；其二，作为民族成员的基本权利。这两种权利中，有了公民权利才有民族成员的基本权利，单单只有民族成员权利是不存在的，不仅在中国，全世界亦如此。无论是哪个民族，无论是民族人口的多与少在宪法的规定里，民族是平等的，所以各民族才能有自己的民族成员和民族文化。

（二）新时期中华民族兼具国家战略和民族实体

费孝通先生所言，"中华民族作为一个自觉的民族实体，是近百年来在中国和西方列强对抗中出现的，但作为一个自在的民族实体则是几千年的历史过程所形成的。"[①] 中华民族不是 56 个民族的简单叠加，在中华民族共同体中具有高于 56 个民族的国家意识，这就是"共休戚、共存亡、共荣辱、共命运"的一个中国的凝聚力和向心力。

中华民族是包含汉族和少数民族的统称，是在一个国家认同的前提下蕴含政治属性的称谓，一味地强调中华民族是汉族是不等同于中华民族的。新时期的中华民族是中国各民族的总称。自梁启超在 1902 年《论中国学术思想变迁之大势》一文中正式提出"中华民族"，到 1840 年第一次鸦片战争再到 1945 年全民族抗日战争的胜利，国家认同成为抵抗外来侵略、抗日救亡的一面大旗，各民族的国家意识空前高涨，围绕国家认同所形成的凝聚力奠定了中国民族解放和国家独立的精神基础、中国统一的多民族国家认同的思想基础，并且在国家独立、民族解放的实践熔铸中形成了相得益彰的多元文化与一元认同的共生共存共享的多民族国家结构。也可以认为中华民族是包含 56 个民族的命运共同体，56 个民族对中华民

---

① 费孝通：《简述我的民族研究经历和思考》，《北京大学学报》（哲学社会科学版）1997 年第 2 期。

族的认同就是对中国国家的认同，这种认同有两方面的原因：一是民族自觉的过程。一方面是历史上各民族间自然交流交往交融，另一方面也可以说是一种外因与内因的转换，列强的侵略直接导致了各民族的国家认同；二是政策扶持。以民族区域自治为主要内容的中国特色民族政策在中华人民共和国成立70年来为各民族增强国家认同和中华民族认同创造了条件。特别是改革开放以后，随着西部大开发战略的实施，以经济建设为中心的发展使各民族的物质生活得到了极大的改善，中华民族认同和国家认同进一步加强，随着全面建成小康社会的不断推进和精准扶贫的持续深入，各民族互帮互助共同富裕、共同建设小康社会，实现伟大复兴的中国梦为构建中华民族共同体意识创造了物质基础。

新时期、新阶段中华民族就是中国民族，中国民族包含了汉族在内的56个民族。共同生活在中国疆域内，共同书写了中国悠久的历史、共同创造了中国丰富多彩的文化，同时也包含了各自民族的传统文化和地域文化中的你中有我、我中有你的中国民族。新时期的中华民族是一种自觉的国家认同，不需要建构，也不可能建构。取消民族改用族群或者直接取消民族区域自治政策是行不通的，除了理论与政策更多的是感情，感情是长年累月、心与心交往所建立的，单单靠政策或理论建构也只能是暂时的。中华人民共和国成立70年来，国家各项事业蒸蒸日上，国际地位显著提高，综合国力日益增强就是最好的佐证。70年里56个民族对国家的认同是发自内心的感情，56个民族间的交往也是真挚的感情，70年来各民族经济、文化、教育等各项事业都取得了长足的发展，70年的感情来之不易，70年的感情坚如磐石。

随着一带一路建设的不断深入，中国不断地为国际社会提供解决问题的中国方案，且大都受到了好评，国际地位稳固提升，话语权也逐步提高，命运共同体成为我们与世界发展，传播中国声音的根本主张。中华人民共和国和中华民族也成为传播中国声音，讲好中国故事的国际用语。所以，为了国家层面的利益，使用和推广中华民族是各民族应尽的义务和责任。

二　国家认同与中华民族共同体意识

基于国家政策的宣传和推广，普惠的大众层面就是应该通俗易懂。中华民族共同体意识最直接的表述就是对于国家的认同、对于各民族优秀文化集大成的中华文化认同。

(一) 从建设中华民族共有精神家园到培育中华民族共同体意识

"不论是个体，还是集体，其认同均具有多重性的特点，且其认同形式与内容未必是固定不变的，从来不是完成式，而是不断发展变化的历史过程，始终是进行式。因此，培育中华民族共同体意识必然是一个持续推进的战略性基础工程。只有厘清中华民族共同体意识的基本内涵（国情家底、历史主流、政治法治、团结合作、共同发展、共建共享），中华民族共同体意识的培育才不会成为无米之炊，才能有明确的培育内容、明晰的培育方向，科学的培育规划，从而收到事半功倍的效果。"①

从党的十七大报告中正式提出建设中华民族共有精神家园到2014年中央民族工作会议的"建设各民族共有精神家园是一项战略任务"、2017年党的十九大报告中"铸牢中华民族共同体意识"。从中华民族共有精神家园到中华民族共同体意识折射了更强烈的爱国情怀和国家认同的重要性。如果说共有精神家园是一种精神，那么共同体意识就是一种力量源泉，这种力量源泉可以内化为一种凝聚力、向心力，"撸起袖子加油干"，为国家富强、民族振兴贡献每一个民族的力量，每一个公民的力量。这也应该是不断铸牢中华民族共同体意识的根本原因。"社会经济的发展，不单纯是技术的创新以及制度的促进，在很大程度上，还受到精神力量的推动。精神力量的重要性在一定程度上讲丝毫不亚于科学技术以及管理制度，它对于人们行为的影响，以及工作积极性的促进都有着无可代替的作用。"②

首先，铸牢中华民族共同体意识是增强国家凝聚力、向心力的关键基础。新时期新阶段，铸牢中华民族共同体意识是实现伟大复兴中国梦的精神源泉。全国各族人民同心协力才能实现国家富强，民族兴盛。人心散，事业衰。没有56个民族的同心协力，伟大复兴的中国梦是不可能实现的，

---

① 哈正利：《中华民族共同体意识基本内涵探析》，《中国民族报》2017年2月24日。
② [德] 马克斯·韦伯：《新教伦理与资本主义精神》，生活·读书·新知三联书店1987年版，第43页。

没有56个民族的共同努力,心往一处想、力往一处汇,全面实现小康社会也是不可能的。只有基于中华民族共同体意识基础上,56个民族齐心协力,实现国家的强盛和民族的兴盛才可能成为事实。人心齐、泰山移,每一件伟大的工程都是心之所向,力之所聚。落后和愚昧同生,解决民族地区的发展不平衡不充分问题,首先就要解决思想问题,谋发展才能惠民生。铸牢中华民族共同体意识也是民族地区全面实现小康社会强大的精神保障。

其次,铸牢中华民族共同体意识是新时期民族工作的重要抓手。民族工作两项主要内容是民族发展和民族团结,要用中华民族共同体意识来指引中华民族的整体发展,要把各民族的发展融入中华民族的整体发展,要以共同体意识促发展,已发展铸牢共同体意识,从而才能促进民族发展、维护好民族团结。习近平总书记在2014年中央民族工作会议中指出:"解决民族问题,物质方面的问题要解决好,精神方面的问题也要解决好。"① 社会在不断向前发展,物质生活的极大提高也要求精神生活与其相适应。这就需要主政者理性客观地看待一些民族宗教现象,对于清真食品,一方面主政者要理解尊重信仰伊斯兰教各族群众对信仰的精神需求,在清真食品的管理上要做到让群众吃得放心,防止市场上由于恶性竞争带来的假冒清真食品和清真食品非清真的现象;另一方面也要防止出现清真食品泛化问题,除了信仰伊斯兰教各族群众更多的还有包括汉族在内的其他民族,要预防和遏制少数民族的"大民族"主义,对于合理的需求要满足,对于有违社会公平正义的举止要做到制止而不是放任。铸牢中华民族共同体意识就是要让各民族群众,无论是信教群众还是非信教群众、无论是哪个民族都理解互相包容,互帮互助才能促和谐谋发展。

最后,铸牢中华民族共同体意识对各民族传承民族文化,促进民族团结有积极的作用。民族文化或者民族精神的形成是内因和外因的共同作用。因为文化是需要载体的,最主要的载体就是人,传承就是人与人的传承,闭门造车是文化,但是是落后的文化,只有先进的文化才能促进生产力的发展、促进民族的进步。所以无论是哪个民族的文化都需要与时俱进、保持文化的时代性。同时,无论是哪个民族的文化都是与该民族日常生产生

---

① 国家民委民族理论政策研究室编:《中央民族工作会议创新观点面对面》,民族出版社2015年版,第64页。

活紧密联系并为之服务的，在民族间交往交流交融日益密切的今天，我们应该认识到各民族的文化或多或少都结合了其他与之交往密切民族的文化，而这种文化得以传承至今是不是也是因为这样的兼容并蓄，隔绝交往拒绝创新和适应的文化是不能传承下去的，兼容并蓄的中华文化就是56个民族文化的集大成，传承和保护优秀的中华文化就是在保护和传承各民族的文化，从这点来说，铸牢中华民族共同体意识，增强中华民族凝聚力对传承民族文化促进民族发展有重要的作用。各民族文化是中华民族精神的根，是国家之魂，更是国家向心力、凝聚力、发展力的根本源泉。

（二）铸牢中华民族共同体意识面临的挑战

中华民族共同体意识应该是从国内、国际两个环境去考量，国内环境：手足情深、共同进步；国际环境：维护国家主权、领土完整。

首先，从国际环境来看，意识形态领域的斗争从未止息。随着中国综合国力的提升，"中国危险论"在欧美资本主义国家随处可见，南海问题错综复杂，各方势力百般阻挠。由此可见资本主义国家对于中国国力强盛的警觉，尽管"命运共同体"为平衡中国特色社会主义和资本主义两大意识形态阵营提供了解决争端的方案，但利益才是各国采取政策的根本出发点，大国的崛起势必预示着世界秩序的重新书写，出于既得利益的保护，各主要资本主义国家将阻碍或者干预我们的和平崛起，最有效和直接的办法就是破坏国内和平统一的各民族间关系，而我国的民族地区大都处于边疆地区，随着"一带一路"建设的不断推进，这些边疆民族地区将成为"桥头堡"和"最前沿"，也将成为意识形态领域的主要"战场"，这将成为铸牢中华民族共同体意识面临的严重挑战。和平崛起是我们的初心，但是对于意识形态领域的敌对势力我们也要做到未雨绸缪。在各国都面临恐怖主义威胁的今天，我们也要早预防、早部署。西藏"3·14"、新疆"7·5"事件有其偶发和自然的原因，我们在看待类似事件的时候不能仅仅停留在偶发原因，要结合国际环境和国内环境两方面分析，一方面中东伊斯兰国家的持续纷争，战火不断，随着美国承认耶路撒冷为以色列的首都，并将搬迁美国大使馆，新一轮中东国家反美情绪和行动势必来临，国际恐怖主义势必将借助战火破坏国际宗教环境，这也将给多民族国家的中国宗教管理带来挑战，同时也为铸牢中华民族共同体意识提出挑战。另一方面，在金融危机依然潜伏的今天，欧洲难民问题、地缘政治问题、国际秩序问题、国际恐怖主义问题等都是铸牢中华民族共同体所面临的国际问题。这些看似离我们很遥远的问题在国与国联系日益紧密的今天，其实很近。随着经济全球化的不断深入，在举国发奋实现伟大复兴中国梦的关键节点更要全面看待和重视这些问题。

其次，从国内环境来看。一是民族地区居民"幸福感"和经济发展不充分、不协调，与发达省区有差距是铸牢中华民族共同体意识的重要症结所在。民族地区依靠自然资源和旅游资源使经济快速发展，但群众"幸福感"有待提高。在民族地区资源开发和旅游发展中如何协调保障少数民族群众的利益，提升少数民族群众的"幸福感"成为铸牢中华民族共同体意识面临的重要问题。民族地区的生态环境不仅是民族地区群众的幸福感指数同时也是国家生态安全的重要屏障，群众"幸福感"同生态环境有紧密的联系，在经济发展的同时更加需要审视生态环境所面临的压力，既要金山银山，更要绿水青山。二是对于涉民事件的鉴定混乱。由于经济的吸引力使人口流动的地域和数量规模都在扩大，大杂居、小聚居的民族生活居住格局将长期存在。对于民族地区，民族宗教工作要放到社会发展整体中考虑，将各类社会事件笼统概括为涉民事件是将民族宗教工作的泛化，是主政者对于民族地区的不了解和群众基础差，是一种态度和意识问题。在非民族地区，习惯性将涉民事件指向为：事件当事人为少数民族，事件发生地生活着少数民族，或者直接认为事件中只要是汉族群众和非汉族群众就是涉民事件。我们认为新时期的涉民事件要放到社会综合治理中去考虑，在处理涉民事件要从宏观上区分：人民内部矛盾和敌我矛盾。人民内部矛盾中要区分：政治、经济、环境、文化、宗教、风俗习惯六个关键因素。"无论是发生在非民族地区还是民族地区的社会事件，均应是社会总问题的一部分，应置于整个社会转型、经济转轨的大背景中去加以甄别、判断，舆论宣传在归因民族因素或社会因素时，主要侧重点在社会因素。发生在民族地区的群体性事件，并非全是民族因素突出的事件或因民族之间的关系问题而引发的事件，在探讨事件的原因时，不宜简单地将只要是民族地区的问题就往民族宗教因素上靠，不能把涉及少数民族成员、群体的一般民事纠纷和刑事案件都归结为民族问题。"[①] 和谐民族

[①] 管彦波：《当代中国民族问题的基本走向》，《西南民族大学学报》（哲学社会科学）2016年第9期。

关系最重要的是相互尊重、相互包容，一定要用中华民族共同体意识包容各民族，使差异与多样成为资源和优势，而不是矛盾、麻烦和问题。

最后，要更加重视"三跨"（跨界民族、跨国民族、跨境民族）民族的国家认同。近十年来，随着经济全球化和边疆开发、开放的不断深入，"三跨"民族国家认同意识形态开始削弱，随之而起的是本民族意识、宗教意识的上升，居住在我国境内，但被界定为"三跨民族"成员的"集体出走"时有发生，迁移到边境另一侧的情形还是屡屡发生。边境两边的互动也时有冲突发生，这类出走、迁移、冲突都关系国家利益乃至国家主权、国家安全。中华民族共同体是包含中华人民共和国全体公民的命运共同体，中华民族共同体意识同样是包含全体公民的国家认同，"三跨"民族的国家认同也将成为铸牢中华民族共同体意识的困难之一。

三 铸牢中华民族共同体的路径探索

培育中华民族共有精神家园，铸牢中华民族共同体意识不是一朝一夕就可以完成的，也不能依靠行政手段一蹴而就。在 2014 年中央民族工作会议中，习近平总书记指出："做好民族工作，最关键的是搞好民族团结，最管用的是争取人心，要高举各民族大团结的旗帜，坚持绵绵用力、久久为功，把加强民族团结作为战略性、基础性、长远性工作来做。"①

（一）用法律来保障民族团结，用民族团结铸牢中华民族共同体意识

从公民权利和义务来讲。权利和义务是相对的，可以成为中华人民共和国公民的前提条件是对中华人民共和国的国家认同。作为一名公民有了国家认同和自觉维护国家利益的前提才能享有作为公民的基本权利，基本权利才能受宪法和国家其他法律法规的保护。这其中也包含各民族成员的基本权利和义务。法律面前人人平等，56 个民族都是宪法规定和认可的，民族成员也都是中华人民共和国的合法公民。必须遵守国家各项法律法规，应尽国家各项法律法规之规定。只有人人都遵守国

---

① 国家民委民族理论政策研究室：《中央民族工作会议创新观点面对面》，民族出版社 2015 年版，第 35 页。

家的法律法规民族团结才可能实现。宪法作为国家根本大法明确规定了公民享有的各项权利的同时也规范了公民的义务，以宪法和国家各项法律法规组成的法律体系是维护社会公平正义、安定有序的定海针，也是国家得以运行和发展的根本，人人有秩序、有约束社会才能和谐稳定，国家才能有效发展。从民族事务层面来说，要坚持各民族在法律面前族族平等，各民族成员在法律面前人人平等。"以法律为基准，一断于法，绝不搞法外的从宽从严，法律规定什么权益就保障什么权益，是什么问题就按什么问题处理。"① 但我们也应该看到，少数民族在我国属于人数较少的群体。大都生活在边远贫困地区，相对于汉族而言，少数民族在接受教育和认识自身权利方面明显落后于汉族。要想实现少数民族和汉族权利方面的平等，首先，要加强对民族地区和少数民族群众的普法力度。其次，在宪法和民族区域自治法允许范围内，民族自治地方要尽快制定本地区政策法规保障各区域内少数民族的合法权益。只有 56 个民族合法权益都得到保障，民族团结才有可能。

（二）注重利益协调，特色发展民族地区社会经济

铸牢中华民族共同体意识，归根到底还是看发展，没有发展，铸牢中华民族共同体就缺乏经济基础。要正确理解稳定和发展的关系。团结稳定是繁荣发展的前提，反过来，繁荣发展才能有团结稳定的局面，团结稳定和繁荣发展相辅相成、互为前提、互相促进。要立足繁荣发展缩小差距，促进各民族交往交流交融，要坚持把维护民族团结和国家统一作为各民族的最高利益和诉求，这样才能铸牢民族团结，铸牢中华民族共同体意识。

2014 年中央民族工作会议上习近平总书记指出："如果民族地区的发展差距持续拉大的趋势长期得不到根本扭转，就会造成心理失衡，乃至民族关系、地区关系失衡。"② 发展不平衡，不同民族之间、群体之间的收入与社会地位差距大，是导致民族关系不和谐的根本原因。民族地区的发展不应该是"追赶"。民族地区"跨越式发展"要因地制宜，一味讲求追

---

① 王正伟：《充分发挥民族区域自治制度优势——纪念民族区域自治法颁布实施 30 周年》，《人民日报》2014 年 9 月 3 日。
② 国家民族事务委员会编：《中央民族工作会议精神学习辅导读本》，民族出版社 2015 年版，第 139 页。

赶经济所带来的社会保障制度、环境承载力等问题势必凸显。民族地区经济的发展有其特有的社会环境，在决胜全面建成小康社会的过程中，要把"幸福感"作为经济发展的主要方向，在承接中东部产业转移过程中，要把生态环境的保护作为优先选择项，只要 GDP，只要第一产业的疯狂式追赶，虽然经济得到了大幅度的发展，但是群众的"幸福感"未必得到充分满足。

在招商引资方面要注重利益协调机制的构建，开发移民、拆迁移民、生态移民要注重群众的长远生存和发展，不能为了避免麻烦采取"一刀切"，作为政府和企业要有完善的移民制度，在提供市场补偿机制的前提下综合考虑被移民群众长远的生产生活，对民族地区开发移民、拆迁移民、生态移民的方针、政策、制度和措施进行统一的规划和协调，补偿的根本目标是保证移民生活逐步达到或超过原有生活水平。民族地区现阶段移民补偿重移民的前期过程，轻移民后期的保障过程，缺少对移民在搬迁、适应和发展方面的保障，应更加注重多种补偿方式的综合运用，注重开拓和发展市场补偿和就地安置相结合的方式。

（三）加强舆论宣传引导，杜绝两种民族主义

习近平总书记在十九大报告中明确提出："要坚持正确舆论导向，高度重视传播手段建设和创新，提高新闻舆论传播力、引导力、影响力、公信力。加强互联网内容建设，建立网络综合治理体系，营造清朗的网络空间。落实意识形态工作责任制，加强阵地建设和管理，注意区分政治原则问题、思想认识问题、学术观点问题，旗帜鲜明反对和抵制各种错误观点。"[①] 宣传引导方面要对"中华民族"的含义规范使用，要避免"中华民族"概念使用的"狭隘化""混乱化"和"虚无化"等问题。如"民族优惠"可换成"民族互惠"，"国族""汉化"等要谨慎使用，对于民族地区热点事件和涉民事件政府和主流媒体要主动发声，及时向社会通报事件的原委，避免不明就里和别有用心之徒乘虚而入，破坏民族团结大好局面。创新民族团结宣传方式，合理管控网络自媒体。营造公开、透明的宣传环境。引导积极向上的价值取向，抵制消极腐朽的思想观念，普及社会

---

① 习近平：《决胜全面建成小康社会 夺取新时代中国特色社会主义伟大胜利——在中国共产党第十九次全国代表大会上的讲话》，《人民日报》2017 年 10 月 28 日。

主义核心价值观、"五个认同""三个离不开"主流正确的思想。增强民族宗教领域意识形态舆情的判断力、鉴别力，有效应对和处置"政治原则问题、思想认识问题、学术观点问题"等方面的舆情。对那些持续触犯政治原则底线的，必须动用党纪国法，绳之以法，亮出明确态度，正确引导群众。制定媒体意识形态责任制，要求各类媒体网站，必须履行维护意识形态安全，维护民族团结和国家统一的职责，责任落实不到位的，必须依法处理。

习近平总书记在2014年9月召开的中央民族工作会议上强调："加强民族团结，要坚决反对大汉族主义和狭隘民族主义；大汉族主义要不得。狭隘民族主义也要不得，它们都是民族团结的大敌。"[①] 爱民族就是爱国家，56个民族共同铸造了新中国，新中国的发展也离不开56个民族的协同发展，从共产党的成立到保护革命火种的红军长征再到如今中国取得举世瞩目的成绩都离不开56个民族共同努力的结果。以地域和血统考虑民族是狭隘的民族主义，以民族区域自治考虑民族同样也是狭隘的民族主义。近年来，学术界出现人为地将中华民族等同于汉族、宣称汉族为"国族"、中华文化等同于汉文化的历史性错误，使中华民族共同体意识偏离了国家意识和国家认同的轨道。民族交融是一个自然过程也是一种历史趋势，正是这种自然的交融才是中华民族共同体意识的基础。民族交融的历史进程中汉族与其他民族早已生长在一起，成为血脉相连、血浓于水的中华民族共同体。习近平总书记在2014年中央民族工作会议中指出："在组成中华民族的各个群体已经被定位为民族的情况下，不让一个民族认同本民族的文化是不对的，认同中华文化和认同本民族文化并育而不相悖。当然，繁荣发展各民族文化，要在增强中华文化认同的基础上来做，对本民族历史坚持正确的观点，不能本末倒置。"[②] 割裂历史、罔顾历史是对民族的不负责任和对国家的犯罪。

（四）尊重、保护而不强化民族文化差异

"优秀传统文化凝聚着中华民族自强不息的精神追求和历久弥新的精

---

① 国家民族事务委员会编：《中央民族工作会议精神学习辅导读本》，民族出版社2015年版，第127页。
② 李静、施晓瑞：《中华民族共同体意识及其培育研究综述》，《黔南民族师范学院学报》2017年第3期。

神财富，是发展社会主义先进文化的深厚基础，是建设中华民族共有精神家园的重要支撑。"①

文化认同是国家认同的重要组成部分，国家归属感、自豪感是文化认同的重要基础。在中国历史的长河中，56个民族对中华文化的认同是一种共同体意识的归属感。传承中国优秀传统文化，繁荣社会主义文化，树立文化自信、制度自信、理论自信和道路自信，建设中国特色社会主义先进文化。

首先，要努力挖掘、保护中华传统文化的有益价值，在时代中汲取精华。要构建涵盖少数民族文化内容的多元一体的中华文化，牢固树立中华文化是各民族优秀文化集大成的观念，绝不能仅把中华文化界定在汉族文化的有限范围内，要强调中华文化的多样性形式和多重性内涵，要把少数民族的文化更多地纳入中华民族整体文化之中，应突出中华民族共同体的共有特征来表现，避免在文艺作品中出现伤害民族感情的现象。其次，强化春节、国庆节、劳动节等国家法定假日。在尊重各民族传统节日的同时，相关政府部门要引导、推广春节、国庆节、劳动节等56个民族共同的国家节假日，开展丰富多彩的群众活动，要使国家节假日融入每一个民族的日常生活当中。强调中华民族和国家的整体利益，在国家节假日中强化国家认同与中华文化认同的统一。

（五）发挥人民干部的关键纽带作用

首先要明确少数民族干部和汉族干部都是人民的干部，是中国共产党培养的干部。选拔使用人民干部要依据地区社会发展综合考虑，不能偏执汉族干部也不能任用"两面人"的少数民族干部。

对于民族地区，要重视"两类干部"一是优秀的少数民族干部，二是能力突出的汉族干部。培养和使用少数民族干部是中国共产党的一项重要民族政策，党和政府历来都很重视少数民族干部在解决民族问题和做好民族工作中所产生的不可替代的作用。少数民族干部作为党和少数民族群众的桥梁，有着特殊、不可忽视的作用。他们遵守党章党纪，严格贯彻执行党的政策方针；他们来自本民族，熟悉本民族本地区的现状，通晓本民

---

① 《中共中央关于深化文化体制改革——推动社会主义文化大发展大繁荣若干重大问题的决定》，《人民日报》2011年10月26日。

族的语言和文字，懂得本民族生活方式和发展要求，易于了解本民族人民的疾苦和心声，有些工作由他们直接去做，往往具有事半功倍的效果；在民族地区成长的汉族干部也要大胆使用，不能因为是民族地区和汉族干部就没有优势。相反，这些在民族地区成长的汉族干部既忠于党和国家的事业，又有对民族地区的款款深情，这些民族地区优秀的汉族干部也是党和政府在民族地区的"关键纽带"，也应当大胆使用。

对于其他地区，要区别对待属地干部的任用。无论是少数民族干部还是汉族干部，无论是民族地区还是非民族地区，要以"三个有能力"为根本标准，即有能力领导推动地区社会经济繁荣，有能力维护地区民族关系的和谐稳定，有能力不断提高人民群众的幸福生活。要创新合理的干部队伍结构，让那些"信念坚定、为民服务、勤政务实、敢于担当、清正廉洁"的人民干部当主官、挑大梁。这就要求组织人事部门在属地干部的任免上实事求是，绝不能矫枉过正，使这些熟知本地区的社会经济发展的干部"流失"。同时要做到用好、管好干部，既要大胆使用也要有效监管，防范"两面人"。除现有党纪国法、组织人事制度外，要积极探索干部使用政策，使更多的优秀各民族干部"当主官、挑大梁"。

发挥好少数民族高层次人才的作用。始于2006年的国家少数民族高层次骨干人才计划，简称"少数民族骨干计划"，是专门针对培养硕博研究生的一项人才计划，也是党和政府为加强民族地区社会经济发展的一项重要战略，经过十多年的培养，为民族地区和人口较少民族的发展做出了积极的贡献，但在非民族地区，使用这些国家和政府花了大量精力培养的高层次人才方面确不尽如人意，一方面是在就业方面的限制，目前少数民族骨干人才只能在本民族地区就业且都有服务年限，硕士至少三年，博士至少五年。少数民族骨干人才首先具有政治素养优秀的特质，他们接受了良好的高等教育，是人口较少民族中的有为青年，是党和国家培养的少数民族英才；另一方面他们热爱自己的祖国，能自觉维护国家统一和民族团结，无论是在民族地区或者非民族地区都能更好地宣传党和国家的民族政策，能更好地贯彻执行党的民族政策，我们认为，可以将少数民族高层次人才作为干部队伍建设的一支梯队，完善培养、考察、使用整个过程，使这些接受了高等教育的硕博研究生更好地发挥所学。

结　语

中华民族的政治属性应该是56个民族的共同体意识、命运体意识，应该是对于国家的认同，服务于国家的整体发展；经济属性应该是在国家整体发展中的互补、互通有无、互借有益；文化属性应该是56个民族交往交流交融的历史延续和传承；制度属性应该是基于宪法，以民族区域自治法为主要内容的法律保障。"做好民族工作要坚定不移走中国特色解决民族问题的正确道路，让各族人民增强对伟大祖国的认同、对中华民族的认同、对中华文化的认同、对中国特色社会主义道路的认同"[1]，56个民族共同开拓、守卫祖国的疆域，56个民族都对国家的发展做出了不可磨灭的巨大贡献，56个民族共同创造了中华文化、中国文明，新时期的"铸牢中华民族共同体意识，是铸牢56个民族你中有我，我中有你，谁也离不开谁的命运共同体"[2]，是铸牢自觉维护国家统一、民族团结、社会和谐的国家意识，是铸牢共同致力于中华民族伟大复兴的中国梦的重要基础。

---

[1] 国家民族事务委员会编：《中央民族工作会议精神学习辅导读本》，民族出版社2015年版，第25页。

[2] 沈桂萍：《从六方面着力铸牢中华民族共同体意识》，《中国民族报》2017年11月3日。

中华民族共同体意识的形成
——以赣闽粤地区的畲族与客家为例

钟观福*

摘要："中华民族共同体是历史上形成的一个命运共同体、政治共同体、社会共同体、文化共同体"，中华民族共同体意识是在自发到自觉的历史过程中酝酿而成的。畲族与客家对中华民族的认同具有长久的历史渊源，他们从对抗走向团结，从孤立走向共同发展，从排斥走向尊重差异，从隔阂走向交往交融，最后在近代中华民族共同体意识觉醒了，成为中华民族的重要组成部分。

关键词：畲族与客家；交往交融；共同体意识

一 前言

中央民族工作会议强调，"民族团结是我国各族人民的生命线，加强各民族交往交流交融，尊重差异、包容多样，让各民族在中华民族大家庭中手足相亲、守望相助"。随后，党的十九大再次强调，"深化民族团结进步教育，铸牢中华民族共同体意识，加强各民族交往交流交融，促进各民族像石榴籽一样紧紧抱在一起，共同团结奋斗、共同繁荣发展"。"加强民族团结""铸牢中华民族共同体意识""加强各民族的交往交流交融"等成为热议的话题。从宏观整体上探讨中华民族共同体的研究比较多，而从微观个体民族上解析中华民族共同体意识的研究比较少，共时性的研究比较多，而历时性的研究较少。畲族与客家具有长远的历史渊源关系，他们从族群间的孤立、隔阂和对抗不断走向交往交流交融、尊重差异和团结

---

* 作者简介：钟观福，男，中南民族大学民族学与社会学学院2017届研究生，研究方向：民族问题与民族政策。

包容，不断加深对中华民族的认同，研究畲族与客家的族群关系史对中华民族共同体意识的形成具有参考意义。

纳日碧力戈先生曾提出民族三元观，他指出各个族群与民族能以协商互利求得和睦共生，摆脱二元对立，走第三条道路，即由二生三。各个民族是生命体，可以做到共生共存，各自以对方为自己的生存环境，以至达到"美美与共"的理想境界。这一观点可以运用在畲族与客家上，摆脱二元对立，由二生三，即由畲族和客家衍生出中华民族这一共同体，从而使畲族和客家做到共生共存，达到"美美与共"的理想境界。

目前已有较多学者涉及畲族与客家的研究，由于客家主要集中在赣粤闽三省，因此对畲族与客家的研究也聚焦在赣粤闽地区。研究的焦点集中在畲族与客家的族群关系这一"历久弥新"的主题上，在这一主题下又细分了对畲族与客家历史、血统、生产和语言、民歌、信仰等文化关系的研究，如周大鸣的《从"客家"到"畲族"——以赣南畲族为例看畲客关系》、赖艳华的《畲族与客家文化交融新探》、蓝雪菲的《畲族民歌与客家民歌比较研究》、谢重光的《畲族与客家早期关系史述略》，等等。这些研究既探讨了畲族与客家在这些文化事象里表现出的差异性，也探讨了两者在生产生活文化事象里表现出的同一性，体现出了畲族与客家长期交往交融、你中有我我中有你的特点。但是对畲族与客家整体性的研究较少，对畲族和客家从差异走向共生共存的历史过程的研究较少，这正是本文欲加以探讨的。

二 历史上的畲族与客家

历史上，畲族和客家人这两个群体的先民曾经共同生活在闽、粤、赣三省交界的山区，这个共同地域被认为是双方文化双向互动，血缘交融和文化交融的前提。一般认为，相比于客家人的先民，畲族先民更早居于该地，是该地的原住居民。"畲族历史来源有两种意见：一种是瑶畲关系密切，同源于武陵蛮；另一种意见认为畲族是古代越族的后裔。两种意见虽然不同，都可以断定最迟在7世纪初隋唐之际，畲族已定居在闽、粤、赣三省交界区了。"[①] 这里给出了畲族的两种来源说，一是武陵蛮说，二是

---

① 《畲族简史》编写组：《畲族简史》，福建人民出版社1980年版，第11页。

越人后裔说，按后一种观点来看，畲族便是原住民。在地方史志上也有畲先客后的记载。据乾隆《嘉应州志》述："客地的土著民族主要有畲、瑶、疍等"；新编《五华县志》载："五华上古居民历史上属越族"，"明初本县境除汉族外，尚有瑶民"①；新编《兴宁县志》载："兴宁县境，古为古越诸地"，其中又引用明朝正德《兴宁县志》"瑶之属颇多，大抵聚处山林，砍树为畲，刀耕火种……"② 又据新编《平远县志》称："查县境内自东石河头以上山区，地名为畲者甚多……或即为其时畲民居之迹。自客人陆续迁来，畲民自然淘汰，或被同化，不复存在。"③

"客家是汉民族的重要组成部分。所谓客家，它是与土著居民相对而言的。客家人经过迁徙、侨居、再迁徙、再侨居的艰辛历程，在特定的历史条件下，以其独特的生存方式与顽强的生命力逐步形成了具有自己的方言、习俗、精神、自觉意识等社会文化传统的特殊的社会群体。"④ 至于客家人的来源，学术界主流观点一般认为客家先民的主体是中原南迁的汉族。罗香林在《客家源流考》中认为，汉族南迁开始于东晋时期，共有五次大迁徙，直到第二、三次迁徙即唐末至北宋，南迁的汉人才抵达闽、粤、赣交界的山区，⑤ 进入了原住民的居住区域。也有学者认为，汉人南迁至粤应始于秦汉，主要依据是秦统一南方后，曾派50万大军和未婚女子经略岭南，与越人杂居。这些学者的观点都认为客家人先民的主体是中原南迁的汉人，这里我们不能说客家人是中原汉族的一支。客家民系的形成时间普遍认为在明清之际，具体是明还是清哪个时期则存在较大争论。一般认为，客家民系的形成是早期汉人与畲族长期交往交融的结果。"中原部分汉人逐步南迁定居于闽赣粤三省交界的山区，长期与畲族共居，相互交往，通婚，文化双向互动，而演化成为有别于畲族，又有别于汉族其他民系，既保持了汉族的主体文化，又受到其他民族和民系的文化渗透，形成具有地区文化特征的客家民系，这是在特定社会历史和自然地理条件下，与畲族双向文化互动的结果。"⑥ 早期汉族与畲族的交往交融形成了

---

① 《五华县志》，广东人民出版社1991年版，第579页。
② 《兴宁县志》，广东人民出版社1992年版，第781页。
③ 《平远县志》，广东人民出版社1993年版，第93页。
④ 伍荣蓉：《近十年来国内客家源流研究综述》，《赣南师范学院学报》2006年第2期。
⑤ 罗香林：《客家源流考》，香港嘉应商会印，1986年。
⑥ 施联朱、雷文先：《畲族历史与文化》，中央民族大学出版社1995年版，第133页。

客家民系，客家民系与畲族的继续交往交融又进一步加强了双方在血缘、文化和心理的交融。目前学术界普遍认为客家先民是以中原汉族为主，兼容土著而形成的汉族中的一支重要民系。

由于共同生活在赣粤闽地区，早期畲族先民与客家先民不可避免地发生接触。这一接触过程经历了从隔阂孤立到交往交流，从对抗斗争到团结合作，再到尊重差异、互相包容，至今形成守望相助、你中有我我中有你的多元一体格局。谢重光先生对畲族与客家早期关系有过探讨，他认为畲族先民与客家先民的关系，"在唐末至北宋时期，有斗争，有合作，而斗争还是比较主要的"。①唐末五代时期，国家分裂，赣闽粤地区爆发了几次农民武装起义。其中有畲族先民钟传和客家先民王仙芝领导的起义，有畲族先民蔡结和客家先民鲁景仁领导的起义，他们在反抗官府时共同抗争合作，在领导的队伍之间也有互相斗争；还有王绪、王潮领导的江淮农民武装迁入赣闽粤地区，他们与当地畲族先民产生频繁的接触，矛盾冲突，交流融合也随之而起。到了宋元之际，畲族与客家关系出现新格局，逐渐从合作走向融合。这一时期的起义斗争此起彼伏，既有反抗宋廷的剥削压迫斗争，也有反抗元朝的侵略斗争。在长期的斗争中，畲族与客家人民相互涵化，因斗争失败又使"汉人入山，及畲民被安插到汉人聚居区，大大加速了畲、客的融合进程"。"大量的畲族被同化为客家，少数未被同化的畲族被迫往外迁移或迁入更深的大山，自此奠基了赣闽粤交界地区成为客家基本住地及各地畲、客错居的格局。"②至明清，基本沿袭这种分布格局，畲族与客家之间的斗争偶有发生，交往交流融合成为主流。为避免统治阶级的压迫歧视，部分畲民隐去畲族身份，逐渐打破内婚制，接受汉文化，甚至放弃民族信仰和禁忌，畲族逐渐客家化。

三 新时期畲族与客家的共生共存

在近代救亡图存的背景下，梁启超提出中华民族的民族称谓，孙中山先生提出"五族共和"的口号，并建立中华民国，畲族与客家的中华民族共同体意识开始觉醒。中华人民共和国成立后，旧的民族关系被废除，

---

① 谢重光：《两宋之际客家先民与畲族先民关系的新格局》，《福建论坛》2002年第2期。
② 谢重光：《畲族与客家早期关系史述略》，《福建论坛》2004年第3期。

提出建立平等、团结、互助、和谐的新型民族关系，顺应了畲族与客家人民心理诉求。畲族与客家经过千年的相处磨合，已经形成了共生共存、你离不开我我离不开你的生存生活格局。这不仅表现在赣闽粤边区共居地上，也表现在生产生活物质文化和精神文化上。下面，仅以赣闽粤交界区赣州赤土畲族乡为例对此加以叙述。

赤土畲族乡位于闽粤赣三省交界的边区，主要为蓝姓畲族，集中居住在河坝、花园、富田三个畲族村，其余畲族散居在汉族行政村，形成大杂居、小聚居的分布格局。考其源，念七郎公房，"十二世孙惟茂公，从广州惠州府河源县绣缎墟将军坑迁移至江西南安府南康县石子籁，分居社背立基""十三世孙玉玄公，从广东惠州府和平县小河村老屋迁至南康县刀石甲南坑口立基……"①综合所知，赤土畲族最早迁徙至本地是在明代，主体是清代从广东南雄、河源和江西信丰等地迁入，从此定居繁衍。其后，又有小部分从上犹县、吉安市的遂川县迁入当地。随着人口的增加和城镇化的发展，越来越多的畲族群体进入县城和外地工作，融入广大的客家人群体中，文化的交流和婚姻血缘的交融愈加频繁。

（一）住房

畲语把居屋沿称为"寮"，浙江省景宁《畲族志》第81页载："房子畲语称'寮'"，也有随当地汉族称为"厝"。据悉，畲族民居住房至少经历了三个阶段的演化。第一阶段是刀耕火种时期，早期畲民为适应游耕农业和狩猎的生产经常迁徙，过着游移不定的生活，多"结庐山谷，伐茅为瓦，编竹为篱，伐荻为户牖"②。第二阶段是定居农业时期，受当地汉族先进生产力的启发，部分畲族离开深山，开始定居在相对平坦的山谷平原地区，其住房也随之变化。赤土畲族是清代从广东迁来的，较早地开始了定居作业。赤土畲族从清代至民国时期的民居主要是围绕祠堂或公厅而建，形成了聚族而居的"九井十八厅"的建筑格局，这与赣南客家人的建筑风格极为相似。笔者认为这是后迁来的畲族学习了当地客家人的宗祠建筑风格，以达到团结族群，安全防卫的目的。就建筑用材而言，采用的材料主要为杉木、灰瓦、土砖、红泥、青砖等，以红土塘拌水为黏合

---

① 《蓝氏族谱》第三册，1996年修，A6第43—96页。
② （光绪）《长汀县志》卷三十三，"杂识畲客"。

剂，浇灌而成，这与客家的夯土建筑也很相似；第三阶段是现在新农村建设时期，20世纪90年代后，当地畲族已陆续住进了现代砖房。据笔者近年的实地观察，当地早期的土砖房已全部拆除，在政府的资助下，全乡居民都住上了两三层的现代红砖房。建筑风格也发生了较大改变。现代砖房多为两三层，居中没有了天井，上面不盖瓦片，厕所设在了屋里，向一厅一厨一卫三房的现代居房转变；房子外面刷以白石灰或贴瓷砖，每一家的畲族房屋墙壁上都被印上了凤凰图案，整体十分美观漂亮。当地畲族现代住房除了外墙印上了凤凰图案外，其他方面已和客家人住房没有了差异。

（二）语言

现代畲族没有本民族的文字，通用汉字和族内流传的自造字、借用字；但有本民族的语言，属汉藏语系。语音声母单纯，韵母发达，声调复杂，变调普遍，音节较多，有自己的语言特色。各地畲族都通晓当地的汉语方言，许多汉人也会讲畲话，这是畲、汉两族人民长期交错杂居，在经济、文化上相互交流、彼此学习的结果。"畲语是畲族基本意识的体现，是畲族的象征。"① 作为畲族交际工具的畲语是全体畲民共同享有和传播的，在大分散、小聚居的分布格局下，各地畲族长期相互隔绝，形成了各自的语言岛，语言出现了不同的变化和差异，与各地汉族的频繁接触，使畲语采用了大量外来语，嵌入其中，出现与部分汉语方言融合的现象。据笔者的采访，赤土畲族人对外乡操普通话，对同乡之人多操客家方言或吸收了较多客家语音语义的畲语，甚至在当地主要的几个畲族村，村民所操语言也多为客家方言，当地用语已趋向赣南客家民系方言，笔者虽不是本地人，有些词也能听懂。除一些畲族老人会讲畲话外，年青一辈基本只会讲普通话和客家话，当地畲语的传承面临危机。笔者认为原因首先是全乡畲族人口占总人口不到1/5，平时生产劳作、赶集交易等户外活动所接触人群多为客家人，为交流需要，必定要通晓客家方言或被客家方言涵化后的畲语；其次，当地畲汉通婚已经较为普遍，为交流需要，家庭内部势必要选择使用最频繁的客家话作为通用语；最后，南康县内家具产业的兴起，大多数年轻劳动力拥入县城就业，赚钱后也在县城买房定居，只在过

---

① 蓝万清：《试论畲族文化变迁》，载《畲族历史与文化》，中央民族大学出版社1995年版，第64页。

年回村里老家,久而久之,年青一辈基本不会说畲语,而畲语与客家方言差异也在减少,客家方言成为乡里主要用语。

(三) 服饰

"服饰是一个民族共同文化心理的外在体现的主要形式,民族借以相互区别的第一表现。"① 畲族服饰是在长期的生产生活、图腾信仰、民族心理、语言艺术等影响下形成的,是畲族审美情趣的表达,其最大特点是对凤凰的尊崇,颜色尚黑青色。在与客家人的交往互动中,赤土畲族服饰的变化有三个阶段:第一阶段是清初以前,这一时期赤土畲族服饰保持较大的民族特色,畲服能够直接表明民族身份;第二阶段是在清末至民国时期,这一时期畲客开始交往频繁,畲族服饰尤其男子服饰汉化迅速,妇女服饰保持了相当的稳定性;第三阶段是在改革开放后至今,赤土畲族服饰已多种多样,与汉族无异,基本没有了民族特色。根据郭志超的研究,"清初闽西畲民,'男子短衫阔袖'。这应是清代以前闽粤赣原住区畲族男装的特征"。② 另外,根据蓝乙方在赤土的调查研究,"在清代……赤土畲族男装分为两种:日常服装和礼服,日常服装在清代主要是大面襟和纽裤……此外还有夹衫、马褂子等辅助衣服,田间劳作时穿的短裤","畲家男子的礼服主要是指结婚时和出席宗族重大活动时所穿的衣服,实际上就是一件蓝长衫,一种衣裙的组合衣服"。③ 可推断,赤土畲族在清初之前,男子族人服饰主要为大面衫、阔袖长衫,区别于汉服的长马褂,民族特色明显,服饰具有明显民族身份象征意义。至清末民国初期,社会转型带动了文化变迁,各地畲族男子服饰汉化速度加快。民国时期,中山装在全国盛行,赤土畲客居住地区也出现了中山装的仿制男装,即在胸前开口,对襟,下面出现了口袋。畲客男子穿着几已无异,主要区别已体现在颜色选择喜好上,"畲家的衣服多为蓝色和青色,而客家的衣服的颜色较为多样,有蓝、灰、黑、白等"。④ 畲族女子的服饰在清代至民国时期表现较为稳定,平时穿红色为主的带格子图案和花鸟图案的衣服,结婚时穿

---

① 雷弯山:《畲族风情》,福建人民出版社 2002 年版,第 63 页。
② 郭志超:《畲族文化论述》,中国社会科学出版社 2009 年版,第 267 页。
③ 蓝乙方:《论赣州赤土畲族的文化变迁与重构》,硕士学位论文,云南大学,2015 年。
④ 《南康县志》编纂委员会编:《南康县志》,新华出版社 1993 年版,第 536 页。

红色的凤凰装。至改革开放后，赤土畲客通婚禁忌被打破，畲族服装几已汉化，失去了民族特征。赤土畲族男子服装汉化最快，民国时期赤土畲族男装喜用蓝色、青色，以此和客家服饰区分；改革开放后，现代化冲击了畲客传统服装，两者融合进了统一现代服装，从外表看，已无法区分畲族的民族身份。

（四）信仰

源远流长的畲族民间信仰，主要包括起源于原始图腾文化的盘瓠崇拜或凤凰崇拜、祖宗信仰和俗神信仰。民俗信仰是赤土畲民生活中的重要组成部分，赤土畲族的民间信仰既有其独特部分，也有与客家信仰相同之处。盘瓠信仰在赤土畲民的生活中几无痕迹，只听畲民说上辈的人教育小孩忌食狗肉，但学术界对盘瓠是犬的说法仍没有定论，据此无法判断赤土畲民信仰盘瓠。从物质文化事象的表现来看，赤土畲民信仰应该是凤凰崇拜。凤凰崇拜的信仰在赤土畲民中一直相当稳定，"畲族生活习俗中保留了很多与'鸡崇拜'和'凤凰崇拜'相关的习俗"。[①] 在服饰上，畲家妇女出嫁戴凤冠，穿绣有凤凰图案的衣服，顶凤凰头巾等；在建筑上，畲家新房外墙印凤凰图案，祠堂、公厅的檐梁上、大门的门梁上都雕刻着凤凰；新生婴儿的庆生送红蛋，小孩冬天穿"大凤帽"等。凤凰崇拜成为赤土畲民重要的民族心理。由于赤土畲民小聚居在当地客家群体中，长期的来往交流，相互借鉴，畲民的祖先崇拜、俗神崇拜和风水等民间信仰已深受客家民间信仰的影响。如祖先崇拜，畲客除了各自崇拜的祖先对象不同外，其他外在表现形式如祠堂祭拜、清明扫墓、修谱上牌等没有了太大差异。

结　语

按畲族的文化特质语言、服饰、姓氏和民族共同心理素质等，因其程度不同，蓝万清把该民族的文化分为畲族文化、亚畲族文化和次亚畲族文化。"语言、服饰、姓氏和民族共同心理素质保留完整为畲族文化（狭

[①] 方清云：《论畲族"凤凰崇拜"复兴的合理性与必要性》载《民族论坛》2013年第1期。

义);无服饰,仅存语言、姓氏和心理素质为亚畲文化;服饰、语言皆无,残存姓氏和心理素质为次亚畲族文化。"① 按其划分标准,赤土畲族文化现在服饰语言皆无,仅残存姓氏(蓝姓)和心理素质,应属于次亚畲族文化,即是赤土畲族与客家交往交融较深而产生的一种畲客文化相互融合的文化。千百年来,畲族大分散、小聚居的分布格局使它和客家人比邻而居,为保持畲文化与客家人相隔绝已不可能。在整个闽粤赣边区,畲族与客家俨然成了你中有我、我中有你的共同体,都是这一地区的建设者和主人。各民族在大一统的长期历史下形成了中华民族共同体意识,并于近代民族救亡图存中觉醒。铸牢中华民族共同体意识,需继续加强畲族与客家的交往交流交融,促进畲族与客家"像石榴籽一样紧紧抱在一起,共同团结奋斗,共同繁荣发展"。

参考文献

南康市地方志编纂委员会编:《南康市志 1986—2000》,武汉出版社 2005 年版。

南康县地名办公室编印:《江西省南康县地名志》,内部资料,1984 年。

《畲族简史》编写组:《畲族简史》,福建人民出版社 1980 年版。

罗香林:《客家源流考》,香港嘉应商会印,1986 年。

伍荣蓉:《近十年来国内客家源流研究综述》,《赣南师范学院学报》2006 年第 2 期。

施联朱、雷文先:《畲族历史与文化》,中央民族大学出版社 1995 年版。

雷弯山:《畲族风情》,福建人民出版社 2002 年版。

郭志超:《畲族文化论述》,中国社会科学出版社 2009 年版。

蓝乙方:《论赣州赤土畲族的文化变迁与重构》,硕士学位论文,云南大学,2015 年。

方清云:《论畲族"凤凰崇拜"复兴的合理性与必要性》,《民族论

---

① 蓝万清:《试论畲族文化变迁》,载《畲族历史与文化》,中央民族大学出版社 1995 年版。

坛》2013 年第 1 期。

谢重光:《两宋之际客家先民与畲族先民关系的新格局》,《福建论坛》(人文社会科学版) 2002 年第 2 期。

谢重光:《客家与畲族早期关系史述略》,《福建论坛》(人文社会科学版) 2004 年第 3 期。

蒙、汉民族关系研究
——以乌拉特后旗为例

徐广玄[*]

摘要：民族关系是社会中常见的社会现象，关系民族的发展与社会稳定。我国是一个统一的多民族国家，民族关系问题历来受到党和国家的重视。随着改革开放的深入发展，社会主义民族关系在我国社会主义初级阶段，表现出许多新的特点。本文是以内蒙古自治区巴彦淖尔市的民族关系为研究对象，运用民族学与人类学的理论及方法对其进行了具体的调查。通过实地调研，运用个案访谈法并结合所获得的数据资料，全面对乌拉特后旗的民族关系进行了描述与评价，对影响其民族关系的因素做了较为深入的探讨，为推动内蒙古自治区民族关系的和谐发展和边疆安定繁荣提供现实依据。

关键词：民族关系；乌拉特后旗；交往交融

一　乌拉特后旗概貌

乌拉特部是历史悠久的蒙古部之一。乌拉特，系古代蒙古语，意为"能工巧匠"。《蒙古源流》一书中记载：金汪古部第三代首领囊古特乌兰昌贵（镇国）被擒后，因其精于手工技艺，获"斡然"头衔之称，"斡然"即"巧""工匠"之意，"斡然"一词音转"乌拉"则为"能工巧匠"之意；加上名词格复数"特"，则是"能工巧匠的聚集"。由此，形成"乌拉特"以及"乌拉特部"这一固定名词。乌拉特在汉文史籍中又有乌喇特、乌拉忒、吴喇忒、吴拉忒等不同译称。乌拉特历史由来已久，

---

[*] 作者简介：徐广玄，女，中南民族大学民族学与社会学学院 2017 级硕士研究生；专业：马克思主义民族理论与政策；研究方向：民族关系与民族政策。

源自成吉思汗胞弟哈布图哈萨尔后裔第 14 世孙布尔海号称所部为"乌拉特",游牧于额尔古纳河至石勒喀河之间,后南迁呼伦贝尔草原。① 清天聪七年(1633)归附后金(清),从清军征战有功,于清顺治五年(1648)被编为前、中、后三旗,翌年西迁阴山西段的乌拉山——狼山进行驻牧,自此在乌拉山南北的草原上不断发展壮大。历经清王朝和国民党政权的统治,草原人民在封建、军阀制度的桎梏下,长期遭受压迫和剥削。1949 年 10 月 1 日,中华人民共和国成立,从此,中国的历史进入了一个新的时代。乌拉特后旗与祖国同呼吸、共命运,走向恢复国民经济和社会主义建设之路。

从区域位置来看,乌拉特后旗位于内蒙古自治区西北部,政府驻地为巴音宝力格镇,属巴彦淖尔市管辖,是内蒙古自治区 18 个少数民族边境旗县之一。东与乌拉特中旗交界,西与阿拉善左旗毗邻,南与杭锦后旗、磴口县相连,北与蒙古国接壤,边境线长 195.25 公里。全旗总面积 24925 平方公里,是巴彦淖尔市国土面积最大的旗,是一个以蒙古族为主体,汉族居多数的少数民族边境旗。② 乌拉特后旗地形地貌复杂。阴山山脉横亘旗境南部,形成了南部是河套平原,北部是丘陵和丘陵高原的一道分水岭。海拔平均高度 1056.6 米。主要有二郎山和扎格拉山。据 2016 年乌拉特后旗统计数据,截至 2016 年,乌拉特后旗总人口 58717 人,人口分布状况为,巴音宝力格镇 29880 人,呼和温都尔镇 10630 人,潮格温都尔镇 9617 人,获各琦苏木 2345 人,巴音前达门苏木 2592 人,乌盖苏木 3653 人。③ 乌拉特后旗主要是蒙、汉两个民族,但也有其他兄弟民族同胞在此定居。这些民族分别是:达斡尔族、回族、朝鲜族、鄂温克族、藏族等。2016 年,全旗共有少数民族 5 个,共有 16594 人。其中蒙古族占全旗人口的 26%,少数民族分布在 5 个苏木镇,52 个嘎查村。本文将根据现有的文献材料和田野调查资料,通过运用民族关系研究诸要素,对乌拉特后旗蒙、汉民族关系进行分析和研究。

---

① 窦永刚主编:《神奇的乌拉特》,北京图书出版社 2015 年版,第 41 页。
② 窦永刚主编:《乌拉特后旗年鉴》,北京图书出版社 2017 年版,第 61 页。
③ 乌拉特后旗统计局:《乌拉特后旗年鉴(2016)》,2017 年版,第 116 页。

二 乌拉特后旗民族关系考察

民族关系是指民族与民族之间的关系,各民族之间在政治、经济、文化、语言等方面的相互关系。民族关系是具有特定内涵的特殊的社会关系。它是一种在人们的交往联系中,不仅具有社会性,而且具有民族性的社会关系,本质上是涉及民族这个社会共同体的地位和待遇,民族这个社会利益群体的权力和利益,民族及其成员的民族意识和感情的社会关系。① 戈登在民族社会学领域中第一次比较系统地提出了衡量民族关系的指标体系,即七个变量:文化、社会结构的相互进入、通婚、民族意识、民族偏见、民族歧视、价值和权力冲突。本文以戈登的民族关系变量为依据,结合田野点的实际情况与所搜集的文字资料,采取个人访谈的方式,从乌拉特后旗的人口构成、族际通婚、语言使用、宗教信仰以及文化交流五个方面分析了影响当地蒙汉关系的因素。

(一) 人口构成

从乌拉特后旗的人口基本统计可以看出:蒙、汉是人口较多民族,此外也居住有回、满、藏、达斡尔、朝鲜、鄂温克等其他兄弟民族。截至2016年,共有少数民族16594人,其中蒙古族占全旗26%,分布在巴音宝力格镇、呼和温都尔镇、潮格温都尔镇、获各琦苏木、巴音前达门苏木、乌盖苏木6个苏木镇(表1)。乌拉特蒙古族的历史悠久,清代顺治六年(1649),乌拉特蒙古族来到了这片土地,他们设旗建治,发展经济,由此促进了边疆的安定和统一多民族国家的发展。根据人口迁移情况来看,截至2016年乌拉特后旗共迁入446人,其中省内迁入361人,省外迁入85人。此外,共迁出482人,其中迁往省内共383人,迁往省外共99人。② 据调查,主要迁移原因是求学与工作。总体看来,乌拉特后旗人口属于正常的自然增减,人口迁移变化不大。

---

① 图道多吉:《中国民族理论与实践》,山西教育出版社2001年版,第124—129页。
② 乌拉特后旗统计局:《乌拉特后旗统计年鉴(2016)》,2017年版,第118页。

表1　　　　　　2016年蒙、汉分布较集中的苏木镇人口统计

	总人口（人）	汉族（人）	占比（%）	蒙古族（人）	占比（%）
巴音宝力格镇	29880	24090	81	5586	19
呼和温都尔镇	10630	9175	86	1385	13
潮格温都尔镇	9617	4875	51	4702	49
获各琦苏木	2345	972	41	1373	59
巴音前达门苏木	2592	707	27	1885	73
乌盖苏木	3653	2304	63	1343	37
总计	58717	42123		16274	

访谈一：景佳，女，32岁，个体，汉族

我家之前不住在乌拉特后旗这边，在临河区，后来因为工作原因就来到了这边。东升庙（巴音宝力格镇）这几年越做越好了，政府工作做得好，以前这边人不多，后来政府从潮格旗（潮格温都尔镇）搬到了东升庙以后，人们也随着来了这边，大部分也都是在旗里面搬迁，从这个镇子到那个镇子，或者是从农村到镇子上买房而已。后来生意也好做了，因为孩子要上小学的原因，我们全家就在这边定居了，小区里面蒙古族、汉族都有，也有回族，平时大家邻里关系都挺好，很少有矛盾。

（二）族际通婚

婚姻不仅是两性的结合，同时它也是不同文化之间的交流。族际婚姻是婚姻行为模式中的一种，族际婚姻不仅仅是两个异性个体之间的结合，更是两个族群之间的结合，而且这种关系隐含着这两个人所代表的各自民族的文化和社会背景，能够反映民族关系深层次的状况。乌拉特后旗作为一个多民族的地区，通婚现象普遍，民族之间文化各异，族际通婚也在一定程度上体现了地区的和谐与稳定状况。

访谈一：潮格吉岱，男，50岁，乌拉特后旗园林局职工，蒙古族

说起蒙汉通婚，我家就是呀，我家祖祖辈辈是蒙古族，我媳妇家一直

是汉族。我俩在1993年结了婚，当时双方家里人都十分赞同，没人反对，虽然一开始确实在生活习惯上面有点不一样，吃饭和交流对话之类的都不一样，不过后来慢慢也就习惯了。我们一般用蒙语说一些简单的日常用语，她也能听懂，在家我们就说汉语，所以我儿子就是平时说汉语多一点，蒙语就只会一些日常用语，倒是不影响平时和人交流。

访谈二：嘎拉登，男，34岁，牧民，蒙古族

我父亲是汉族，我母亲是蒙古族，他们已经结婚五十多年了，前年我父亲去世了，他们老夫妻一直很恩爱。我们家孩子多，兄弟姐妹七个人，都是蒙古族户口。我父亲一开始完全不会说蒙语，后来因为一直在牧区做会计，每天接触的也大多是蒙古族，所以慢慢地也就会了，我们在家也说蒙语。平时生活方面也是互相理解，虽然偶尔拌嘴，但是从没有因为民族的不同而红过脸。

访谈三：徐世燕，女，47岁，个体，汉族

我们两口子一个汉族一个蒙古族，结婚好多年了，争吵也有过。一开始最大的问题就是语言和饮食方面吧，他和家人交流都说蒙语，一句也听不懂，后来慢慢也能听懂几句了，他的家人也理解，平时也会说一些汉语。饮食方面的问题就是我不是很喜欢吃牛羊肉和一些奶食，但是他们一般重大的节日以及平时都喜欢吃手把肉和奶茶食之类的东西，一开始很不习惯，甚至做饭都要做两种，慢慢地也就习惯了，现在我时间久了不吃牛羊肉还不习惯。总的来说，他对我的影响更多一点，两口子过日子是不管民族是否一样的。

虽然受语言不同、生活习惯、宗教信仰、居住格局等因素影响，但乌拉特后旗族际通婚方面整体呈现出逐年增长的趋势，这种普遍的族际通婚现象与其多民族聚居有很大关系，体现了当地良好的民族关系，族际通婚与民族关系互有影响、相互作用，也在一定程度上促进了不同民族的相互了解。

(三) 语言使用

在人类社会发展和族际相互竞争的过程中，由于语言是各族历史与传统文化的象征与载体，也是族群成员之间相互认同的重要文化特征，所以

也不可避免地寄托人们对于自身所属族群的历史与文化的深厚感情。① 由于语言作为人们在现实日常生活中进行交流必不可少的工具，所以在衡量当前乌拉特后旗的民族关系现状时，关于语言使用情况的调查和分析是一个非常重要的部分。

访谈一：齐勒格乐，男，23岁，在校大学生，蒙古族

我从小念的就是汉授（汉族教学），因为当时的蒙校教学水平不高，师资力量也薄弱，一个老师带好几门课，教学科目也比较简单，所以父母就把我送到了汉族学校，大家都是用汉语交流，所以我蒙语一直不太好，在家也不怎么说。后来念了大学，总觉得不会自己本民族的语言有点遗憾，不能为自己民族的文化传播做点自己的贡献，所以我就报了一个蒙语培训班，回家也尽量和父母说蒙语，现在我的蒙语水平已经达到了日常交流无障碍，我希望自己接下来能继续学习蒙语。

访谈二：乌日亨，女，25岁，乌拉特后旗人民法院职工，蒙古族

我父亲和母亲都是从小接受的蒙语授课，他们认为在当时的环境下不会汉语找工作有点困难，所以就让我从小接受汉语授课，我从没有进过蒙校，身边的小伙伴都在蒙校读书，只有我自己一个人去汉族学校，所以现在我也不会说蒙语，有时候过年去亲戚家，会有哥哥姐姐们开玩笑说我不是真的蒙古族，所以语言对于一个民族来说还是十分重要的。虽然现在找工作很少会有语言方面的要求，但是我希望以后我的小孩可以蒙汉双语都会，这样既可以进行日常生活，也能不忘我们本民族的语言。

访谈三：齐格奇，男，7岁，学前教育，蒙古族

我在蒙古族幼儿园上学，幼儿园里大家都在说蒙语，我会说汉语是因为我看动画片学的，我爸爸妈妈在家都说蒙语，但是他们都会说汉语，有时候也教我，而且我哥哥在蒙完小读书，他们老师是双语上课，他放学回来就会教我汉语，以后上了小学也会有老师教我说汉语的。

---

① 马戎：《语言使用与族群关系（民族社会学连载之三）》，《西北民族研究》2004年第1期。

语言是人们相互交流的一种必不可少的媒介工具。由于民族成分不同，在不同的场合使用不同语言成了一个常见的现象，于是出现了双语并用的情况，这种现象不但与各民族日常生活息息相关，而且与民族教育和文化传播密切相关。从总体来看，乌拉特后旗居民的语言使用情况在民族交往中多表现为蒙古族使用双语，而汉族一般较少会使用蒙语，这也与乌拉特后旗的人口构成有很大的关系。

（四）宗教信仰

由于乌拉特后旗属于不同民族交叉居住的混杂居的居住格局，所以在体现了民族多元性的同时也体现出了信仰文化的多样性特征。宗教信仰文化对于民族的形成和发展都具有重要的影响和作用。民族间的交往和互动，以及民族关系现状和未来发展趋势，都与多元的宗教信仰文化有着千丝万缕的关联。因此探讨宗教信仰与乌拉特后旗地区的民族交往的关联有利于我们更深层地了解该地区的族际互动以及民族关系。据调查，乌拉特后旗在册登记具有宗教信仰的居民约有1300人，其中信仰天主教的约有300人，信仰佛教的约有500人，信仰基督教的共有573人，其中蒙古族有60人。此外，还有部分蒙古族信仰萨满教。

访谈一：额登图亚，女，36岁，个体，蒙古族

我和我老公都信仰萨满教，牧区这边也有不少人信仰萨满教和喇嘛教（藏传佛教），我们一般会在节庆日举行跳神仪式，大家会聚在一起拜火，有特定的服装与配饰。当时也是因为我老公身体不太好，所以后来信仰了萨满教，我们信仰万物皆神圣并且崇拜祖神，希望可以获得庇佑。

访谈二：阳山大佛景区负责人

阳山大佛是在2008年得到了国家宗教局的批示，属中华人民共和国成立以来的第7个批文。大佛在2009年10月开始建造，高69米，总规划占地面积约10800亩，大佛建成后，这里成了乌拉特后旗重要的佛事活动地和风景旅游名胜区，过年这段时间每天大概会有600—700人来这里祭拜上香。

多元信仰文化对民族交往的各方面都有着程度不一的影响，了解多元信仰文化是如何在日常生活中对族际交往产生影响，则可以分析宗教信仰

作为影响民族交往与交融的要素在一定程度是怎样促进不同民族之间的相互了解。

(五) 文化交流

不同民族在历史发展过程中形成了各异的文化与生活习惯。在多民族交往交融的过程中，少数民族既要保持自身文化的民族性，同时又要面对日益密切的交往互动所带来的文化融合。乌拉特蒙古族在长期从事草原畜牧业的过程中，逐步形成许多具有地方特色的传统民俗，在与汉族同胞的日常交往中也逐渐相互影响并呈现出良好的民族关系。在乌拉特蒙古族民俗中，特别重视过小年（祭火节），也就是祭火神、灶神。普通农牧民的祭火，一般均在农历腊月二十三；贵族和台吉①则在腊月二十四。与汉族"祭灶神"不同，蒙古族祭祀火神要用羊胸叉、奶食品、酒等供品。通常在胸叉内填满红枣、黄油、冰糖、奶酪、柏叶、哈达等，用白色羊毛线缠绕九圈后煮熟。到了晚上上灯时辰，在灶膛内填入沙蒿根、香柏片，上围干牛粪，将灶火点燃。"祭火"时，男主人双手托起煮好的羊胸叉放入火中，全家人对着火焰向火神祈祷。② 此外，乌拉特传统祭祀节日还有祭穆纳山（乌拉山）以及祭敖包。这些极具民族特色的节日与习俗在当地蒙汉交往过程中已经有更多的人了解并参与进来，其中不乏许多汉族同胞。中秋节作为重要的传统节日，汉族一直就有赏月祭祀的习俗，但也有部分少数民族由于民族形成发展的过程中的一些历史原因等并不过中秋节，乌拉特蒙古族在与该地汉族交往过程中受其影响，也逐渐有许多蒙古族开始过中秋节，会在这天与家人团聚。

那达慕大会作为蒙古族的盛大节日，集经济、文化、体育、文艺于一体。那达慕是蒙语音译，意为"娱乐"或"游戏"，它在蒙古族人民的生活中占有十分重要的地位。每年七八月份，事先确定时间地点之后，到时四面八方的牧民拥向会场，临近和外地的人们、商客也云集而来观光贸易。每年乌拉特后旗政府都会在牧业年度完成畜牧头数统计之后举行那达慕大会，成千上万的人们聚集在草原上，进行物资和文化交流。此外，每年乌拉特后旗还会举办许多诸如汽车拉力赛、武术锦标赛等活动以此来促

---

① 台吉是清对蒙古贵族封爵名。
② 窦永刚主编：《神奇的乌拉特》，北京图书出版社2015年版，第241页。

进各民族团结进步、共同发展。

访谈一：那银泰，男，39岁，牧民，蒙古族

每年那达慕大会的时候就会有很多人来后旗，人们从各地来，有的是蒙古族，但是很多都是汉人，那几天大家都玩得特别开心，我们有博克、赛骆驼、赛马等很多活动。我是赛马手，所以每年都会参加，几乎每次都能拿奖，很多时候就会有人专门请过去表演马术，每次比赛我都是骑着自己马场里的马，感觉现在生活越来越好了，人们也有更多时间来参加大会了。

虽然不同的民族有着特有的文化，但也正是这种文化的差异造就了不同文化的魅力。通过了解这种文化以及生活习俗等方面的差异，有助于我们更好地理解不同民族的文化。在民族交往交流中也可以用更广阔的心胸来面对这种差异。通过文化习俗所体现的各方面，可以让我们更好地理解不同民族的文化差异，以此促进各民族形成平等团结、互助和谐的社会主义民族关系。

结 语

以上从人口构成、族际通婚、语言使用、宗教信仰以及文化交流五个方面论述了乌拉特后旗的民族关系，民族间的交流交往交融正是体现在了日常生活的点点滴滴里，这也是形成良好和谐民族关系的基石。巩固和发展平等团结互助和谐的社会主义民族关系，从而铸牢中华民族共同体意识，构筑各民族共有的精神家园，是管根本、打基础、利长远的大事。实现民族地区社会的长治久安，构建共同繁荣发展的民族关系至关重要。乌拉特地区蒙、汉民族间交往交融的机制，各民族间文化差异及对民族关系的影响等，都值得日后继续深入调研。

本文尝试从民族学的角度，对乌拉特后旗的民族关系进行了实地调研并对该地的民族关系进行了简单的思考。在调研过程中，本着实事求是的态度，力求获得最真实的一手资料。但是文中仍然存在很多不足，比如我对乌拉特后旗地区民族关系变量指标的调查结果并没做出系统的深入分析等。在个案访谈中，由于个别人对民族问题比较敏感，调查中也有不配合的情况，也有可能影响资料和数据的真实性。这些都是笔者在以后的研究

中需要克服的,所以此研究还需要深入的调查和研究。

参考文献

金炳镐:《和谐民族关系与和谐社会构建》,《西南民族大学学报》(人文社会科学版) 2007 年第 9 期。

金炳镐:《民族关系理论通论》,中央民族大学出版社 2007 年版。

魏国红:《论"族际通婚作为民族关系衡量指标"范式的适用性》,《北方民族大学学报》(哲学社会科学版) 2017 年第 2 期。

孙淑秋:《和谐社会的构建与民族关系调控机制的完善》,《满族研究》2012 年第 2 期。

郝时远:《构建社会主义和谐社会与民族关系》,中国统一战线理论研究会民族宗教理论甘肃研究基地、中央民族大学《当代中国民族宗教问题研究》(第 5 集),中国社会科学出版社 2000 年版。

张立辉、赵野春:《和谐民族关系研究综述》,《西南民族大学学报》(人文社会科学版) 2008 年第 12 期。

赵健君、贾东海:《民族关系定义研究》,《黑龙江民族丛刊》2006 年第 4 期。

苏比努尔·尼亚孜:《和顺花园小区的民族关系研究》,硕士学位论文,新疆师范大学,2017 年。

民俗互动与民族交往：对一个乡村仪式的观察与思考

舒斯强*

摘要：民族关系是一种特殊的社会关系，具有独特的含义与特征，它直接关系国家和社会的稳定，也关系各民族的切身利益，构建和谐民族关系是多民族聚居区社会里的重要目标，而民族交往是民族关系的重要形式，因此，对民族交往的研究历来是民族关系研究的重点。道帏藏族乡是一个典型的多民族多元文化聚合的民族乡村，通过在乡村里各民族对拉则节这一民族民俗节日的互动，能为民族间的交往提供良好的互动平台，为和谐民族关系的构建创造便利的条件。

关键词：民俗互动；交往；民族关系；拉则节；道帏

我国自古以来就是一个多民族国家，各民族共同缔造了一个统一的中华民族多元一体的格局。从历史来看，各个时期受多种因素的影响，众多的民族都进行各种形式的交流与交往，在相互交流交往的过程中不断地创造出多姿多彩的文化，各民族在这一过程中也形成了本民族独特的文化，这些文化都是中华文化的一部分，具有共性与特性双重特点。经过众多历史时期的发展，各民族最终呈现出一种"大杂居、小聚居"的居住格局。在"大杂居、小聚居"的居住格局下，各民族又进行新的交往过程。

民族关系，是一种特殊的社会关系，具有独特的含义与特征，通俗来说就是指各民族之间的互动关系。因此，交往是民族关系的重要形式，它对于促进民族与民族之间的感情联系具有重要推动作用，它是民族与民族联系的前提条件。那么如何来促进各民族之间的交往呢？尤其是在多民族聚居的社会里，如何才能使不同的民族进行良性的交往互动呢？可以说，

---

* 作者简介：舒斯强，男，中南民族大学少数民族史专业博士研究生。

传统的民族民俗节日是否能为各民族的交往提供这样一次良好的机遇。作为一种神圣而又蕴含民族心理特征的民族文化节日,往往会为各民族间的交流与互动提供一个很好的机会,各民族通过民族民俗节日中的良性互动,能够创造出一种良好的民族交往氛围,这种氛围不仅可以促进各民族之间的交流,还可以建立一种融洽的民族交往感情。同时,这个过程既可以表现出自己本民族的族群认同,凝聚本族群的向心力,也能够了解到他族的文化魅力。可见,这种互动形式能够为各民族间的良好交往提供推动力,对构建多民族社会中的和谐民族关系有重要意义。民间信仰,是一种产生于原始社会,历经漫长岁月的发展演变并延续至今的一种文化现象,它是民众在日常生活中自发产生和传承的一套神灵崇拜观念、行为习惯和相应的仪式制度。① 它是民众自发地对具有超自然力的精神体和神秘力量的信奉与尊重,作为一种独特的文化形式,一方面,它是人类历史发展的见证,反映了人类历史发展过程中人类文化的演变过程;另一方面,它也包含了人类宗教发展的过程,诠释着某些宗教的特点,因而也体现了一定的地域文化特色。其内容丰富,种类繁多,具有特殊的民俗文化功能和现实意义。因此,本文拟就青海省循化撒拉族自治县道帏藏族乡特有的一种民族民间民俗活动——拉则节进行观察,通过对拉则节的节日文化和过程进行剖析,以探讨民族民俗节日的互动在多民族社会的民族交往的过程与影响。以期了解在多民族聚居区里,各民族进行良性交往的关键要素,这不仅可以增进各民族之间的了解和文化认同,减少因文化因素等差异造成的民族间的矛盾,消除民族问题出现的隐患,还有助于增进各民族之间的交流,维护各民族的团结,促进各民族的共同繁荣发展,构建和谐的民族关系,对维护全国各民族的大团结具有一定的现实意义。

一 循化撒拉族自治县道帏乡概况

循化撒拉族自治县位于青海省东部,东与甘肃省积石山县和甘肃省临夏县接壤,南临甘肃省夏河县和青海省同仁县,西靠尖扎县,北同青海省化隆回族自治县和民和回族土族自治县为邻,总面积2100平方公里,全县3镇6乡154个行政村,总人口达到13.2万人,其中撒拉族7.96万

---

① 钟敬文:《民俗学概论》,高等教育出版社2010年版,第145页。

人，占总人口的 63%，占全国撒拉族总人口的 80.5%。① 循化得名于雍正皇帝的"遵循王化"之意，是我国唯一的一个撒拉族自治县，也是全国最大的撒拉族聚居区，在县内有着众多的民族，除撒拉族外，还有藏族、回族、汉族和其他民族。所以，循化撒拉族自治县是一个多民族杂居和多元文化共存的汇聚之地，对民族关系研究来说有着独特的研究价值。

道帏藏族乡位于循化撒拉族自治县东南部 35 公里处，得名于该乡宁巴村的河滩里一块形如帐篷的巨石，意为"石头帐篷"。其东部和南部与甘肃省临夏县接壤，西靠循化县白庄乡，南部与甘肃省夏河县接壤，北与甘肃省积石山保安族东乡族自治县相连。全乡总人口 12440 人，其中藏族 9317 人，撒拉族 2323 人，回族 360 人，汉族 440 人。② 道帏乡是一个多民族聚居的乡镇，有着众多的民族和信仰，笔者以道帏乡广为流传的一种民族民间民俗活动——山神崇拜仪式为研究对象，当地人也称为"拉则节"，也称为"插箭节"，通过对民俗节日的剖析来解读在多民族社会中的民俗互动与交往过程，以了解民俗节日的互动与民族交往之间的联系。

（一）"拉则节"的由来

拉则节，又被称作"周格拉则"或"周格香浪"，关于它的由来，有多种说法，有源自路标说，也有的说源自赞普时代的权力象征说，不过从大量关于它的源流说法最终都演变为附有守护神、阳神、战神、鲁神和年神等世间神的依附处所，祭祀"拉则"的功能在于求财、嗣、寿、运、福和安，以及除魔退敌等。③ 作为一个民族节日，在道帏当地，民众认为拉则节在他们那里是对山神崇拜的一种信仰形式，民众普遍认为某个居住地的主峰都有神灵居于其中，这些神灵负责保佑着一方的平安和福佑百姓，因此，需要定期举行隆重的仪式来祭祀山神，以期得到神灵的庇佑。道帏乡拉则节的主要活动内容就是举行插箭仪式，还有各村社以家庭为单位进行的煨桑、拉伊对唱和跳锅庄舞等多种形式为一体的综合节日活动，此外，在道帏当地，拉则节的重要过程就是以村为单位的制箭比赛，这种

---

① 参见循化撒拉族自治县人民政府网首页县情介绍。
② 参见循化撒拉族自治县人民政府网首页乡镇概况介绍。
③ 拉先：《村落与信仰仪式——循化县道帏"拉则"调查研究》，《西藏大学学报》（社会科学版）2012 年第 4 期。

制箭过程既是一种宗教信仰又呈现出一定的娱乐竞技意义，因此广受当地民众的喜爱。每年在拉则节正式举行前夕，各村会自行组织本村的箭的制作。

(二)"拉则节"的仪式过程

拉则节的仪式过程包含了仪式准备和仪式进行两个过程。拉则节在道帏当地又被称为插箭节，也就是节日当天，各村要将已经制成的箭插到插箭台上。这一过程中，还要进行箭的比赛活动，要分出各个村的箭的位次顺序，这既是一种神圣的宗教信仰活动，也是一定意义上的娱乐竞技活动。可见，民族民间民俗活动具有多层内涵和意义。作为一种信仰媒介，在拉则节中祭祀所用的箭并非通俗意义上的真箭，而是用树干制作成箭一样的形状，它高大壮观，富有艺术感。从与制箭师傅的访谈得知，从选箭到制箭，再到祭祀所用都有很多的讲究。箭的选材，还有箭杆的花纹，装饰所用的丝绸等都有一定的规范操作和使用流程。如箭杆，应选用笔直光滑的松树，因松树较直，且不易腐烂，这样不仅便于制成箭，也利于保存。再到箭板的图案，分别涂有代表金木水火土的五行颜色。所绘图案主要有两种表现形式：一种是以虎、狮、龙、鹏为主要图案；另一种则是以吉祥八宝（宝伞、宝鱼、宝瓶、莲花、白海螺、吉祥结、胜利幢、经法轮）为形状涂制，这些都是藏传佛教所推崇的圣物。

道帏乡的拉则节在藏历六月十五日举行，人们在这一天盛装出行，整个插箭仪式在道帏乡虎头山下的古雷寺举行，在寺院以北的地方专门设置了插箭台。据悉，该寺是著名爱国人士喜饶嘉措大师早年出家学经的地方，拉则节也是在他的遗言和重托下逐步兴起的。当所有村子的箭全部到达祭祀点后，古雷寺的僧人会作拉则节的法事，法事在插箭台左侧的亭子里举行。法事完毕后，男人则会在"拉加洛"（意为天神战胜了）的一片欢呼中集体煨桑，并向长空抛撒风马。人们纷纷向山神敬献美酒、磕头，按顺时针的方向绕着煨桑台转圈。煨桑结束后，插箭仪式也就意味着开始了，在寺院僧侣的诵经祈福中由吊装机械将选出的箭按由高到低的顺序依次插入插箭台。

二 乡村仪式：拉则节中的互动与交往

青海省循化县撒拉族自治县是一个多民族聚居的少数民族聚居地，在全县境内有撒拉族、藏族、回族、汉族和其他民族。在道帏乡，除了藏族以外，还有撒拉族、回族、汉族等，是一个典型的多民族聚居乡，乡内各民族之间的往来十分密切。通过对乡村仪式拉则节的观察，可以看到在多民族聚居区域内部，节日中的互动对民族间交往来说发挥着不可忽视的促进作用，虽然还有很多形式的互动与交往，但是文化交流发挥着一种潜移默化的软交际功能，它能促使不同民族之间放下族别上的隔阂和距离感，轻松地投入节日文化中。也正是由于这些不同于以往形式的互动与交往才使道帏乡民族关系十分地融洽和谐。这就说明民俗节日的互动可以为各民族之间的交往创造良好的条件，能推动民族间的良性互动，能构建和谐的民族关系。

（一）拉则节促进了道帏乡各民族的互动

1. 拉则节中的藏族

拉则节是循化道帏地区特有的一种藏族山神崇拜节日，节日前后，藏族民众对这个世代传承的节日都十分重视，每年节日来临之际，许多外出工作的人都会回到老家来过节，或以不同的形式参与各村的仪式准备工作。无论是仪式前的各种准备工作还是仪式中和仪式后的各项活动都很隆重。各村的制箭过程和程序是十分烦琐和复杂的，制箭过程耗费的时间也很长，一般要在节日前一个多月就要陆续准备，从制箭所需的木材到箭的装饰等，都丰富地蕴含了藏族文化符号，这些民族符号的呈现，使得村民找到了本民族的归属感，这既是一种文化认同，也是一种民族认同。这也体现了民间信仰在民族认同方面具有不可替代的作用，不论是对藏族民众，还是对撒拉族、回族而言，这种信仰在他们之间都呈现出不同的民族认同过程。作为一个主场节日，藏族在仪式中的身份是占主体地位的，但是他们并不会排除其他民族，反而他们对这个是持开放态度。随着乡村旅游的兴起，道帏乡的拉则节名气也变得越来越大，每年很多人都会在节日当天来到道帏，一览拉则节的风采。

2. 拉则节中的撒拉族

撒拉族是循化县少数民族占比最大的一个民族，在道帏乡的山神崇拜节日中能看到许多撒拉族的身影。历史上关于撒拉族和藏族的交往由来已久，虽然两个民族的宗教信仰不同，但是两个民族的交往不仅表现在经济和文化方面，还表现在族际通婚上，在道帏当地，对撒拉族和藏族的通婚关系称为"夏尼"，意为本家之意。从这个姻亲名字的内涵来看，两个民族的交往感情是十分融洽的，交往的程度也达到了高峰，也说明两个民族的民族关系是十分友好和谐的。这从很多方面都能得到体现，笔者在对拉则节的调查途中，由于道帏乡离循化县城有二十多公里路程，且没有公交或客运汽车来往两地。因调查需要，笔者要在调查地和县城两地访谈，因此选择的交通工具是当地特色的拼车形式，车主大多为撒拉族，他们平时开车去干农活，有时顺带接接乘客。笔者在第一次乘坐时，和车主进行过交谈，车主很热心地给我推荐藏历六月十五日的道帏乡拉则节活动，说是很热闹也很具代表性，他们从小就接触到拉则节。通过与车主的交谈，车主说循化的人都知道有这个节日，虽然是藏族的节日，但是他们也会在当天去现场观看，凑凑热闹。虽然他们没有像藏族村子那样会制箭参与到仪式中来，但在仪式现场还是可以看到他们的影子。

3. 拉则节中的回族

历史上回族和撒拉族的关系是亲如一家的，他们的宗教信仰一致。所以拥有共同的宗教认同，这种认同也使两个民族的关系和交往程度十分深厚。据笔者调查得知，循化当地的许多撒拉族人都是由附近的回族融合而来的，因此，他们的几个大姓和回族的姓氏是一致的。可见，回族和撒拉族的交往由来已久，且是相互交融的。对于藏族的拉则节，当地回民的参与热情也是十分浓厚的。作为一种文化节日，它必然会刺激当地的经济往来，也必然会带动当地民众的消费行为。笔者在访谈中得知，当地对回民的身份定位不仅体现在是作为本地人一样，而且还认为他们十分会做生意，很有经商头脑，在以前也经常去牧区收购马匹和皮毛等，因此在与藏民的持续交往中，也渐渐地学会了藏语。在通往古雷寺两旁道路上有许多商贩，笔者近距离地与商贩进行访谈，她们大部分都是回族女性，所售商品为回族特色小吃，还有其他大宗小零食和祭祀所用的物品，如风马、烟花等。通过对一个回族小姑娘的访谈发现，她和妈妈在这边进行商品经营活动已经好多年了，她们很喜欢这个节日，因为很热闹，有很多很多的人，还有很多漂亮的箭。虽然，她们也许是为了进行商品交易才来的仪式现场，但是不可忽视的是，她们的确是另一种形式的参与，经济往来也是民族交往的重要组成部分,通过在经济上的往来,可以促进各民族之间的对话与联系。至于小女孩每年都会跟着妈妈来到仪式现场进行商品售卖活动,这也可以说是一种多民族友好交往的传承,从她妈妈到她是一种代际的异文化传递,间接地使对方民族的节日文化传到自己文化之中。

4. 拉则节中的其他民族

道帏乡宁巴村是一个以藏族为主的村子,但是村子里还住着几户汉族。由于拉则节仪式所需的箭是由村级为单位来制作,所以宁巴村的制箭过程也有汉族和其他民族参与进来,并不是将他们排除在外,这些汉族和其他民族也乐意参与到村级的活动中来,在他们看来,这是村子的大事,如果能得到第一名或是位次顺序靠前的话也是一种荣誉。从另一个层面来看,当地汉族和藏族、撒拉族、回族的宗教不同,在很大限度上他们的交往程度还是相对比较浅,而通过拉则节这一平台,使宁巴村的汉族或其他村子里的汉族能真正地融入村级大集体中,这对民族间的交流和交往有促进作用,对民族关系来说也是十分有益的。

(二)拉则节促进了道帏乡各民族的交往

作为一种民族民间的民俗节日,拉则节的积极作用主要体现在对民族内和民族间交往两大方面。对民族内部的积极意义是加强了民族的认同,促进了民族团结,维护了民族和谐,也传承了民族传统文化。对民族间的积极意义是促进民族间文化的相互认同,实现跨文化交流,这为民族间的交往创造了便利的条件。

1. 民族内部

拉则节对民族内部的积极意义在于它不仅加强了民族内部成员的民族认同,还促进了民族团结,维护了民族和谐局面,还保护和传承了本民族的传统文化。

民间信仰是一个特定区域内形成的一种稳定的心理信奉状态,是民族共同认同和遵守的一种行为惯制。作为一种民族节日,拉则节促进了民族内部个人的社会化和社会整合。在这一过程中,人们通过社会互动,习得社会规范,形成人的社会属性,进而与社会保持一致。通过拉则节,民族内部成员能在仪式中找到民族归属,这不仅促进了民族内部的团结,还维护了民族内部的和谐氛围。

此外,拉则节还调适了当地民众的娱乐生活和审美情趣。民俗节日中的娱乐功能，在岁时祭祀和各类民族活动中表现尤为明显。作为一种民族传统节日，它的活态传承的意义是不言而喻的。它不仅是生活在道帏乡藏族民众自己的民族节日，也是整个循化撒拉族自治县所有民众的传统节日之一，可见，每年的拉则节仪式过程就是保护了拉则节。在整个仪式过程中，都能看到藏族、撒拉族、回族、汉族等民族的身影，他们都参与到了仪式的过程中，通过参与，他们不仅获得了娱乐的体验，放松了身心，而且增强了自身的审美情趣。

2. 民族之间

拉则节对民族间的积极意义在于它不仅促进了民族间文化的相互认同，还实现了民族间的跨文化交流，这为民族间的友好交往创造了更多便利的条件。

文化是社会的主要构成要素，它时刻都在满足和影响人们的生活。社会学家给文化这样的定义："文化是一种复杂体，包括实物、知识、信仰、艺术、道德、法律、风俗及其余从社会上习得的能力与习惯。"[①] 作为一种民族文化，拉则节为道帏的各民族提供了互相接触和交往的平台。在仪式的过程中，其他民族能在这一节日平台中了解藏族民众的生活面貌，这种生活面貌是直观的且可以参与感受到的，通过这种节日的互动，能使民族与民族有更为清晰的认知和了解。

此外，拉则节还加强了多民族之间的经济交往。韦伯在《新教论理与资本主义精神》中，探讨了宗教信仰对经济发展的重要作用，并认为新教伦理促进了资本主义生产方式的形成。经济学家罗伯特·巴罗也认为，如果一种宗教能够在人的心理或性格上产生积极作用，那么这种宗教是有利于经济发展的。[②] 同理，民间信仰作为一定区域内民众自发形成的一套神灵崇拜观念和行为习惯，它必然会对区域内的民众行为产生一定的影响，间接刺激消费、生产和旅游等方面的经济效益。在祭祀山神的过程中，我们看到了撒拉族、回族等民族在节日中的商业活动，如撒拉族的包车服务，回族的售卖活动，这不仅拉近了民族间的距离，而且也加强了民族间的经济交往活动，从而促进了民族关系的融洽程度。

---

① 邓伟志：《社会学词典》，山东人民出版社 1988 年版，第 120 页。
② 郑永廷、江传月：《宗教影响与社会主义意识形态主导研究》，中山大学出版社 2009 年版，第 216 页。

三 良性交往：构建和谐民族关系的必经之路

通过对循化撒拉族自治县道帏乡拉则节的仪式观察，可以看到，在民族间的互动与交往过程中，需要遵循一定的交往伦理和交往心理，尤其要考虑到各民族之间的风俗习惯的不同，各自的禁忌也有所不同，切不可想当然地将自己的行为习惯强加在对方民族上。良好的民族关系是建立在一种相互平等、相互尊重的基础之上的，和谐民族的构建更是建立在一种良性互动的基础之上，只有通过更多的良性互动，民族间的联系才会更加深入，民族间的情感纽带才会系得更加牢固。从循化县拉则节的整个仪式过程中，我们可以看到，不论藏族、撒拉族、回族还是汉族，他们并不会因为拉则节是藏族的节日而不去参与，反而成了一种类似公共节日一样，各民族都可以参与到节日中来，只是各自参与的形式有所不同，这就说明，各民族民间的民俗活动对民族间的日常生活和交往具有重要的积极作用，它能以其自身的特色将不同的人吸纳到同一时空场域中，它超越了以血缘、地缘和族缘为主要关系网络的界限，成为多民族聚居区交往的重要一环。

以拉则节来说，它可以为生活在道帏乡各民族间的交往提供一个良好的互动平台，通过对民俗节日的互动，使各民族间的交往更加富有感情色彩和吸引力，这也为当地和谐民族的构建提供了良好的动力。从以上的论述中还可以对民族交往和民族关系的构建总结出一些基本条件和经验，那就是，相互尊重是民族间友好交往的关键前提，民俗互动是民族间良性交往的重要方式，良性交往是构建和谐民族关系的必要条件。

（一）相互尊重是民族间友好交往的关键前提

在拉则节的整个仪式过程中，我们可以看到，在多民族聚居区的社会生活内部，有着一种隐匿的默契，这种隐匿的默契是民族交往的内生力量，也是维系民族情感的重要力量，它不会打破民族间交往的禁忌。这种隐匿的默契就是尊重，尊重对方的民族节日，尊重对方的民族心理，也就是你所能接受到的必然是对方能给予你的。这种默契是不需要对方强加给你，而是在长期的民族交往过程中形成的一种行为规范。

对于道帏这样的多民族乡来说，各民族的交往十分频繁和全面，许多问题都是相互交织和相互作用的，各民族的生活也是相互影响的，这样的民族关系在整个社会关系体系中所具有的普遍意义和影响力将日益显著和复杂化。因而，在民族交往中更要注重一些基本的交往伦理和交往心理。相互尊重就是维持各民族间友好交往的关键前提，它能使各民族在同等条件下进行平等交往，这是维持关系的关键前提。

（二）民俗互动是民族间良性交往的重要方式

一般来说，交往的形式有多种多样，除了经济往来和其他形式的往来以外，往往像民俗节日这种民族文化的交流更能引起民众的参与热情和兴趣。因为，文化上的交流相比其他形式的交流更具有情感性与互动性，它在一定程度上对民族间的交往起到促进作用。

道帏乡是一个多民族多元文化的聚合区域，它受藏文化、伊斯兰文化和汉文化等多种文化的共同影响，因而在民族间的交往活动中，可以在差异性中找到各自的共同点，这也是除藏族为主体参与拉则节外，还有其他的民族参与进来。通过拉则节的互动促进了各民族之间的良性交往，这也是民族交往的重要方式。

（三）良性交往是和谐民族关系构建的必要条件

在统一的多民族国家里，良性的民族交往有利于构建和谐的民族关系。民族民间的民俗活动，是人类在特定的历史阶段中，为了满足生存和发展的需要，特别是心理的需要，所创造和传承的一种文化现象。这种文化具有综合性特点，涵盖了多种文化特质，其不仅对民众心理具有某种慰藉作用，还具有特定的社会功能。在多民族聚居社会里，拉则节为各民族之间的交往提供了一个很好的机会和平台，各民族通过在拉则节中的互动，使各民族之间的关系变得更加紧密。

道帏乡是一个典型的多民族多元文化聚合的民族乡村，对一个乡村的仪式的观察可知民俗互动在民族交往中发挥着重要的影响力，它可以为民族间的交往提供良好的互动平台，为和谐民族关系的构建创造便利的条件。换句话说，民俗节日的互动有助于维护民族团结，有助于促进各民族的友好交往，这也是当前民族交往中的重要途径和方式，对构建和谐民族关系来说也具有重要积极意义。

参考文献

钟敬文：《民俗学概论》，高等教育出版社 2010 年版。

邓伟志：《社会学词典》，山东人民出版社 1988 年版。

费孝通：《乡土中国　生育制度》，北京大学出版社 1998 年版。

费孝通：《中华民族多元一体格局》，中央民族大学出版社 1998 年版。

［德］马克斯·韦伯：《经济、诸社会领域及权力》，三联出版社 1998 年版。

龚景翰：《循化志·嘉庆刻本翻印》，青海人民出版社 1980 年版。

《撒拉族简史》编写组：《撒拉族简史》，青海人民出版社 1981 年版。

徐黎丽：《论民族关系与民族关系问题》，民族出版社 2005 年版。

翁独健：《中国民族关系史纲要》，中国社会科学出版社 2001 年版。

高永久：《西北少数民族的族际交流》，《中南民族大学学报》2002 年第 1 期。

金炳镐：《民族理论通论》，中央民族大学出版社 1994 年版。

交往与交融：甘南卓尼县勺哇乡土、藏、汉民族关系研究

梁庆芬*

摘要：甘南勺哇乡是土、藏、汉等民族共居之地。该地的各民族间语言交流无碍、族际通婚普遍、宗教信仰共享，呈现出民族交往交融的特点。该地的民族关系现状表明，地理边界和文化差异并不完全形成民族关系的负面影响。

关键词：土、藏、汉共生；民族关系；勺哇

一 卓尼县勺哇乡概况

卓尼，又称"觉乃"，是藏语的音译，其意原为"两棵马尾松"。卓尼县建制可上溯至夏商周时期，属于雍正之地。唐代，属陇右道管辖，肃宗乾元元年（758），属吐蕃统领。宋代以来，归洮州所辖，直至民国二年（1913），隶属甘肃省第一行政督察区，专员公署设于岷县。1953年10月1日，成立卓尼县，隶属甘南藏族自治州。后与临潭合并，1961年复又恢复卓尼县建制。从地理位置看，卓尼县位于甘南藏族自治州东南部，东接岷县、漳县，北靠渭源、康乐、和政，南邻迭部、四川省若尔盖县，西通合作、碌曲，中部与临潭县插花环接。从人文角度看，卓尼属于安多藏文化的重要区域，著名的佛教寺院禅定寺坐落其境内，土、汉、藏、回等多民族共居其中。根据卓尼县统计数据，截至2016年，全县总人口10.39万人，有藏、汉、回、土、苗等16个民族，其中藏族人口占总人口的63%。全县辖5镇10乡、97个行政村、3个社区、461个村民

---

* 作者简介：梁庆芬，女，西北民族大学民族学与社会学院2016届硕士生；研究方向：民族文化和民族关系。

小组；有批准的佛教寺院 17 座、伊斯兰教清真寺 1 座。创建于 1676—1678 年的勺哇寺就位于勺哇乡境内。

关于勺哇人的祖源，学界一般有四种说法：（1）吐谷浑说①；（2）土著说②；（3）霍尔说③；（4）突厥说。其中才华多旦的突厥说颇有说服力，他从地名、口述史料、称谓等方面进行考证，"推断'勺哇'人是古代突厥民族后裔。"④ 勺哇乡以勺哇寺得名。据《卓尼县志》记载，明代以前，勺哇地区尚未纳入行政管辖区。1962 年设勺哇乡，1965 年并入康多乡，1986 年设勺哇土族乡，其面积达 36.5 平方公里，辖大庄、光尕 2 村，15 个村民小组。据 2016 年统计，勺哇乡共有 1734 人，男 873 人，女 861 人。其中土族 606 人，占总人口的 34.9%；藏族 480 人，占总人口的 27.7%；汉族 645 人，占总人口的 37.2%；维吾尔族 1 人。本文将基于现有的文献和田野调查资料，运用民族社会学民族关系研究诸要素，对勺哇乡土、藏、汉民族关系进行分析和研究。

二 勺哇土、藏、汉民族关系诸面相

戈登将总结了文化、社会交往、通婚、意识、偏见、歧视、权利分配七个研究民族关系的变量；马戎概括了人口因素、体质差异、文化差异、社会总体特征、社会的族群关系与政策、与母国的关系六个考察民族关系的变量。笔者结合田野点实际情况，选取居住格局、语言使用、族际通婚和宗教信仰等方面考察勺哇乡的民族关系。

（一）人口相对规模及居住格局

周传斌结合《族群社会学——社会学的族群关系》一书中的论述，

---

① 杨士宏：《"勺哇人"调查及索源》，《西北民族研究论文集》，1984 年。
② 宗喀·漾正岗布：《卓尼生态文化》，甘肃民族出版社 2007 年版，第 5 页；《安多政教史》（藏文版），甘肃民族出版社 1982 年版，第 695 页。转引自才华多旦《"勺哇"人的族源考辨》，《第二届中国人类学民族学中青年学者高级研修班论文集》，2012 年。
③ 甘肃省民族研究所编纂：《甘肃少数民族》，甘肃人民出版社 1989 年版；卓尼地方史志编委会：《卓尼县志》，甘肃民族出版社 1994 年版；勉卫忠：《话说甘南勺哇土族》，《中国土族》2004 年第 4 期；格勒：《藏族早期历史与文化》，商务印书馆 2006 年版，第 337 页。
④ 才华多旦：《"勺哇"人的族源考辨》，《第二届中国人类学民族学中青年学者高级研修班论文集》，2012 年。

总结认为人口因素影响民族关系主要有两点,一是人口的相对规模,二是人口迁移。①

从人口迁移情况看,勺哇乡人口变化不大。1993年,勺哇乡共有277户,1583人;② 2010年,全乡共325户,1782人;③ 截至2016年底,全乡有1734人。据调查,勺哇人也有极少部分定居在卓尼、临潭、合作等地,其主要迁移原因是求学、工作等。总体而言,该地人口属于正常的自然增减,人口迁移变化不大。

"一个特定的区域内各民族之间的人口数量构成及居住空间的分布状况可反映民族凝聚程度、民族交流合作的空间条件及相应的发展动力。"④ 从宏观上看,卓尼县主体民族为汉、藏,占总人口的比例分别为27.7%、70.7%。卓尼县主要民族关系为汉、藏关系。勺哇乡主要有土、藏、汉民族,其人口占卓尼县总人口的0.02%。从全乡看,其人口占比大致相同。⑤ 土族在强势的汉、藏文化当中长期生活。从微观层面看,地利山、地尕河、初路、大庄、利不湾、拉叭、郭家咀、光尕等以土族为主,其中有少数的汉、藏等族杂居;光尕湾、红土泉、闹缠等以汉族为主,有少量土、藏等族杂居;上落巴、下落巴、扎古、扎地寺等以藏族为主。如前所述,该地各民族呈现混居和聚居两种居住形式。总之,"土—藏—汉"人口相对规模决定了该地民族关系的三元格局。

(二) 语言使用

语言是各个民族文化传承的载体,也是民众日常生活交流的共居,所以语言使用情况是衡量民族关系的重要因素。⑥ 据悉,中华人民共和国成立前勺哇土族普遍用藏语。中华人民共和国成立后,他们积极学习汉语言文字,因此无论男女老幼普遍懂汉语。总体而言,勺哇土、藏民族基本使

---

① 周传斌:《回族聚居地区的民族关系》,《北方民族大学学报》2011年第6期。马戎:《民族社会学——社会学的族群关系研究》,北京大学出版社2013年版,第299—325页。

② 杨应忠主编:《甘肃少数民族地方》,甘肃民族出版社1993年版,第320页。

③ 才华多旦:《"勺哇"人的族源考辨》,《第二届中国人类学民族学中青年学者高级研修班论文集》,2012年。

④ 马宗保:《多元一体格局中的回汉民族关系》,宁夏人民出版社2002年版。

⑤ 以上均为2016年底数据。

⑥ 马戎:《民族社会学——社会学的族群关系研究》,北京大学出版社2004年版,第357页。

用安多语系的藏语，汉族大多使用临洮方言。勺哇土族与本民族或藏族交往时多用藏语，其藏语中夹杂不少汉语借词；与汉族交往时多用临洮方言交流。

2016年，我们在勺哇乡发放300份问卷调查，有效回收289份，有效回收率为96.3%。问卷中专门设计了语言能力和使用情况的调查。由于勺哇乡各个民族人数大致相同，因此选取样本时，土、藏、汉民族各调查100人。据表1数据，从汉语掌握程度看，除藏族中有1人不懂、4人略懂外，土、藏、汉民族基本都很好地掌握了汉语；从藏语掌握程度看，土、藏民族大部分熟练掌握，土族中有一定比例人口已经不会或者懂一点藏语，汉族当中藏语掌握程度最低。总体而言，在土、藏、汉民族当中，汉语的掌握程度很高，藏语掌握程度仍然较高，但汉族掌握藏语的程度较低。公共场所基本普遍使用汉语；家庭私人空间土、藏民族汉语使用程度较高，藏族基本使用藏语。笔者田野调查中发现，不懂或略懂汉语的多属60岁以上老人，尤其是妇女，他（她）们常年在家，没有机会接触外界，因而没有机会掌握汉语。2000年以来，随着学生入学率的不断提高，学校教育对普通话的大力提倡，土、藏、汉民族中年青一代普遍使用汉语，藏语的使用频率有衰落的趋势。调研时，为了了解中小学生语言使用情况，笔者随机找几位学生交谈，他们都使用普通话。由此可以预见，随着精通藏语的老年人逐步离世，此后勺哇乡村民中汉语尤其是普通话使用频率将越来越高，藏语逐渐成为藏族和部分土族家庭内部的交流语言，但使用频次也会逐步降低。

表1　　　　勺哇乡土、藏、汉村民语言能力调查和使用情况　　　　单位:%

		土族	藏族	汉族
汉语	完全不会	0.0	2.0	0.0
	会一些	0.0	3.0	0.0
	很好	100.0	95.0	100.0
	总计	100.0	100.0	100.0
藏语	完全不会	3.0	0.0	66.0
	会一些	11.0	0.0	23.0
	很好	86.0	100.0	11.0
	总计	100.0	100.0	100.0

		土族	藏族	汉族
公共场所使用主要语言	汉语	100.0	92.0	100.0
	藏语	0.0	8.0	0.0
家庭使用主要语言	汉语	41.0	34.0	100.0
	藏语	59.0	66.0	0.0

(三) 族际通婚

民族学理论认为，族际通婚（Amalgamation）是衡量民族关系的一个重要指标。根据卓尼县民政局婚姻登记数据，笔者统计发现，勺哇乡土、藏、汉民族族际通婚非常普遍。据表2显示，土、藏、汉族际通婚基本持平。就土族而言，勺哇乡族外婚较为普遍，其主要原因：第一，土族人口较少，实行内婚制显然不利于族群的繁衍发展；第二，土族与藏族汉族之间信仰互通、文化互通，具有族际通婚的文化条件。从汉族、藏族方面看，其作为卓尼县的主流民族，数百年前就共居于此处，形成比较普遍的族际通婚状况，申蓓的调查也反映了卓尼县汉藏族际通婚情况。具体就勺哇乡而言，藏、汉民族族际通婚状况与卓尼县整体情况大体一致。

表2　　　　　　　　勺哇乡族际通婚情况　　　　　　　单位:%

	妻土	妻藏	妻汉
夫土	12.61	7.56	8.40
夫藏	15.97	14.29	10.08
夫汉	6.72	10.92	13.45

个案1　女，土，31岁，初中文化

我丈夫是汉族。我们十月十五临潭扯绳会上认识的。家里人也同意。我们亲戚当中有很多是汉族，也有藏族。我认为和汉族、藏族结婚没什么，很方便。

个案2　男，汉，45岁，小学文化

我们家里可以说是土、汉、藏都有。我父亲是汉族，母亲是土族。我

妻子是藏族。我的两个儿媳一个汉族、一个藏族。我们全家人都信仰佛教，我父亲有时候也去庙会拜龙神爷。家里人民族观念不强，比如我来说，你说我是藏族也行，汉族也行，说成土族也无所谓。

个案3　男，藏，65岁，不识汉字

我媳妇是汉族。我们结婚四十多年了。我信仰的佛教，她信的龙神爷，龙神爷也是佛爷嘛，都一样，都是保平安的。我们之间平时也吵架，都是些生活中的小事。从来没有因为信仰的原因争吵过。

民族间的通婚是测度不同民族相互关系和深层次融合程度的一个非常重要的方面。①"只有当两个族群之间的关系在整体上比较融洽与和谐时，他们的成员才有可能出现一定数量和比例的族际通婚。"② 勺哇乡土、藏、汉三族在长期的交往交流中，形成和谐的社会关系和良好的社会环境，为族际通婚提供了重要的前提和保障，形成各民族间族际通婚的现状。族际通婚是"民族交融"的重要内容。不同民族的通婚，是"异族人"融入"本族人"的过程，也是全方位相互了解的重要方式。通过缔结婚姻的方式，联结了牢固的感情纽带，同时也增进了两个不同民族家庭之间的交往和交流。一般而言，族际通婚率越高，意味着民族间的了解程度越深刻，民族关系越融洽。据受访村民说，勺哇乡很多家庭之间都有亲戚关系，亲套亲、亲连亲的现象十分普遍。因此，各民族之间能够互相尊重、和睦相处。总之，从勺哇乡族际通婚的调查来看，族际通婚与民族关系互有影响、相互作用。族际通婚不仅是影响民族关系融洽的重要因素，它也是民族团结、民族关系和谐的结果。

（四）宗教信仰

勺哇乡现有的宗教信仰主要为藏传佛教，同时还有龙神信仰。一般而言，土族和藏族笃信藏传佛教，汉族信仰龙神等民间信仰。但是也有土族和藏族信仰龙神等民间信仰、汉族信仰佛教的情况。

就土族而言，除了信仰佛教，还信仰汉族的巫师，即所谓的"师公

---

① 马戎：《民族与社会发展》，民族出版社2004年版。
② 马戎：《民族社会学：社会学的族群关系研究》，北京大学出版社2004年版。

子"。若人生病或家事不顺，则请来祛邪除鬼，人去世后还请汉族的阴阳先生看坟脉，定出丧的时辰。临潭冶力关公社北十公里，白石山麓一天然小湖，称为"常爷池"，每逢吉日，特别是每年五月初五，土族、汉族和藏族信众从四面八方赶来，将银钱和五谷粮食投入池中，以示朝拜。从勺哇乡村民的葬礼中也能看出宗教信仰通用和互融的特点。每逢有人去世，他们便用黑色棉布裹好尸体，安放在正厅，尸前供放馍馍。吊丧人来时须背有馍馍等物致祭，化纸钱。同时请勺哇寺全体僧人诵经、超度亡灵，亡人家里还要给寺院供饭。此外，还请汉族的阴阳先生看坟脉、定坟向，算定出丧的时间。

勺哇乡土、藏、汉三族村民的宗教信仰呈现出"互借"和"公用"的特点。可见，宗教在民族交往过程中有一定的影响和作用。结合勺哇乡和谐民族关系的现状，笔者认为，民族共生给宗教共融提供了条件，宗教共融促进了民族团结和社会稳定。

结　语

2014年，中央民族工作会议明确提出促进"民族交往交流交融"的方针和要求，为促进少数民族地区的发展、共同构建中华民族家园、维护社会长治久安提供了理论指导和思想武器。民族交往交流是民族关系的基础，民族交融是民族交往交流的深化。勺哇乡土、藏、汉民族的交往交融现状表明，和谐民族关系取决于民族交往交流的深度和广度。勺哇乡村民数百年来共居一处，语言互有影响，族际通婚频繁，宗教信仰共享，这些都是其和谐民族关系的表征，也是其民族深入交往交流的表现。当然这种交往交流并非一蹴而就，它是在长期的历史过程中形成的。同时，还要注意到地理和文化边界并非完全对民族关系产生负面影响。勺哇乡土、藏、汉民族在居住选择上偏向同民族人，从而产生居住负面的地理边界，但这并未影响其相互通婚和往来；土、藏、汉民族的不同，同时也表明其文化方面的差异。边界的存在并未影响勺哇乡的和谐民族关系。总之，勺哇乡土、藏、汉民族的和谐共生，为民族交往交流交融提供了西部多民族地区的个案。土、藏、汉民族间交往交融的机制，各民族间文化差异及对民族关系的影响、该地民族关系与其他地区的比较等，都是今后进一步研究的课题。

参考文献

卓尼县志编纂委员会编:《卓尼县志》,甘肃民族出版社1994年版。

[挪]弗雷德里克·巴斯:《族群与边界——文化差异下的社会组织》,李丽琴译,商务印书馆2014年版。

马戎:《民族社会学——社会学的族群关系研究》,北京大学出版社2004年版。

周传斌:《回族聚居地区的民族关系》,北方民族大学出版社2011年版。

杨士宏:《"勺哇人"调查及索源》,《西北民族研究论文集》,1984年。

红星一牧场哈萨克牧工兵团意识变化及影响因素调查

崔希涛[*]

摘要：本次调查以新疆生产建设兵团十三师巴里坤红星一牧场为田野调查点，调查对象为红星一牧场哈萨克牧工（以第二代为主），主要调查了红星一牧场哈萨克牧工的兵团意识变化状况及其影响因素。经过实地调查发现，自红星一牧场成立六十多年来哈萨克牧工经历了三代人的变迁，其兵团意识有一个形成、巩固和确立、削弱和消解的过程，不仅代际的兵团意识有所区别，代内（第二代哈萨克牧工）的兵团意识也在不断变化发展，不同因素影响着每一代人兵团意识的形成与变化。文章在描述和分析红星一牧场哈萨克牧工兵团意识发展变化及其影响因素的基础上，反思新时期新疆生产建设兵团的建设与发展，拟为加强和创新新时期的兵团工作提供借鉴。

关键词：红星一牧场；哈萨克牧工；兵团意识；兵团发展

兵团意识是兵团成员对自身兵团归属和利益感悟的一种集体意识，其发生和发展变化历程是与兵团的现实发展状况密切相关的。兵团意识是兵团成员在融入兵团的过程中产生的，它一经形成，又将反作用于兵团的发展。兵团意识作为一种集体意识——兵团人团结的纽带，它能够增强兵团凝聚力，有效促进兵团的整合，特别是在少数民族地区，有利于促进民族团结。兵团意识是随着兵团的变化发展而变化发展的，在不同时期具有不同的阶段性特征，但又具有相对稳定性。兵团意识的变化既反映了兵团成员心理结构的变化，也体现了兵团社会结构的变迁。

本次调查在具体实施中使用了深入访谈和参与观察的方法，其中以深

---

[*] 作者简介：崔希涛，男，中央民族大学博士研究生。

入访谈为主。在调查对象的选择上采取了关键人介绍和滚雪球的方法，选取了原红星一牧场离退休老干部、退休教师、退休牧工、退休职工、退休技术工人、现任领导干部、在职职工、兵团家属、校长、大学生以及场志编纂人员为访谈对象，共60人，其中包括哈萨克族和汉族。

一　红星一牧场的基本情况

红星一牧场是中华人民共和国成立后由中国人民解放军六军十六师四十六团在屯垦戍边中开创的。1949年十六师四十六团进疆时共有指战员2583人，到2000年全场总人口3744人，其中汉族占49.1%，哈萨克族占50.2%，回族、壮族等少数民族占0.7%，人口密度每平方公里1.49人。红星一牧场地处天山尾部，东天山余脉横贯其中，山北的巴里坤垦区为封闭式盆地，地势由东向西倾斜，盆地东部山势狭窄，西部开阔平坦，至巴里坤湖形成洼地。红星一牧场巴里坤垦区所处的地理位置十分重要。自古以来，它既是兵家逐鹿的军事要地，又是新疆和祖国内地的交通枢纽，是古"丝绸之路"新北道的重镇，素有"西域襟喉"之称，纵观历史，为历代兵家必争之地，也是反对分裂、统一祖国的军事重镇，还是各民族文化、经济交流、融合、传播的中心，汉、唐、清这里又是重要的驻兵屯田之地，早在远古时期这里就是一个以农牧业为主的最早开放的地区之一。

巴里坤有着悠久的牧业发展历史，这里是历史上众多游牧民族优良的牧场；乌孙、匈奴、柔然、高车、突厥、蒙古等众多草原游牧势力都曾活跃于巴里坤地区。传统的牧业基础为红星一牧场发展牧业提供了得天独厚的条件。红星一牧场是农十三师最大的畜牧业团场，有广阔的草场，其中有优等草场10.4万亩，占草场总面积的2.76%；良等草场73.84万亩，占19.95%；中等草场162.12万亩，占43.7%；低等草场104.75万亩，占33.59%，无劣等草场。主要牲畜种类有羊、牛、马、驼、驴等，其中以中国（军垦型）美利奴细毛羊、新疆细毛羊、哈萨克大尾巴羊比较著名。

二　红星一牧场哈萨克牧工兵团意识的变化及影响因素

自1952年红星一牧场成立以来，该牧场哈萨克牧工经历了三代人的变迁。第一代哈萨克牧工是牧场成立初期从地方上招募进来的，现已全部退休，有些已经去世；第二代哈萨克牧工是生在兵团长在兵团的一代（1950—1970年生人），目前多为在职牧工，有些已经退休；第三代哈萨克牧工为第二代的子女（1980—2000年生人），现多为青壮年、兵团家属（即兵团内无编制的非在职人员）。在这个历史时期，其兵团意识有一个形成、巩固和确立、削弱、消解的过程，不仅代际之间的兵团意识有所区别，代内（第二代哈萨克牧工）的兵团意识也在不断变化发展，不同因素影响每一代人兵团意识的形成与变化。

（一）第一代哈萨克牧工兵团意识的形成

红星一牧场第一代哈萨克牧工是由当地哈萨克牧民转变而来的。由于时代背景的变迁和社会的发展，加入兵团的哈萨克牧民在红星一牧场经历了一次再社会化的过程，完成了由牧民到牧工的转变。在这一过程中其兵团意识也逐渐形成。诸多因素对红星一牧场哈萨克牧工兵团意识的形成起着重要作用。主要包括当时兵团体制的外部吸引力和内部整合力。

1. 外部吸引力

时局的变化、生活条件的改善、政治权利的满足等这些因素促使红星一牧场哈萨克第一代牧工形成对兵团体制的认同。

（1）时局的变化：由战乱走向和平

从一个哈萨克牧民变成兵团牧工，这种身份的转换深受时代背景的影响。20世纪三四十年代是一个战乱的年代，巴里坤的哈萨克人民也未能幸免。在盛世才主政新疆的时期，对哈萨克族的政治和经济压迫严重，致使哈萨克牧民流离失所，四处逃亡。战乱年代流离失所的巴里坤哈萨克族人民渴望得到安宁的生活，新疆的解放，特别是乌斯满叛乱的平定，为巴里坤哈萨克族人民提供了这样的环境。解放军面对叛乱平定后留下的大批牛羊，缺乏放牧经验和人手，便开始从地方上大量招收哈萨克牧民从事放牧劳动。加入该牧场的哈萨克牧民从此成为兵团的放牧职工（简称牧工），完成了身份上的转换。

（2）生活条件的改善

中华人民共和国成立前，哈萨克牧民过着被牧主压迫剥削的生活，中华人民共和国成立后，加入红星一牧场的牧工生活条件得到改善。我们可以从一位退休牧工哈米提那里了解到该牧场的牧民的生活在中华人民共和国成立前后的变化。

"中华人民共和国成立前，我们放牧主的羊，牧主给我们早上一顿饭，晚上一顿饭。天不亮就出去晚上天黑了才回来。牧主不给我们钱，只管我们吃、住和穿。我们穿的很差，衣服破了补了又补，皮大衣既当衣服也当被子，用冷水洗衣服。药也没有，身上虱子很多。牧主还夜里检查，经常睡不好觉。我们有病了，牧主也不会管。

中华人民共和国成立后，牧主的羊被公家收掉了，他们也和我们一样了。我们一家是1957年10月份来红星一牧场，成了兵团的牧工，我们一家放一群羊一个月八九十块钱工资。三个月以后，经过评定又增加了工资，全家一群羊二百多工资。当时的领导、连长、书记、指导员、兽医都骑马跟着我们放羊。最少一个礼拜，一个房子来一次，问我们吃的有没有，生活怎么样，牲畜怎么样。那个时候的领导很好。"

加入红星一牧场的哈萨克牧工生活条件得到明显改善，红星一牧场解决了他们的困难，满足了他们的基本生活需求，他们的归属感开始形成。

（3）政治权利的满足

中华人民共和国成立前遭受剥削和压迫的牧民在中华人民共和国成立后拥有了基本的政治权利，有些贫苦牧民经过自己的努力还当上了红星一牧场领导干部。我们调研的关键人物，现任红山农场的副场长恰依尔马旦，对我们讲了他父亲的事迹，"以前哈萨克牧民给牧主放羊，遭受着剥削和压迫。中华人民共和国成立后大家平等了，通过诚实劳动过上了安稳幸福的生活。我父亲到牧场以后，和他哥哥两个人，一大家族共同放公家的一群羊，后来当了红星一牧场二连的班长、副连长、连长，后来任红星一牧场的副场长，然后退休了"。

马斯洛需求层次理论将人类需求像阶梯一样从低到高按层次分为五种，分别是：生理需求、安全需求、情感和归属需求、尊重需求和自我实现需求。红星一牧场不仅满足哈萨克牧工的生理、安全、情感、归属和尊重的需求，还为其自我实现提供了条件，这进一步加强了哈萨克牧工对红星一牧场的归属感和认同感。

2. 内部整合力

准军事化的管理、思想政治的学习、融洽的干群关系和民族关系、连级干部的选用任用等因素促进了第一代哈萨克牧工兵团意识的形成。

(1) 准军事化的管理

红星一牧场采用准军事化的管理，对哈萨克牧工有一套严格的奖惩激励机制，此外还有柔和的人性化管理（主要体现在干群关系方面），刚柔并济将哈萨克牧工整合在兵团体制之下。准军事化的管理体现在放牧、教育、医疗、羊群品种改良等方方面面。20世纪50—70年代，在该牧场严格的组织管理制度下，哈萨克牧工的纪律性很强，每天都按时早出晚归，在季节性转场时各连队严格按照规定时间有序转场，像部队一样整整齐齐。牧工各自负责的羊群都有指标任务，比如一个300只的羊群，每年死亡率不能超过0.3%，超过则要牧工自己赔偿。连队每个月都要进行一次放牧评比，主要看羊毛好不好、体重够不够，每年年底也要开一次总结大会，对牧工表现好的进行表彰奖励（如红花、砖茶、布鞋等），差的则处分记过。在红星一牧场的这种奖励机制下哈萨克牧工都争先进，恐落后，体现出崇尚荣誉的军队色彩。

哈萨克牧工在这种准军事化的管理体制下，在行为上改变了以往散漫游牧的状态，开始积极适应到规整的兵团管理模式之中。但是在这个过程中，实际上也存在一些矛盾冲突，对这些矛盾冲突的解决下文会有描述。

(2) 思想政治的学习

来到红星一牧场的个别哈萨克牧工在开始的时候不愿意接受这样的管理。在这种情况下就是要做他们的思想工作，由牧场的政委和连队指导员出面做工作，哈萨克族的党员、积极分子也出面帮助他们，领导干部和这些人起到了很好的带头作用，在他们的影响下，这些人慢慢改变了思想，接受了牧场的准军事化管理。

红星一牧场哈萨克牧工通过长期的思想政治学习，完成了思想上的改造，其兵团意识得到强化。在毛主席时期，人们的日常生活有着强烈的政治色彩，生产生活中的各种会议，比如家长会、妇女会、羊把式会等，都是必须要参加的，而党的政策法规则是会议的必学内容。不去参加会议会受到批评教育，如果有人犯了严重错误，还会被"劳改"。"那个年代，如果说谁家儿子劳改了，那就是天塌下来了，爹娘一辈子抬不起头来。哈萨克族和汉族是一模一样的，都是争上进不争落后的，因为思想政治教育工作做得好。那个时候贯彻中央的文件、毛主席的指示不过夜，这是我们兵团的规定。"

（3）融洽的干群关系、民族关系

融洽的干群关系和民族关系是将哈萨克牧工深深融入红星一牧场的重要力量，使他们强化了对红星一牧场的归属感。这种融洽关系是在人们日常生活的密切交往中建立起来的。在牧场成立初期（20世纪50—70年代），牧场领导干部对哈萨克族牧工是非常关心的。每逢哈萨克族牧工有喜事时，汉族的领导干部和职工都会临场祝贺，以砖茶、方糖为礼，由于风俗习惯的原因，哈萨克族牧工参加汉族职工喜事的情况要少一些，但是哈萨克族领导干部都会去参加汉族职工的婚礼。每逢哈萨克族牧工家里有丧事，汉族领导干部和职工会在葬礼前一天登门慰问和表示哀悼（汉族干部尊重哈萨克族的风俗习惯，不会当天参加他们的葬礼）。牧工生病的时候领导干部也会去探望，并帮助解决困难。"这些是红星一牧场领导们日常工作的一部分，领导们即使当天有事外出，去不了，回来后也要补上，去慰问或祝贺，那是不能不做的，这也成为促进牧场汉族、民族职工交融的一种力量。"在这个过程中，干部和牧工之间相处融洽，即使有矛盾，也得到有效化解，牧场领导干部在牧工中的威信也得到确立。

在红星一牧场，哈萨克族和汉族在日常生活中相互交流、相互学习、相互交融。在语言上，汉族教哈萨克族汉语，哈萨克族教汉族哈语。一位退休连队干部说道："到了70年代，哈萨克族牧工能够讲汉语的几乎达到了90%以上。"在生活习俗上，汉族学会了做哈萨克族的手抓肉，哈萨克族则学会了做汉族的炒菜、面条等。一位退休配种员讲道："当时领导干部和我们这些技术人员住到了毡房，哈萨克牧工知道我们有吃菜的习惯，有的哈萨克牧工家属给我们'开小灶'，学着炒上几个菜，做面条给我们吃。"一位年龄大的退休老牧工说："过去苦，但是领导和我们一样，同样吃苦，所以我们愿意听他们的，接受他们的领导。那时候领导批评我们，没有想是汉族的还是哈萨克族的，批评对了我们都接受，我们和汉族领导、汉族职工的关系搞得好，民族团结不存在问题。我们都是兵团职工，兵团的政策、场里的政策我们都能执行，即使有小部分人接受不了，有党员、积极分子帮助，也就接受了，没有大'麻大'（麻烦），因为我们都是兵团的人。"

在红星一牧场建立初期，领导和职工、哈萨克族和汉族之间的关系非常融洽，大家互帮互助，团结友爱。哈萨克牧工真正把红星一牧场当作了自己的家，把自己看作"兵团人"，遵守和执行兵团的政策，其兵团意识自然也就形成了。

(4) 连级干部的选用任用

红星一牧场的基层单位就是连队，连级干部是与哈萨克牧工发生直接关系的领导干部，所以，连级干部的选用任用关系到红星一牧场的整合与稳定，对哈萨克牧工兵团意识的形成也起着重要作用。在调研中，我们访谈了在红星一牧场颇具威望的老政委于敦恩，他有丰富的基层工作经历，对哈萨克族连级干部的选用任用比较熟悉。

"牧场初期连长、指导员是汉族，副连长、副指导员是哈萨克族，后来慢慢有的成熟了，也可以提为连长、指导员。都是汉族干部的话，对牧业管理确实有困难。对民族干部的选用任用，其思想状况、民族情绪等是先决条件，民族情绪很重要，民族情绪重的不行，到时他拉一帮子人胡整那就麻烦了。过去有非党员干部，甚至还有老国民党员，到90年代以后基本就没有非党员干部了，我们培养的干部都是党员了。我们干部任用比较慎重，选用前的一两年前就要考虑了，经常把他的情况都掌握了，有意识地拿一些工作考验他，看他能不能担起来。把干部提拔上来容易，往下降不好降，所以比较慎重一些，管理上不敢放松，放松了以后就害怕出事情。"

由此可见，红星一牧场对连级干部的选用任用是非常严格的，对连级干部的任用要有利于红星一牧场的管理，在兵团体制下选出来的连级干部其兵团意识比较强，通过他们对基层连队的管理又进一步巩固了兵团体制，并且强化了普通哈萨克牧工的兵团意识。

(二) 兵团意识在第二代哈萨克牧工中巩固、确立及变化

1. 第二代哈萨克牧工兵团意识的巩固和确立

红星一牧场第二代哈萨克牧工是生在兵团，长在兵团的一代人，这一代人经过家庭濡化、学校教化和兵团的整合，对兵团形成一种根深蒂固的意识。

(1) 家庭的濡化

红星一牧场第二代哈萨克牧工在家庭成长中，在父辈那里慢慢习得兵团的文化模式，从小就对兵团产生一种认同感和归属感。作为兵团的二代，父辈对他们的影响是根深蒂固的，虽然家教方式不同，但他们一般都有着规矩、严格的家教，"兵团"浸润着他们的一生。

调研中一位哈萨克族在职牧工对我们讲到他的家庭教育："我们从小的时候，毛泽东时期，思想上想的就是要建设兵团。我的爷爷在巴里坤解放的时候给共产党带过路，那个时候爷爷对我说，你要在哪个地方待，就在你待的地方好好干，你拿得多也行拿得少也行，好名声留下，直直的路走下，不能歪！"

（2）学校的教化

通过牧场学校的进一步教化，第二代哈萨克牧工的兵团意识得以巩固。兵团对学校的管理是准军事化的管理，这种管理形式对第二代哈萨克牧工兵团意识的巩固和发展起着重要作用。调研中我们了解到红星中学对教师和学生的管理是非常严格的。"那时候专门有生活老师，对学生日常生活有专门规定。早晨几点接班，晚上几点接班，学生的名字一个一个地点，男女分开，女的专门女同志管，男的男同志管。对老师的考核也严得很，有专门的考核方案，我们绩效工资没有，但是有总结（怎么上的课，平均成绩多少，及格率多少），如果这个学期评价高了，那个学期评价低了，这没有什么，但是如果两三年继续下降就必须换人，就这么个制度。我们工作人员（教师）专门有一个上下班签字制度。请假的话，半天找教务处，一天以上三天以内，找校长，三天以上，必须要找团场领导。以前，我们那个时候，人也老实，都遵守规定，没有人乱请假。"

（3）兵团的整合作用

红星一牧场通过对哈萨克族家族势力和哈萨克族干部信仰问题的有效管理将第二代哈萨克牧工有效整合在兵团体制内，巩固了哈萨克牧工的兵团意识。

经过第一代哈萨克牧工的生育繁衍，红星一牧场的哈萨克族人口逐渐增多并形成家族势力。如果哈萨克牧工的家族观念过重，会影响其兵团意识的形成，影响到兵团的发展。红星一牧场的领导认识到了这个问题，并很好地解决了这个问题。通过对家族势力的合理利用和对兵团政策的严格执行，红星一牧场将哈萨克族的家族势力整合在了兵团体制下，削弱了其家族观念，强化了其兵团意识。

哈萨克族干部的思想和行为对哈萨克牧工有很大影响作用，因此红星一牧场对他们的管理很严格。哈萨克族是一个信仰伊斯兰教的民族，而作为共产党员是不允许信仰宗教的，红星一牧场通过对哈萨克族干部思想行为的严格规范，淡化其宗教意识，强化其兵团意识。

2. 第二代哈萨克牧工兵团意识的变化

随着时代的发展和社会的进步，不仅红星一牧场哈萨克牧工代际之间的兵团意识有所区别，代内之间的兵团意识也在变化和发展。特别是生在兵团长在兵团的第二代人，经历了一系列牧业体制改革，他们的利益开始分化，情感态度行为等也随之分化，适应牧场改革的哈萨克牧工其兵团意识不断巩固并深化，不适应牧场改革的牧工则对兵团产生不满，但不管怎么变，他们对红星一牧场真挚的感情始终没变。影响第二代代内兵团意识变化的因素主要有：牧业体制改革、干群关系的变化、人口的快速增长以及牧场的合并。

（1）牧业体制改革的影响

红星一牧场哈萨克牧工情感意识的变化是随着牧业体制改革进程而变化发展的。由于自然条件和市场经济环境的变化，20世纪80年代红星一牧场开始进行牧业体制改革。

首先，红星一牧场的领导特别是对牧区羊群品种改良付出过大量心血的领导对此表现出强烈不满却又无可奈何。恰依尔马旦的父亲原来是红星一牧场的副场长，"他在一牧场的时候就是分管牧业工作，那个细毛羊，是他们在三十多年的工作中通过努力培育出来的。包产到户以后，这个羊的品质三五年就没了，当时我的父亲就很伤心，努力多少年培育出来的品种，就这么三五年之内没了，多可惜，而且这是东疆片区唯一的一个新疆细毛羊的培育基地。然后老爷子生气不干退掉了，这一个（事情）他感情上接受不了，这一个大的变化令他很失落。"

其次，红星一牧场第二代哈萨克牧工在牧业体制改革中行为态度产生分化。顺应牧业体制改革，并获得良好发展的牧工，对改革持满意态度，有些牧工已经习惯了原有的"大锅饭"体制，对改革不适应，导致生产经营不善，对改革产生不满，但总体来说哈萨克牧工对红星一牧场的牧业体制改革政策是服从的，有不愿服从的，经过领导干部细致的说服工作，最后也都服从了。这说明红星一牧场第二代哈萨克牧工具有根深蒂固的兵团意识。

（2）干群关系的变化

随着牧业体制改革的进行，干群关系渐渐出现不和谐、不融洽，这是影响红星一牧场哈萨克牧工兵团意识变化的重要因素。牧业体制改革以后，红星一牧场把羊群分给牧工个人负责，领导干部与牧工的关系渐渐疏远，缺少了以往的温情，这种变化使他们渐渐对兵团产生了不满情绪。牧工们渴望回到以前那种干群关系融洽的状态。

退休连队干部王友疆讲述了这种变化，"牧业体制改革把过去好的东西一下子冲掉了，特别是管理上的一套，慢慢就没有了。承包以后领导们很少上山了，都是上面决定了，下面执行，具体情况怎么样，谁也不去过问，这样子的话，领导和职工的距离就拉大了。现在场部没有多少人像我们那个时候一样，愿意长时间到牧区去了。现在上访的、告状的、要求解决问题的多了起来，告状告到兵团、告到北京的都有，职工有困难找领导，找不到就算了，找到了也解决不了问题，一个堆一个，问题积累的太多了"。现任红星医院院长阿贤表示："80年代以前，兵团职工还有自豪感，现在越来越没有了。兵团原来的一些制度，现在都没有了。以前牧民职工家里有什么事，葬礼、婚礼等，场里领导都会去牧工家慰问或祝贺，现在没有这种情况，场里的领导很少到基层牧民家里来。"老政委于敦恩更是切身体会到了这种变化，"现在跟过去不一样了，有些东西丢了，要是能够恢复到过去那个样子老百姓就高兴得不得了"，老人意味深长地说。

（3）人口因素的影响

除了牧业体制改革以及由此引发的干群关系的变化，人口因素也是影响兵团意识变化的重要因素。红星一牧场第二代哈萨克牧工没有计划生育政策的限制，而且还受毛主席时期政府鼓励生育的影响，这一代人有着较高的生育率，每家每户普遍子女较多（3—6个）。但是，红星一牧场有限的资源承载不了膨胀的人口，导致红星一牧场第三代人的就业产生困难，这不仅导致了第三代人兵团意识的削弱和消解，还影响了第二代人对兵团的态度和情感，对兵团产生不满情绪。调研中我们了解到第二代哈萨克牧工普遍希望自己的子女离开兵团到地方上去工作、发展。特别是存在一些没有受过系统教育的家庭子女，红星一牧场没有吸纳他，在地方上也找不到工作，他们就靠吃低保和父母的退休金过日子，那些依赖兵团解决子女就业问题的哈萨克牧工意见很大，怀有抱怨和不满情绪。

（4）牧场合并后的不满——红星石

2006年红星一牧场与红山农场正式合并，红星一牧场归红山农场管理。对此，红星一牧场的哈萨克族牧工、汉族职工普遍表现出不满。这一年，原红星一牧场退休的老领导干部、老牧工、职工等捐款修建了一块红星石，立于原红星一牧场场部，碑文如下：

> 喋血沙场铸红星，屯垦蒲类舞忠魂！
> 立此"红星石"以致对中国人民解放军第一野战军六军十六师四十六团——红星一牧场老军垦人的寄怀。
> 红星一牧场前身四十六团源于井冈山一支经历两万五千里抗战烽火书就红星之旅保卫延安金戈铁马一团，决战大西北，更教胡匪丧胆，西安易帜，皋兰血战，惊天地泣鬼神，再铸英雄团。西出阳关，血祭东天山，匪患克清更有伊吾四十天，英明震撼群山。忠军令汇聚四万儿女融融"一红星"。受命蒲类屯垦铁肩挽肩，天作被，地当床，历尽万难疾苦终有牛羊欢歌，喜看屯垦风云云，五十余载看霜染一头掬台，一捧此心终无悔！
> 又致：我们感恩这块养育了我们的美丽草原，善良、朴实的巴里坤人民。
> 老军垦后人敬立，公元二零零六年七月

从调研中我们了解到，原红星一牧场的人普遍对这次合并表现出不满。因为红山农场以前是属于地方上的农场，红星一牧场与其合并后，在管理上产生了很多问题，使原红星一牧场人的利益和情感受到伤害。有牧工表示："以前，我们红星一牧场条件比较好，现在和红山农场合并后我们什么也没有得到。红山领导说要给红星社区干两件大事，一个是通天然气，另一个是修一个综合楼做老年活动中心，但是到现在一点影子都没有。兵团拨的经费到红山农场后到不了我们这里。"

老一辈兵团人愈发怀念牧场合并前甚至是改制前的生活。阿西买克说道："回想过去，那个时候也是挺好的，管理还是挺好的，现在……"（欲言又止）。生在兵团长在兵团的第二代哈萨克牧工虽有不满，但仍对红星一牧场怀有深厚的感情，正如阿依丁谷丽的父亲所说："好也行，不好也行，我们在这个地方长大的，50年了，对这个地方有感情。"

（三）兵团意识在第三代哈萨克牧工中的削弱和消解

红星一牧场第三代哈萨克牧工的兵团意识趋于削弱和消解，他们虽生在兵团，但没有很好地融入兵团，他们普遍对兵团没有像父辈那样深厚的感情，但在表层观念上还认为自己是一个兵团人。

调研中我们访谈了一位今年刚考上大学的学生，古丽扎提，她认为兵团和地方的区别在于户口本上，兵团户口是城市户口，地方上是非城市户口，其他的都一样。她认为自己是兵团三代，听爷爷奶奶讲过去的事情，但不怎么相信。有的老人也说："那时候的事现在我们孩子不相信。"一位中央民族大学的大学生，阿依丁谷丽，她首先认为自己是兵团人，是兵团三代，向别人自我介绍的时候会说自己是兵团人，但是现在她的户口不是兵团的（上学转户口到北京），就业的时候也不可能来兵团，因为她认为兵团对大学生来说，就业方面不是很好。万兆华是牧业二连就业处主任，当谈到现在的年轻人时，他气愤地说，"现在年轻人没过过苦日子，你跟他讲（艰苦奋斗）他听不进去！"现在年轻人的价值观念发生了变化，"以前怕处分，背个处分了不得，那是一辈子的污点啊！要记到档案里的！现在你处分他，他还觉得光荣呢，只要不枪毙他就行了，荣誉对他没有吸引力，除了钱！"

红星一牧场第三代哈萨克牧工兵团意识的削弱和消解是多方面原因造成的。首先是社会大环境的变化，其次是兵团自身整合力的不足。

1. 社会大环境的变化

大的时代背景和社会环境的变化是使红星一牧场第三代哈萨克牧工子女的兵团意识趋于削弱和消解的一个重要因素。他们生活在一个解放思想、改革开放和社会经济迅速发展的时代，受到社会大环境变化的影响，他们思想开放，向往多姿多彩的现代生活，不愿意过比较单调乏味的游牧生活，对祖祖辈辈逐水草而居的生活方式不适应，对红星一牧场没有像父辈那样的归属感，其兵团意识也就薄弱。

此外，恰依尔马旦副场长讲道："现在环境问题也是年轻人不愿意留在牧场的一个原因，'白灾'（雪灾）、'黑灾'（旱灾）都有，放牧并不是一个旱涝保收的行业，干旱的时候草场严重地退化，原始的生产生活方式还是不符合时代的要求。"

2. 兵团自身整合力的不足

现在红星一牧场自身对第三代哈萨克族牧工子女整合力的不足，也导致了他们兵团意识的削弱和消解。红星一牧场已经不能完全解决第三代哈萨克族牧工子女的就业问题、养老问题等。这些切身的利益需求得不到满足，他们就会选择离开。红星一牧场这种自身整合力衰弱的状况直接影响到第三代哈萨克子女对兵团的情感和认知，他们对红星一牧场的认同感和归属感相对于父辈和祖辈则淡薄了许多。

调研中一位哈萨克族在职职工阿德西对我们讲道："孩子将来大学毕业了，不希望他们回到兵团来，兵团没前途。虽然自己现在是兵团职工，但在外面也干个体（开了个建材店，自己搞装修）。只要养老金交上，老了以后有保证就行了。"职工家属黑那亚提表示："当向别人介绍自己是兵团人的时候，没有那种自豪感、荣誉感。作为兵团家属，没有补贴，没有退休金，自己交社保，所有的钱都是自己挣的。如果自己找到好工作的话会离开，但如果能在兵团当职工，就留下。现在一天能挣二三百，老的时候就不行了，当职工的话，老的时候有退休金。"

三　对新时期新疆生产建设兵团建设与发展的思考

从红星一牧场六十多年的历史变迁过程中，我们可以看到兵团意识的强弱与兵团自身发展之间的关系。当兵团自身发展程度（相对于地方）较高的时候，其兵团意识也就越强，这时兵团意识本身也成为促进兵团发展的有利因素，不仅促进了兵团的经济发展，还促进了兵团的社会整合，特别是在少数民族地区，有效促进了民族团结。当兵团自身发展程度相对落后的时候，其兵团意识也就趋于削弱，这时兵团意识受到兵团外部其他价值观念的挑战，对兵团的整合凝聚作用也就弱化。

2014年习近平总书记在考察新疆和新疆生产建设兵团时强调：新形势下，兵团工作只能加强，不能削弱。要使兵团真正成为安边固疆的稳定器、凝聚各族群众的大熔炉、先进生产力和先进文化的示范区。因此，在新时期要加强和创新兵团工作，促进兵团的更好发展。

在红星一牧场哈萨克牧工兵团意识的变化历程中，我们可以汲取加强新疆生产建设和兵团建设的经验。首先，最重要的是要发展生产改善民生，提高各族人民群众的生产生活水平，满足各族人民群众的物质需求，这是兵团凝聚各族群众的物质基础；其次，要保障各族人民群众政治权利的实现，重视培育和发展少数民族干部，发挥他们的重要特殊作用，将少数民族内部的非正式组织有序整合进入兵团正式组织之中，以促进民族团结；再次，各级领导干部要严格贯彻落实群众路线，在生产生活中密切联系各族人民群众，切实维护各族人民群众的切身利益，构建良好的干群关系；最后，要重视发展教育，特别是道德教育，弘扬包括兵团精神在内的各种优秀的中华民族精神，引导年青一代树立正确的世界观、人生观、价值观，积极践行社会主义核心价值观。

施甸布朗族共有的精神家园
——众神守护的家园

李发昌[*]

摘要：布朗族是施甸的原住民族，被当地居民称作"本人"，即"本地人"之意，有自己独特的语言、服饰和图腾信仰。施甸布朗族在社会历史发展中形成了多神崇拜的家园文化，他们在多神守护的共有精神家园中繁衍生息，对建设和谐施甸、幸福施甸做出了巨大贡献。

关键词：施甸布朗族；精神家园；多神崇拜

云南省保山市施甸布朗族长期与汉族、彝族等民族交错杂居，但又保持着本民族独具特色的文化，信仰万物有灵，崇拜多神。布朗族是一个与神相生相伴的民族，从出生、成年、结婚到入土为安，都与神结下不解之缘。

一　施甸县布朗族概况

布朗族是我国人口较少的民族之一。施甸居住着的布朗族是我国西南历史悠久的一个古老土著民族。自称"乌"，他称"本人"。布朗族在历史上的称谓经历了：汉晋·濮→唐宋·扑子蛮→元·蒲满→明清·蒲人→现·布朗族。[①] 中华人民共和国成立后，施甸的布朗族属曾经历了多次更改，1982年以前曾被定为"本族"，1982年被认定为"佤族"，1987年经识别，并征求施甸布朗族群众的意愿，正式改称为"布朗族"。属南亚

---

[*] 作者简介：李发昌，西北民族大学2016届研究生。
[①] 蔡红燕：《故园一脉：施甸布朗村寨"和"文化考察》，民族出版社2008年版，第4页。

语系孟高棉语族布朗语支，无文字，至今仍保留着独特的民族语言、服饰和风俗习惯。根据2010年第六次人口普查数据，施甸现有布朗族共7602人，主要集中居住在摆榔、木老元两个民族乡的村寨，以大中村与哈寨村比较集中，少部分布朗族居住在姚关、旧城、酒房等乡镇，与彝、汉民族形成规模大小不一的交错杂居的居住格局。

二 施甸布朗族多神崇拜家园文化产生的根源

施甸布朗族的多神崇拜观念，与其他民族一样源自万物有灵的原始宗教观念。中华人民共和国成立前，施甸布朗族人由于生产方式的落后以及在大自然各种灾害面前的无能为力，对于人间的生老病死等自然规律的无法理解，甚至感到恐怖。于是在人们头脑中逐渐产生了对现实世界认知的一种错误的观念，即原始的宗教观念。

施甸布朗族多神崇拜的观念，由其所处的社会历史、生态环境、生计方式和社会组织决定。施甸布朗族属于古永昌郡范围的濮人，由于分布地域广阔，所处的环境不同，其社会发展很不平衡，迁徙活动极为频繁，规模大小不一，时间跨度大。在迁徙途中或走散或沿不同的路线迁徙，建寨定居，分布面广。[①] 施甸布朗族居住地多为山区或半山区，主要以山地农耕经济和畜牧养殖经济为主要生活方式，农作物一年两熟，粮食作物有玉米、小麦、蚕豆、荞麦等，经济作物以烟草、马铃薯和鱼腥草为主。因此，施甸布朗族的祭祀活动一般都是围绕农耕生产周期进行的，比如祭寨神是在农历的二月初二，在春耕前半个月左右，一则是庆祝丰收，二则是祈求全年的风调雨顺及人畜平安等。

三 施甸布朗族众神及其功能

（一）天、地神：至高无上的神灵

施甸布朗族人通常把天神与地神合并在一块，通称天地。天神跟土地神在施甸布朗族众神的排行中永远位居诸神首位。这是由施甸布朗人在社

---

① 蔡红燕：《故园一脉：施甸布朗村寨"和"文化考察》，民族出版社2008年版，第8页。

会生活中的三界观：认为苍天在上，厚土在下、人神鬼居中间的三界观跟儒家思想的"天地君亲师"的伦理道德共同作用的结果。施甸布朗族人认为：上天掌管雨水，是它把雨水恩赐给我们人类，我们人类的庄稼才能长得好；而土地给我们人类长出庄稼，我们每个人都是吃庄稼长大的，是天地给了我们生命，养活了我们。

施甸布朗族人对天地的崇拜表现在日常生活中的每天吃饭前的献祭天地仪式，不需要任何祭品，家里吃什么就献祭什么。端着饭碗，朝着堂屋外的方向向天空祭拜一下即可。除了日常生活中要献祭天地，所有与神相关的祭祀，都必须祭祀天地。如：在家中，神龛正对的方向就是天地；还有寨神，在寨神的另一方也是天地，一切祭祀活动中，都必须是先祭完天地，然后再对各神进行献祭。施甸布朗族这种天地崇拜的观念，体现出了布朗族人对大自然的感恩之情。

（二）寨神：与布朗族人终生相伴的神灵

"寨神"是布朗族村寨的保护神，每个布朗族村寨都有属于自己的寨神，寨神是布朗族村寨的核心组成部分，一般位于村寨的中心位置或村口，是与布朗族人终生相伴的神。关于对"寨神"的称呼，各个村寨不同，有的村寨将其称为"山神"、有的称为"土地爷"，在施甸布朗族语言里，"寨神"直译过来就是"土地"的意思。寨神掌管着寨子里的一切事务，包括人、畜、农耕生产等方方面面。至于寨神是什么形象，那得根据布朗族人所处的自然生态环境和经济条件决定，比如，下木老元布朗族村寨的寨神是一株大榕树，哈寨的阿姓寨神是一对刻在石头上的雕像，而里歪寨布朗族村寨的寨神是在一株古栗树下面垒起几块石头。寨神一旦被确定，没有特殊原因是不能随便更换的，也不能随意改变它的位置，即便是要更换，也必须得经过全寨村民的同意，尤其是必须征得寨子中老人的同意，由全寨子人共同举行隆重的祭祀仪式才可以将其更换或转移它的位置。

在施甸布朗族寨子，只有男人才可以去供祭寨神，未成年女子也可以跟着一起去，但女子一旦成年后就一律不准去了，特别是在生理期，绝对是不能靠近寨神的，要不然会被视为对寨神的不敬，万一冒犯了寨神，寨神就不再庇佑村民了，甚至会降下灾祸。一般对寨神的祭祀，分为家庭祭祀和群体祭祀；家庭祭祀除了家中有刚下崽的牲畜不足一百日的不能祭祀，全年都可以。大多数家庭一般会选择在属狗、属马或者属猪这几天进行祭祀，布朗族人认为这几天祭祀最好，要是这几天正好与家庭成员的属相是同一天的，则择日再祭。

在平日的家庭祭祀里，祭品可以是一只鸡、一块腊肉或者是一个煮熟的鸡蛋加上酒、茶水、纸钱、香火、一碗米饭。但是对于鸡还是有要求的，必须是没有生过蛋的小母鸡或者是已经会打鸣的公鸡，要不然寨神是不会接受的，对寨神的祈求也不会灵验，说不定还会冒犯寨神。

农历正月初二，布朗族人家家户户都必须去祭寨神。这天，每家的村民都会早早地起来准备祭品，寨子里有一个习俗，寨子人都争着第一家去献祭寨神，因为这天是新的一年里对寨神的第一次祭祀，第一家献祭寨神的人家，据说寨神会实现这家人的所有愿望。这样的人家，一般都是子女有重要考试或者有重大事情要做，比如盖房子等以祈求寨神的保佑，在新的一年里一切都顺顺利利。第一声祭祀寨神的鞭炮响了以后，其他村民也就陆陆续续地去了，村民手里托着祭品在去祭寨神的路上来来回回，有说有笑，通常都是几家人同时到达，挤到一块，寨神周边顿时浓烟四起。

农历二月初二，布朗族寨子都要举行隆重的集体祭寨神活动。献祭寨神的祭品是由主祭户准备的。寨子规定，主祭户由一到两家人自愿轮流担任，谁家担任主祭户，在头一年祭山神时，已经由全寨人商量决定好了，晚饭过后，主祭户把猪前蹄各自带一只回家，表示明年的祭寨神的祭品就由他们负责。他们就开始准备来年祭祀用的一头猪、两只公鸡，还有大家的伙食。对猪大小都有规定，祭祀只能用黑公猪。为了减轻主祭户的负担，里歪寨布朗族寨子规定，祭完山神后，每家至少要买三斤肉，一方面是为了帮助主祭户减轻经济负担，另一方面是把肉带回去献祭祖先，给没来参加祭祀的家人尤其是老人也尝尝鲜，这个习俗可能是受布朗族旧社会时期实行的平均分配主义的影响。

布朗族生生世世都离不开寨神的庇佑。不管是家中有新生婴儿，还是婚丧嫁娶都必须要献祭寨神，寨子里刚出生的婴儿，满月几天后，必须要去祭寨神。一方面是祈求寨子或家庭人畜平安、五谷丰收、人丁兴旺，另一方面主要是把寨子或家庭人口的增减告知寨神。这样，新添的人口才算是本寨真正的成员，才能得到寨神的庇佑。同理，寨神对过世的人从此也不再进行庇佑。当寨子中有人因打工、求学需要出门远行，超出寨神的庇护范围时，也要献祭寨神、祈求旅途平安、事业顺利、学业有成。

（三）祖先神：决定家族命运的神灵

施甸布朗族人把祖先也当作神灵来加以崇拜、祭祀。跟其他民族一样，施甸布朗族人对祖先的崇拜都源自灵魂不灭的原始宗教观念。施甸布朗族人的祖先神，一般供奉在家中的神龛上，即家中的堂屋里。

对祖先的祭祀，分为平日里的献祭和节日的献祭。平日里的献祭，通常是把对祖先神的献祭日常化，包括一日三餐，家中吃什么就给祖先献祭什么，先献祭完天地，然后在献祭祖先神。节日里的献祭主要是火把节接祖先回家、腊月二十三接祖先仪式和腊月二十四的祭祖坟仪式。

祖祭为氏族团结的最重要的仪礼。为确认氏族团结纽带的种种仪礼都在祖祭时举行，或在祖灵前举行。[①] 每年腊月二十四这天，每个布朗族村寨都会以家族为单位带着一只鸡、香火、纸钱去献祭祖坟，在外地打工和读书回不来的除外。祭祖坟是因为布朗族人认为，祖先的灵魂会庇护他的后代，所以，要考试的学生以及准备外出打工挣钱的都会去。

此外，对祖先的崇拜，还体现在对墓地的选址上。受汉族风水观念的影响，施甸布朗族对死去亲人墓地的选址非常重视，他们认为家族事业的成败、兴旺、祸福以及家族成员身体的健康状况乃至家族的整个命运都与祖坟的风水有关。祖先若是安葬在有利的风水墓地，则可以更好地造福子孙，反之会带来灾祸。里歪寨布朗族村民李建祖认为，他的两个孩子现在都留在城里做生意，弟弟的两个孩子也一个在本地当公务员、一个在本地当医生，是因为他们家的祖坟安葬在了风水好的地方，在离他们家祖坟不远的后山有一个常年积水的水塘，源源不断地滋养着他们家族。

（四）社神：远去的神灵

在布朗族人心中，不同的布朗族寨子对社神的理解稍有差异，但是，其职能都差不多。比如，哈寨布朗族寨子把"社神"说成"塞树"或"塞神"，里歪寨布朗族寨子把"社神"说成是"蛇山"或"蛇神"等。哈寨布朗族寨子祭祀的社神是一个大树，里歪寨布朗族人祭祀的社神是寨子中间的一座小山，里歪寨布朗族人认为这座蛇山是母山，因此，献祭时

---

① 彭兆荣：《人类学仪式的理论与实践》，民族出版社2007年版，第94—95页。

要用公鸡跟公猪作为三牲献给它。有的布朗族寨子把社神指作"寺庙",只是在以前说是"社山"。

关于里歪寨布朗族把"社神"说成"蛇神"的说法,很可能跟古代民族的蛇崇拜有关。世界许多古代民族中都有崇拜蛇的记载:《山海经·大荒西经》郭璞注说:"女娲,古神女而帝后,人面蛇神。"又《帝王世纪》"伏羲……人首蛇身"。元时周达观著《真腊风俗记》载:"土人皆谓塔之中有九头蛇精,乃一国土地之主也,系女身,每夜必见。国主则与之同寝交媾,虽其妻亦不敢入,二鼓乃出,方可与妻妾同睡。若此精一夜不见,则番王死期近矣;若番王一夜不往,则必获灾祸。"此外,印度阿萨姆的卡西族与缅甸北和云南的佤族同属南亚语系民族,他们都崇拜一种名叫 U. thlen 的巨蛇,认为只有用人作牺牲,向它献祭,才能使它满足。而这种神崇拜是柬埔寨人的宗教信仰特征。① 据尤中《云南民族史》,公元前 2000 年,中国西南地区尤其是云南居住着众多的孟高棉群体。在公元前 2000 年末大部分孟高棉的部落已经南迁至中南半岛,春秋战国时期分布在云南南部和西南部的孟高棉系统的部落群体,没有向中南半岛南迁而仍留居云南境内的部分,② 而施甸布朗族与柬埔寨民族、佤族在古代同属孟高棉族群。由此,里歪寨布朗族人把社神说成"蛇神"也是有据可依的。

里歪寨布朗族早在"文革"时期就停止对蛇山进行祭拜了,但对蛇山的崇拜却一直延续到今天,时至今日,里歪寨布朗族村民也很少有人爬过蛇山。里歪寨布朗族村民对蛇神已经没有太多的印象了,蛇神是什么样子,怎样献祭蛇山,只能从老人的记忆中去了解了。以下是对里歪寨布朗族 83 岁的李阿凤老人关于蛇山的访谈:

> 从中华人民共和国成立以来就不再祭蛇山了,因为祭蛇山被认为是迷信活动,以前是要去祭的。
> 我也没去爬过蛇山。我的祖父告诉我:他们在四棵大松树下供着几块石头,他们把四块石头堆起来,就像死人的山神一样。祭山的时候要祭四个方向,因为在四个方向都供着石头。现在那些树都砍完

---

① 桑耀华:《云南古代南亚语系民族及其他》,云南民族出版社 2007 年版,第 10—11 页。
② 赵瑛:《布朗族文化史》,云南民族出版社 2001 年版,第 4—5 页。

了，中华人民共和国成立以后寨子人就开始砍。1957—1958 年的时候，社里把那些树都卖给了别人，别人就来把那些树砍了。自从他们把那些大树砍光了，蛇山就没有显过威了，以前蛇山是会怪罪人的，只要有人爬上去就会下雨。

山顶有一块平地，那里现在还有火塘的痕迹和堆过石头的痕迹。以前他们把石头砌起来，用来烧饭。听说有两个火塘。现在（火塘的痕迹）应该没了。

祭蛇山是在农历三月的时候，只记得是在三月，三月初几去献祭不记得了。就跟我们祭寨神一样，有两家人轮流当主祭户，一年祭一次。我们小时候还赶上了两年，就是用一头壮猪，一只鸡就可以了。只能用公猪跟公鸡作祭品献给蛇神，母猪跟阉割过的公猪是不能当祭品的。

就像现在我们祭寨神一样。买猪的钱都是大家一起凑的。肉也是大家一起分的，每家都能分到一份。祭完蛇山后，大家就把剩下的肉平分了，吃剩的饭也平分了。如果有不能来参加祭祀的人家，饭就不分给他家了，要是有吃剩下的肉，就分给他们家一点，给他们家送回去。

猪跟鸡杀了以后就在山里收拾。他们把水缸抬到山上，水也挑到山上，各自带两只碗，一只大碗，一只小碗还有一双筷子，带上香、纸钱就像我们祭寨神一样。不过，祭山神的时候是把肉拿回家里煮，而祭蛇山是在山里煮。肉煮熟了以后，就把它分了。内脏煮后，吃饭时就每人舀一勺分着吃。

有老人的人家就老人去，没有老人的人家就年轻人去，只要是男的都可以去，我们家都是祖父去，只是女的不能去。要是家里有牲畜刚生下来、有孕妇和坐月子的人家，男人都不能去。就连他们家送来的香火、纸钱、酒、米也是不能用的。

小时候我们在山里放牛，大人们正在祭蛇山。他们担心我们不懂事，会朝大人们大声喊，问他们："你们在干吗？你们在那里烧饭做什么？"大人们叮嘱我们说："你们千万不能过来看，要是渴了也千万不能来要水喝。"会被大人们骂的。祖父说："女孩子是不能看祭蛇山的。"一直叮嘱我们不要出声，不要大声乱喊，因为大人在这里祭蛇山。

听祖父讲，贵生（本寨人）的祖父家，他媳妇已经有几个月的身孕了，他不知道家里有身孕的人家是不能参加祭蛇山的，可他还是来参加了。后来他家生了一个小男孩，孩子出生时头是裂开着的，出世没几天就死了。

记得小时候我们喜欢去山里找菌子。祖父叮嘱我们："你们去找菌子不要去爬蛇山啊，女孩子家爬什么蛇山，你们怎么敢爬蛇山？蛇山是不能随便爬的。"

> 到雨季的时候就天天下雨，都不知道下成什么样子了，洪水都要暴发了。寨子人就会说："是不是需要祭一下蛇山呢？怎么一直下雨，都不会晴呢？一定是有人冒犯到了蛇神。"
>
> 祭山的时候不用到山顶，在山脚下祭一下就行了，什么都不需要做，就像我们平时祭寨神一样。祈求老天不要下雨了，"赶快晴，庄稼受不了了"，就这样向它祈求，祭完后雨水真的就少了，雨也没那么大了。
>
> 后来就再也不祭了，下雨都不祭了。没有人敢去祭，谁要是去了就算犯法。中华人民共和国成立后我们寨子人买猪准备去祭蛇山。可有人要组织打倒迷信，所以就没人敢去了，要不然还是要去祭的。那个时候，到处的山神都被捣毁。蛇神肯定是害怕人们也这样对它，1957—1958年的时候天天下雨，因为没人理它（去祭蛇山），所以（蛇神）也就消失了。雨有时下还是会下的，但是打倒迷信后，可能它也知道了。

现在什么人都可以爬了，以前是没人敢爬的，那里是涣娣（里歪寨布朗族村民）家的山林，她应该也去爬的。要是跟现在这样在蛇山山脚下乱挖，肯定要下大雨的。

（五）死人山神：冥界的守护神

"死人山神"是守护施甸布朗族人家族公共墓地的神灵，在施甸布朗族人观念里，活人要归"寨神"管，死人要归"死人山神"来管。所以将其称为死人"山神"是为了跟寨子里的"山神"区别开，因为有的布朗族寨子把"寨神"也叫作"山神"。死人"山神"跟"寨神"一样，可以是一棵大树，此树称为"死人山神树"，也可以由石头垒起来，其职能跟"寨神"差不多，只是死人山神掌管的是死人的一切事务，只是权力没有寨神那么大,因为"寨神"管理的是整个寨子的事务,而死人山神管理的是一个家族内的事。在施甸布朗族寨子,每个家族都有自己的家族公共墓地,外姓人是不能埋入的。

"山神"的位置,一般要高于坟的地势,要是旁边有树,一般都不砍,死人山神周边的树木叫作竜林,因为施甸布朗族人把安厝死人的坟地叫作"竜山"。如果"死人山神树"自己枯死了,或被风吹倒或被雷电击中倒地,不能去扶,不能将其当木材使用,更不能将其砍回家当柴烧,只能任其原地腐烂,要是谁动了或是把它砍了,将会给自己或家人带来灾祸。据里歪寨布朗族李阿凤说,在 20 世纪五六十年代,里歪寨布朗族寨子里两位老人因修理被雷电击中后掉落在地里的李氏家族的死人山神树的树枝,不到两年里,两个老人相继各自丧失了一个儿子。

死人山神的献祭,只能是在腊月二十四献祭祖坟的时候或是家里有老人去世的时候,平日里不去献祭。在下葬那天,为过世的老人开"圹井"的时候,必须在献祭完死人山神后才能举行破土仪式。然后在下葬后的第三天,全家人要去坟地献祭老人,并嘱托死人山神要好好关照老人等。无论是献祭刚去世的老人,还是腊月二十三献祭祖坟,在献祭之前都必须先献祭死人山神,之后才依次对坟墓进行献祭。

(六) 山神:放牧的神灵

施甸布朗族人的山神主要是跟放养牲畜的家庭有关,没有牲畜的人家,一般都不会去祭祀山神。

过年这几天,有牲畜的人家,会选一个好日子,几家人约着一起去祭山神。近几年,为了不耽搁做其他事情,大年初一就去了。大家一起去,一是因为担心人手不够,二来也是图个热闹。

之所以祭山神,是因为布朗族人认为,山神会帮忙照看牛羊,牛羊走丢时,山神会帮我们把牛羊找回来。山神还会让牛羊不生病,而这一年牛羊顺不顺利,都会呈现在各家的鸡卦中。

四 施甸布朗族多神崇拜家园文化的现实意义

对同一祖先和神灵进行祭祀仪式以彰其血缘纽带的人群共同体,在这里,仪式不仅成为一面旗帜,成为一种神灵的象征,成为同一人群共同体所确认的符号体系，成为凝聚内部力量的方式，成为同族内部的行为准则。①

施甸布朗族共有的精神家园是建立在群体对超自然物的共同信仰崇拜的基础上的，共同的文化信仰为人们提供精神寄托与心理的归属感。对多神的崇拜和依赖不仅体现在施甸布朗族的日常生活中，还表现在神灵的祭祀仪式当中。我们植根于自己所属的社会结构中，因为我们知道群体所认同的正确思维和行为方式。②

一是规范约束行为，一个宗教是信仰与仪式活动之统一的体系，它们同神圣的事物有关的神圣事物是有区别和禁忌的。而信仰和仪式活动则结合为一个独立的道德共同体。③ 施甸布朗族人的祭神活动大多以集体为单位进行，在祭神仪式过程中，有很多禁忌，神的权威庄严向它的崇拜者宣誓，什么可以为之，什么坚决不能为之。

二是促进村寨内部的凝聚力，多神崇拜不仅具有人神际遇的含义，同时也具有人际交往的意义，施甸布朗族社会不仅是一个内部联系非常紧密的社会，还是一个特别有人情味的社会，他们非常注重生活的过程，无论是农耕生产还是婚丧嫁娶，几乎整个寨子的人都会积极地加入到活动中。

三是增强族群的认同，由于社会的认同价值与族群联系在一起，因此，许多仪式具有的族群专属性带给人们共同的价值目标和价值取向，以及强烈的认同感。④ 为了加快施甸现代化和城镇化的进程，布朗族群众为了尽早实现现代化，跟上时代的步伐，由于对本民族文化的不了解，也丢失了一部分本民族的传统，比如语言、服饰、信仰等，从而在现代生活中迷失自我。文化是民族的精神家园，多神崇拜的家园文化有助于施甸布朗族人认识自己的文化以及提高文化自信，从而对族群及其文化产生强烈的认同感。而对本民族文化的认同，也是对中华民族文化的认同。

---

① 彭兆荣：《人类学仪式的理论与实践》，民族出版社2007年版，第94—95页。
② ［美］约翰·奥莫亨德罗、张经纬：《像人类学家一样思考》，北京大学出版社2017年版，第211页。
③ 彭兆荣：《人类学仪式的理论与实践》，民族出版社2007年版，第53页。
④ 同上书，第108—109页。

加强文化认同，铸牢中华民族共有精神家园的思想基础

殷 皓[*]

党的十八大以来，习近平同志在多个场合谈到民族团结、构筑各民族共有精神家园的问题。在2014年中央民族工作会议上，他就指出，"解决好民族问题，物质方面的问题要解决好，精神方面的问题也要解决好"，"加强中华民族大团结，长远和根本的是增强文化认同，建设各民族共有精神家园，积极培养中华民族共同体意识。"[①] 党的十九大报告中明确提出，"全面贯彻党的民族政策，深化民族团结进步教育，铸牢中华民族共同体意识，加强各民族交往交流交融，促进各民族像石榴籽一样紧紧抱在一起，共同团结奋斗、共同繁荣发展。"事实证明，没有全民族精神力量的充分发挥，没有中华民族共有精神家园的建设，中华民族实现伟大复兴的征程仍然遥远。人心相聚，根本的在于价值相通，认同相一。文化认同是最深层次的认同，是民族团结之根，是民族和睦之魂。文化认同解决了，对伟大祖国的认同、对中华民族的认同、对中国特色社会主义道路的认同、对中国共产党的认同才能巩固。

一 筑牢中华民族共有精神家园，文化认同意义非凡

（一）文化认同是当前全球化背景下的重要概念

所谓文化认同（Culture Identity），在亨廷顿看来，是人们在一个民族

---

[*] 作者简介：殷皓，女，内蒙古自治区党校民族理论教研部讲师。
[①] 习近平：《在中央民族工作会议暨国务院第六次全国民族团结进步表彰大会上的讲话》，《人民日报》2014年9月30日。

共同体中长期共同生活所形成的对本民族最有意义的事物多肯定性体认，其核心是对一个民族的基本价值的认同；是凝聚这个民族共同体的精神纽带，是这个民族共同体生命延续的精神基础，是最深层次的基础。而《中华文化词典》把文化认同解释为一种肯定的文化价值判断，即指文化群体或文化成员承认群内新文化或群外异文化因素的价值效用符合传统文化价值标准的认可态度与方式。经过认同后的新文化或异文化因素将被接受和传播。[1]

简而言之，文化认同是人类对于文化的倾向性共识与认可。[2] 在全球化的今天，文化认同更成为国家之间、族际之间交流、融合和发展的重要概念。人们会更多地强调文化认同的民族性、国家性、地方性以及不同文化形态的传统认同，甚至由于文化价值观的抵触带来文化认同冲突的扩大。[3]

(二) 各民族文化灿烂多姿，是中华文化百花园中的珍宝

中华民族由56个民族组成，每个民族都有悠久的历史和优秀的传统文化，这是在历史发展中，通过长期的交流交往交融而逐步形成的。可以说是各民族共同创造了中华五千年的灿烂文明，这个过程也共同创造了中华精神家园，形成了"谁也离不开谁"的共有精神积淀。

(三) 中华民族文化与中华民族共有精神相辅相成、密切相关

中华文化是几千年来各民族在历史发展中创造的优秀文化成果的总和，是各族人民在几千年的历史当中，不断交流互动，从而丰富了中华文化的内涵，并在继承中不断发展创新，使之充满生机活力。而中华民族共有精神家园是由不同地域的精神文化所组成的一个精神大系统。在这个精神大花园中，各民族都有其与众不同的精神文化特色，它们是古往今来中华民族各族不同地域悠久历史和灿烂文化所积淀起来的，但同时又焕发了推陈出新的时代特色和精神气质，成为当今琳琅满目、璀璨丰富的一道道

---

[1] 冯天瑜：《中华文化词典》，武汉大学出版社2001年版，第20页。
[2] 郑晓云：《文化认同论》，中国社会科学出版社1992年版，第4页。
[3] 同上书，第39页。

地域精神风景线。

有了各民族对中华民族的强烈认同，就有了各民族凝聚如磐石的精神动力，也就有了各民族为"振兴中华"而矢志不渝的崇高精神，从古至今的文化内核也就有了共同发挥的用武之地，从古到今的民族精神因而也有了集中的向心力。可以说，中华民族文化和中华民族共有精神相辅相成，密切相关。

(四) 中华民族文化及其认同对构筑各民族共有精神家园意义非凡

1. 中华民族共有精神家园与中华民族文化认同息息相关

事实一再证明，没有全民族精神力量的充分发挥，没有中华民族共有精神家园的建设，中华民族实现伟大复兴仍然是遥远的。而在中华民族共有精神的追寻和探索中，对中华民族文化的认同成为其中关键的组成部分，构筑各民族共有精神家园与中华民族文化认同息息相关。

在世界政治多极化、经济一体化、文化多元化的今天，响应党中央"促进文化大发展、大繁荣"和"建设中华民族共有精神家园"的号召，开发中华民族传统文化中各民族的共有精神资源，为全面建设小康社会和实现中华民族的伟大复兴增强精神动力和文化自觉、文化自信，都是十分必要的。同时，无论在国内外纷繁复杂的背景和形势下，还是在现代社会里青年的道德缺失、信任危机的现状中，加强中华文化的认同，弘扬中华民族共有精神家园中的伟大的民族精神显得格外重要。

2. 加强中华民族文化的认同是巩固和发展平等团结互助和谐的社会主义民族关系的关键，是构筑各民族共有精神家园的重要前提

多民族的基本国情一直都是我国的特色，也是我国发展的有利因素之一。在这个背景下形成的多元一体的格局，也必然要求把民族团结和国家统一作为各民族的最高利益。可以说，各民族形成的对中华民族文化的高度认同，是维护各民族团结的精神保障。"五个认同"的根本目标就是维护国家统一，增强民族团结，凝聚中国力量，共同团结奋斗，共同发展繁荣，实现伟大中国梦。① 其中，对中华文化的认同是关键。

---

① 毅松：《增强中华文化认同，建设各民族共有精神家园》，《内蒙古日报》2015年8月3日。

3. 加强中华民族文化的认同是构筑各民族共有精神家园的基础

中华各民族的文化丰富多样、博大精深，决定了中华民族文化认同具有丰富内涵。习近平总书记强调，加强中华民族大团结，长远和根本的是增强文化认同，建设各民族共有精神家园，积极培养中华民族共同体意识。增强中华文化认同，就是要充分认识和把握中国历史，中华文化是各民族共同创造的文化，反对把历史上的少数民族排除在中国之外，坚决反对历史虚无主义。要充分发挥中华文化认同在构筑各民族共有精神家园中的重要作用。① 所以，各民族共有的精神家园要以中华民族文化认同为基础。

二 加强中华文化认同，构筑各民族共有精神家园

党的十八大以来，习近平总书记在各个场合多次提到对中华文化的认同。2014年5月召开的第二次中央新疆工作座谈会上，习近平总书记就指出："要在各族群众中牢固树立正确的祖国观、民族观，弘扬社会主义核心价值体系和社会主义核心价值观，增强各族群众对伟大祖国的认同、对中华民族的认同、对中华文化的认同、对中国特色社会主义道路的认同。"② 在同年9月召开的中央民族工作会议上习近平总书记又重申这四个认同，并在2015年8月召开的中央第六次西藏工作会议上增加了"对中国共产党的认同"，而成为"五个认同"。在这"五个认同"中，习近平总书记把"认同伟大的中华文化"看作"民族团结之根、民族和睦之魂。"③ 他认为，中国是一个多民族、多宗教、多元文化的国家，解决文化认同问题重要而关键。"中华优秀传统文化是中华民族的精神命脉，是涵养社会主义核心价值观的重要源泉。""要认真汲取中华优秀传统文化的思想精华和道德精髓，大力弘扬以爱国主义为核心的民族精神和以改革创新为核心的时代精神，使中华优秀传统文化成为涵养社会主义核心价值观的重要源泉。"④ 因此，我们要在构筑各民族共有精神家园的过程中不断加强对中华文化的认同，

---

① 毅松：《增强中华文化认同，建设各民族共有精神家园》，《内蒙古日报》2015年8月3日。
② 习近平：《在第二次新疆工作座谈会上的讲话》2014年5月28日。
③ 习近平：《用"五个认同"巩固生命线》，中国干部学习网，www.study.ccln.gov.cn。
④ 习近平：《中华优秀传统文化是中华民族的精神命脉是涵养社会主义核心价值观的重要源泉——在文艺工作座谈会上的讲话》2014年10月15日。

以夯实中华民族共同体的精神基础。

（一）和而不同，尊重多样

加强中华文化的认同，前提就是要充分认识到中华民族是一个命运共同体，中华民族是多元一体的。这样的多元一体格局中，一体包含多元，多元组成一体，一体离不开多元，多元也离不开一体，一体是主线和方向，多元是要素和动力，两者辩证统一。习近平总书记说："中华民族和各民族的关系，形象地说，是一个大家庭和家庭成员的关系，各民族的关系是一个大家庭里不同成员的关系。"①"守望相助，通心同心，我们这个命运共同体才会永远充满希望。""不让一个民族认同本民族文化是不对的，认同中华文化和认同本民族文化并育而不相悖。"② 习近平总书记的这一表述表明，在一个统一的多民族国家，本民族文化认同与国家整体文化认同的辩证关系和发展方向。

和而不同，是加强文化认同的理念基础。费孝通先生曾提出"各美其美，美人之美，美美与共，天下大同"的多元文化体系，"也就是各种文明的人，不仅欣赏本民族的文化，还要发自内心地欣赏异民族的文化；做到不以本民族文化的标准，去评判异民族文化'优劣'，断定什么是'糟粕'，什么是'精华'。"③ 世界因为不同而多姿多彩，若每个人能欣赏、传承本民族的文化，同时也能欣赏弘扬其他民族的文化，那么这种对中华民族多元文化的认同就形成了。

尊重差异，包容多样，是加强文化认同的正确态度。"把汉文化等同于中华文化、忽略少数民族文化，把本民族文化自外于中华文化、对中华文化缺乏认同，都是不对的，都要坚决克服。"④ 习近平总书记的这两句话，重点指向"两个不对"，各民族同胞都需要高度重视、坚决克服。每

---

① 习近平：《在中央民族工作会议暨国务院第六次全国民族团结进步表彰大会上的讲话》，《人民日报》2014年9月30日。
② 丹珠昂奔：《切实增强中华文化认同——学习习近平总书记在中国民族工作会议上讲话的体会》，《中国民族报》2015年2月6日。
③ 费孝通：《"美美与共"和人类文明》，《费孝通论文化自觉》，内蒙古人民出版社2009年版。
④ 习近平：《在中央民族工作会议暨国务院第六次全国民族团结进步表彰大会上的讲话》，《人民日报》2014年9月30日。

个民族的文化都是中国极其珍贵的文化资源,是中华文化发展的活水源头,因此对少数民族文化的态度,同样决定着中华文化认同的厚度、深度和长度。①

(二) 促进繁荣,凝聚精神

习近平总书记说:"繁荣发展各民族文化,要在增强对中华文化认同的基础上来做,对本民族历史坚持正确的观点,不能本末倒置。弘扬和保护各民族传统文化,不是原封不动,更不是连同糟粕全盘保留,而是要去粗取精、推陈出新,努力实现创造性地转化和创新性发展。"②所以,我们在加强文化认同的过程中,既要坚持正确的文化史观,取其精华、去其糟粕,坚持个人、社会、国家相统一,做好各个民族的文化创新和转化工作;又要将保护和发展少数民族文化统一于中华民族文化的发展中。只有这样才能实现真正的对中华文化的认同。

加强文化的繁荣和发展,最根本的还是要促进民族地区的经济发展,这是文化认同的物质基础。我国少数民族以及少数民族地区,到今天有很多地方还处在比较落后和贫穷的状态中。我们所追求的文化认同依赖于经济的发展。因此,精准扶贫、解决民族地区的困难和问题、缩小民族地区与其他地区的差距,归根到底要靠发展经济。这对于各民族同胞对中华文化的认同具有深远意义。只有通过发展,才能解决民族进步中存在的问题,才能改变民族地区人民的生活面貌,才能培养民族地区人民的爱国热情,才能激发建设祖国的积极性、主动性和创造性,凝聚民族的向心力,增强各民族同胞对中华文化的高度认同。

(三) 注重教育,提高认识

振兴民族的希望在教育。因此,在民族地区,除了学习科学知识外,还应加强民族历史、民族团结、爱国主义等的教育,培养具有科学文化素质、身心健康素质和思想道德素质的合格青年一代,这是强化各民族同胞

---

① 丹珠昂奔:《切实增强中华文化认同——学习习近平总书记在中国民族工作会议上讲话的体会》,《中国民族报》2015 年 2 月 6 日。

② 习近平:《在中央民族工作会议暨国务院第六次全国民族团结进步表彰大会上的讲话》,《人民日报》2014 年 9 月 30 日。

对中华文化认同的重要环节。同时，在民族地区，各级各类学校都需要借助人文教育来提高各民族同胞对真善美的认识，如中国历史、中国文化、传统文化、传统道德，实现人文精神和主流价值观的内化。

（四）重建道德，构建和谐

在全球化趋势深入发展的今天，我们必须充分认识中华民族优秀传统文化的历史意义和现实价值，以礼敬自豪的态度对待我们的优秀传统文化，努力在学习和继承的基础上铸造中华文化的新辉煌。要按照古为今用的原则，对丰厚的传统文化进行科学梳理、深入挖掘，取其精华、去其糟粕，使民族优秀传统文化得以传承，并不断发扬光大。①

中华民族传统文化在长期发展的过程中，形成了丰富有益的思想价值体系，如天下兴亡、匹夫有责的爱国传统、天地之间莫贵于民的民本思想、以和为贵、和而不同的"和合"理念，等等。我们要深刻认识这些传统思想文化的历史意义和现实价值，按照取其精华、去其糟粕的要求，对上述思想和理念进行深入研究和阐发，挖掘符合时代发展要求的内容，把合理的思想内核赋予新的时代内涵，使之与当代社会相适应，与现代文明相协调，并结合新的实践不断加以发扬光大。我们强调继承民族优秀传统文化，就是为了在历史提供的高起点上创造出符合当代精神和时代潮流的新文化，用丰厚的中华民族文化构筑各民族共有的精神家园。②

总而言之，对中华民族文化的认同是增进民族团结、做好民族工作、促进各民族交流交往交融的重要基础，更是在多元一体格局基础之上增强对伟大祖国认同、对中华民族认同、对中国共产党认同、对中国特色社会主义认同的思想保障。切实加强各民族对中华文化的高度认同，方能铸牢中华各民族共有精神家园，促进各民族团结奋斗、共同繁荣。

---

① 王建润：《建设中华民族共有精神家园——新形势下如何大力弘扬中华文化》，人民出版社 2008 年版，第 58 页。
② 同上书，第 65 页。

在"一带一路"背景下用"文化自信"构筑中华民族共有精神家园

蒋苇[*]

摘要：大力发展"一带一路"是中华民族伟大复兴的一条重要的途径，"一带一路"不仅是一条经济之路，还是实现各国文化相互交流、促进、融合的道路。我国是"一带一路"的首发者同时又兼具五千多年的文明历史，所以在"一带一路"的背景之下发展中华民族"文化自信"是尤为紧迫和必要的。"文化自信"是"一带一路"的精神支柱；"一带一路"又是"文化自信"的发展基础；在"一带一路"的指引下以优秀传统文化推进当代共有精神家园建设，共筑"民族梦"。

关键词："一带一路"；"文化自信"；精神家园

回顾五千多年的历史从中可以看到我国的发展与邻国之间互通有无的关系是密不可分的。而在当今这个时代，这个科学技术、信息水平高速发展的全球一体化的时代，我们的发展更需与邻国甚至与世界加强紧密友好的关系；"一带一路"的提出就是为我们前行的方向画出了一条宽阔道路，这条道路将让我们真正面向世界，走向全球，同时也将带领世界走入中国，品味中国；感受56个民族别具一格的风土人情，这正是彰显了"文化自信"同时也体现出我国"多元一体"的独特格局；共有精神家园的构筑是我们每个民族的肩头任务，我们要抓住时间的尾巴通过"一带一路"来刺激、促进民族文化的发展，我们不仅要做中国的民族，还要做世界的民族，向世界告知中国56个民族优秀的传统文化筑成的不仅是一个文明古国称号更是一种生存实力。

---

[*] 作者简介：蒋苇，西北民族大学2016级民族学研究生。

一 "文化自信"的必要性

"文化自信,就是一个国家、一个民族、一个政党和人民群众对本国文化价值的充分肯定,是对本国文化生命力的敬畏与信仰。"中华民族拥有五千多年的文明历史,从物质基础来看,我国享有"地大物博"这一称号,我们确实是坐拥广阔的土地、丰富的资源(水能资源、光能资源、风能资源、矿产资源)等,这无疑为中国的经济提供了雄厚的基础;除此之外,从精神文明层面来讲,我国有56个风采各异的民族传统文化资源,并一同奋斗、努力铸造我们赖以生存的共有家园;一代伟人邓小平提出我们要走特色社会主义道路,其中"特色"尤为突出,"走出去"这条道路仍然是以马克思为指导下的社会主义之路,始终坚持贯彻人民当家做主,但,同时又兼顾了我们特殊的国情,我国是一个"多元一体"的国家,所谓"多元"就是由不同成分的民族所构成的56种民族文化,所谓"一体"就是在这丰富多彩的民族文化的基础之上形成了同一个国家、同一个民族——中华民族;这是我国得天独厚的特色优势,应该要把这一优势引向全世界,走特色社会主义道路正符合了我们发展的必要性、紧迫性;再与"文化自信"相结合能更加全面地为我国历史悠久的民族文化开辟广阔的新道路。

在国际上,我国的经济实力不断增强,政治影响力不断扩大,但我国的文化软实力与经济和政治的影响力不相匹配;"于2009年1月在北京发布的《中国现代化报告二〇〇九——文化现代化研究》指出,中国的文化影响力指数居于美国、德国、英国、法国、意大利、西班牙之后,在全世界排名第七。"由此,可以看出我国文化对世界的影响力是比较欠缺的,这在很大程度上决定了我国软实力在国际上的影响。软实力,很大程度上取决于民族精神凝聚力及民族传统文化对国民的影响力。"在历史的长河中任何一个民族的生存发展都不是孤立的,人员往来过程中的生产生活的互动、交流是必需的,民族文化也是如此。"[①]我们所谓的民族文化不仅仅是汉文化与少数民族文化的比较还是它们之间的综合体,汉文化有多长的悠久文明历史,少数民族文化就有多悠久

---

① 虎有泽:《民族:理论与实证》,民族出版社2016年版,第180页。

的历史，习近平总书记在澳门大学与学生交流时就曾说过"五千多年文明史，源远流长。而且我们是没有断流的文化。建立制度自信、理论自信、道路自信、还有文化自信。文化自信是基础。"其中把"文化自信"提出来做四个自信的基础说明了"文化自信"的重要地位及其意义；"文化自信"是对自己文化的肯定，如果没有这样的自信那么这个民族也就会随之逐渐消失；我们要用学习的眼光去增强我们自身的文化，而不是用崇拜的眼神去欣赏他国的文化，去为他国鼓掌助威而忘了我们的历史！就因如此，越来越多的贴着美国文化商标的文化霸权主义通过商业，对我们进行文化渗透。就美国好莱坞大片来说，虽然演技还有电影使用特效都常常让我们情不自禁地为之鼓掌、为之惊叹，但从中我们的灵魂也逐步被他国文化所征服、侵蚀；我们甚至把观看美国大片当作时尚潮流的标志，如果你对美国大片一无所知的话就是落伍、掉队的表现。这一状况的出现尤为可怕，这是对我们"文化自信"的一种挑战，一不小心我们就会走入误区最终全盘皆输。《刘三姐》《阿诗玛》等这些经典的电影作品早已被遗忘，我们就在不经意间丢掉了民族历史。如今，大街小巷的商场里播放的音乐大多以流行英语歌曲或韩国歌曲为主，生活中尤其从"90后"这一代开始我们时常欣赏的都多以国外音乐为主，对我们本国的乐曲现在的人们还能记得多少？那些唱出我国壮美山河的歌曲，描绘出我们各民族风情的歌词能唱出几句？我们经常将自由、民主、博爱等作为美国的标志，我们是否还记得我国是四大文明古国之一，要知道我们的文化精髓不亚于任何一个国家。不管是听音乐还是看电影，这些或许都是不起眼的生活小事，但我们牢记一个伟大创举通常都是无数个不起眼的小事组合在一起才可能实现的！从我们生活以及生活环境中反映出来的状况值得我们去深思、反省。究竟是什么在一步步肆无忌惮冲击着我们的文化，侵蚀着我们的精神，闯入我们的文化造成严重的威胁。生活是一面镜子，在它面前我们不该逃避，要认清自己的身份，我们要知道中国五千多年优秀文化是要继续传承发扬下去的，这是我们的使命；我们还要明白学习他国语言、文化等是为我国在国际上的发展打下基础，我们要吸取他国的优势弥补我们的不足，而不只是对他国一味地称赞而模糊了自己的文化自己的历史。

二 "一带一路"中彰显"文化自信"

(一)"文化自信"是发展"一带一路"的精神支柱

我们所说的丝绸之路可分为陆上丝绸之路、海上丝绸之路,"陆上丝绸之路"形成于西汉时期,汉武帝派张骞出使西域以首都长安(今西安)为起点,经甘肃、新疆,到中亚、西亚,并连接地中海各国的陆上通道,它的最初作用是运输中国古代出产的丝绸。在古代"海上丝绸之路"是中国与外国进行贸易和文化交流的重要通道之一,该路线以南海为中心,故又称作南海丝绸之路。海上丝绸之路形成于秦汉时期,发展于三国至隋朝时期,繁荣于唐宋时期,转变于明清时期。

2013年9月习近平总书记提出建设"新丝绸之路经济带"战略。对"一带一路"新思想的提出,这让我国悠久的民族文化有了一个全新的舞台展现自己、宣传自身民族文化。同时在战略实施的过程中,我们将会面临重重困难,这会比我们预料的复杂得多;因此,这就需要我们以"文化自信"促进各族人民的凝聚力量,汇聚我们的民族精神,才能进一步深化、加强我国同沿线国家之间的文化交流与合作。我们要展现出中国文化的魅力展示我国的吸引力,这样更有利于促进不同国家间的多种文化的学习、发展,拉近国家与国家之间的距离;从而减轻对异国文化陌生的焦虑感,以此来增强文化自信、互信,互为良师益友;通过"一带一路"的战略实施让我们用"文化自信"搭建起一座联通与世界各国友好关系的重要桥梁,从而彰显"一带一路"以和平、包容、共赢的发展理念;减少"一带一路"推进过程中的障碍,让"文化自信"成为"一带一路"战略的精神支柱以及融通各族人民的文化血脉和文化纽带。

(二)"文化自信"拓展了"一带一路"视域

在新的历史时期,对"一带一路"的建设标志着我国将走向文明复兴的发展道路,这条文明复兴之路,将为我们指引了追寻民族文化自信的方向,要去追寻正在暗暗流失的优秀文化。对"文化自信"的追寻不仅仅只为了找回我们流失的文化,更重要的是加强我们对本国文化的自信心和一分尊重;只有在我们对自己文化充满自豪感时,在与他国的交流学习中才会赢得对方的尊重与信任。"文化自信"实质上折射出我们对自己文化的高度认同，以及对文化的生命力、竞争力、影响力的高度肯定和乐观态度，集中反映了一个国家、一个民族的精神动力、发展活力和战略定力。"一带一路"战略是用文化将历史、现在与未来连接在一起，成为中国面向全球化、应对经济新常态的一个战略架构。在西汉时期，陆上丝绸之路主要经甘肃、新疆，与中亚、西亚，进行丝绸、瓷器的贸易；同时西域的葡萄、胡桃以及歌舞传到了中国，"丝绸之路"的称呼由此而来。而在新时代的今天，我们不仅要重启古代丝绸之路，我们还要扩张它的广度。丝绸之路经济带上有三条国际大道：一条是中国经中亚、俄罗斯至欧洲；一条是西亚至波斯湾、地中海；一条是中国至东南亚、南亚、印度洋。而对西亚至波斯湾、地中海的发展主要依靠新疆、陕西、甘肃、宁夏、青海、内蒙古西北六省区；对中亚、俄罗斯至欧洲的发展主要依靠黑龙江、吉林、辽宁东北三省；对中国至东南亚、南亚、印度洋的发展主要依靠广西、云南、西藏西南三省区，上海、福建、广东、浙江、海南沿海五省市，内陆地区则是重庆。这正是通过对"文化自信"确信而将"一带一路"建设成为更有广度、更有影响力的创举，对"文化自信"的肯定拓展了我们的视野。其中涉及了很多民族地区，靠单一的文化发展是很难实现我们"一带一路"的伟大梦想的，从"一带一路"的沿线开发可以看到它是一个贯彻全国发展的战略思路。因此，需要连接每个民族的文化实力，民族间要相互学习、相互交流、互为合作才能取得成功。这极具民族综合力的文化将带领中国与整个世界的文化领域联系在一起，并保持着一种和而不同、彼此尊重、相互赞赏以及互利共赢的文明往来。这也就是所谓的我们不仅是中国民族，还是世界的民族；把中国带出去，同时把世界引进来！

三　构建共有精神家园离不开"文化自信"

（一）文化自信促进对外交流，增强民族共同体意识

增强民族共同体意识是建设我国共有精神家园的重要途径之一。"一带一路"倡议通过"东西双向开放"将欧洲经济圈、亚太经济圈这当今世界最具活力的两大经济圈联结起来，使之成为世界最大的经济体，以及

未来最具发展潜力的世界经济走廊。"一带一路"沿线大多是正在日益突飞猛进的发展中国家，远比发达国家更具有发展的空间，它们普遍处于快速发展阶段；无论是从经济角度、生活质量、社会环境以及对生态环境保护，还是从对金融发展、产业转型的角度来看，每个国家的发展都具有很大的潜力以及上升的空间；"一带一路"把相互国家之间的前途命运连成一脉，其建设必定会推动世界向前发展。因此，我国要抓住对外交流的机会，以坚定的文化自信，向不同的国家、民族展现中华民族源远流长、博大精深的文化；要充分表达出中华民族和而不同、文明互鉴的价值理念。通过"文化自信"与各国保持密切往来友好的交流互动方式，让他国知道我们发展的是经济不是霸权主义，是为谋求世界取得更好更快的和谐发展而提出的"一带一路"建设。把中国人民"紧紧凝聚在一起的，是我们共同经历的非凡奋斗，是我们共同创造的美好家园，是我们共同培育的民族精神，而贯穿其中的、更重要的是我们共同坚守的理想信念"。[①] 所以，我们只有坚定文化自信，充分肯定中国文化，对中国文化生命力保持无限的敬畏与信仰，才能向世界展示中国文化底蕴雄厚的形象，诉说中国价值，彰显中国精神，提升中国的国际威望和国际地位，才能向世界证明中华文化是世界文明的重要组成部分，才能为我国的对外交流提供强大的精神力量支撑。"一带一路"倡议是顺应各国人民发展意愿与历史潮流的，不仅表达了中国和平共处的基本理念开放与包容的胸怀，而且将政治互信、经济互补、文明互鉴、地缘毗邻等优势转化为务实性的合作，并致力推进沿线各国迈向互利共赢的"利益共同体"、共同繁荣的"命运共同体"、合作共存的"安全共同体"、开放包容的"文化共同体"和互相认同的"价值共同体"，传递出中国发展必须与世界共享的"共同体"意识。

（二）传统文化是构建民族共有精神家园的文化基石

每个人的成长过程都不可能摆脱历史、文化对我们的影响，以至于每个人所体现的价值观念、道德评判都会因传统文化而打下烙印。兰德曼认为人类是历史和文化的创造物，所以人的本质是不能靠遗传继承的，代替

[①] 刘魁：《从富强到正义：现代性重建与中国现代化发展的价值取向》，江苏人民出版社2015年版，第86—101页。

遗传保存祖先的现实形式便是文化传统。"知识和技巧通过传统,像火灾前线的水桶一样,被一代一代地传下去,并按他们前辈的榜样和教诲,传递给后代。"① 希尔斯也认为,现代人仍然活在"过去的掌心之中",传统之所以受到人们的敬重和依恋,因为传统作为合理反思的经验积累,能为人们提供解决各种问题的途径。要是每一代人都没有他们祖先改正过的经验,那么各代人不得不从头做起。② 因此,精神家园的构建可以说是立足于传统文化之上并受其不断的熏陶,或者直接可以说传统所蕴含的价值体系,这种价值体系摒弃了传统中不合时宜的地方,优秀传统文化在此得到凸显。当代精神家园构建过程是一个"文化自信"的过程,而文化认同又是"文化自信"的重要组成部分;我国优秀传统包含各民族的文化基因,体现各族人民深层的精神追求,是我们建设精神家园的基石与力量。优秀的传统文化蕴含中国丰富的人生历程,对于当今社会人们较浮躁的心理有良好的平复作用,也有利于构建共有的精神家园。传统的中国人的生活意义讲究的是个人与群体价值的统一,讲究"以天下为己任"的博大胸襟,谋求世界和谐发展。中国有句古话叫"忠孝不能两全",其中"效忠"是人们最高的价值选择,是君子人格的重要衡量标准。吸收这些优秀的思想,可以转化成为民族认同感。我国在古代就提出了"自强不息"的学习奋斗精神;卧薪尝胆、悬梁刺股等成语故事都极具代表性地反映了许多艰苦奋斗、自立自强刻苦学习的历史;不断激励人们开拓进取的精神,成为各族人民努力奋斗发展的基石;因此,传统自立自强的文化可以培育人们强烈的自强、自信、自尊的文化心态。我们的文化不但吸取儒家文化的精髓还融入了道家文化的精神,道家文化主张入世不同、个人身心安顿,追求个体精神自由,这种生活态度与儒家刚好互补,都属于传统文化中的精髓思想,两者可对纠正当下社会中过度消极或过度浮躁人的心理起到很大作用,我们要懂得利用并学习中国传统文化的精髓,中国人常说学以致用就是这个道理。安时处顺的人生心态更有利于人们形成淡定从容的思想,当今我们提倡"稳中求进"就需要我们练就一种平稳不浮躁的良好心态;"不以物喜,不以己悲",是有一种保持平和的社会心态的表现。丰富多彩的传统文化形式,是充实人们精神生活的主要源泉。优秀传统文

---

① [德] 兰德曼:《哲学人类学》,阎嘉译,贵州人民出版社2006年版,第216页。
② [美] 希尔斯:《论传统》,傅铿、吕乐译,上海人民出版社2009年版,第216页。

化不仅有严谨的治学态度与道德戒律，也有诗词歌赋等休闲文化，这些都是构成精神家园的重要内容。当今，越来越多的人虽然说物质上得到了前所未有的享受，但是灵魂上感觉越来越孤独、空虚，这就是缺少精神支柱的表现。古人"仁者乐山，智者乐水"，丰富的文化生活不仅可以陶冶情操，而且可以提升自身的道德修养，这对于当今人们精神生活上所产生的空虚感无疑是一服良药；精神家园的建设就是要重构一套被认可的社会价值体系。价值体系的构建根基在于传统遗留下来的宝贵的精神财富，特别是儒家文化，纵然里面一些内容不合时宜，但是其精华内容却代表中华民族深层次的价值追求。比如，仁爱、重民、守诚信、讲正义等价值规范，反映了人们为人处世的基本价值准则，从国家伦理层面维系了中国社会的有序运行。当今世界由于对资源不合理的利用开发最终导致生态危机、能源危机等现代社会的病态，使人们不得不再一次重视我国传统的文化与智慧。

尤其是 21 世纪以来，西方掀起的"文化诊断"运动，西方很多学者逐渐通过对东方文明、智慧的摸索，开始探索追寻解决世界共同难题的答案，他们认识到中国传统文化对于解决世界问题的重要作用。而在国内有些人却认为中国厚重的历史文化成了我们前行的包袱，选择抛弃传统文化，对传统文化甚至出现污蔑、诋毁这一可怕的现象，忘记传统、忘记历史，也就等同于忘记自己，这样最终只会导致我国文化成为他国文化的殖民地，逐渐失去我国文化根基。因此，正确看待我国优秀传统文化，反对历史虚无主义，并将传承作为我们肩头重要的责任，我们要立足于传统、尊重传统、学习传统才能在"一带一路"的带领下增强文化自信，从最根本的基石上构筑我们和谐美好的共有精神家园！

浅析民族文化建设对促进
民族团结进步的影响

袁泽宇[*]

摘要： 民族文化是民族问题在精神层面的重要体现，对促进民族团结进步有至关重要的意义，本文从加强各民族文化交流，提高各民族文化自信，丰富各民族文化内涵，推动各民族文化进步，促进各民族文化创新等四个方面阐述了民族文化建设对民族团结进步的意义。以此为党和政府以及社会各界在民族文化建设方面提供一定参考。

关键词： 民族团结进步；文化；建设

中国共产党的民族工作的根本宗旨是大力促进民族团结进步，民族工作的根本目标是积极实现各民族共同繁荣发展。党的十八大指出："文化是民族的血脉，是人民的精神家园。全面建成小康社会，实现中华民族伟大复兴，必须推动社会主义文化大发展大繁荣，兴起社会主义文化建设新高潮，提高国家文化软实力。"[①] 对中国这样统一的多民族国家而言，各民族文化关系的和谐发展，关系民族团结进步、文化交融发展与社会和睦稳定，而历史进程中，国家内部的文化互动、跨民族文化交流，已形成多元并存的文化关系。所以各民族的文化建设，就是在整体上加强各民族之间的文化交流，丰富各民族的文化内涵，推动各民族的文化进步，促进各民族的文化创新。

---

[*] 作者简介：袁泽宇，男，西北民族大学马克思主义学院 2016 级马克思主义发展史专业在读研究生。

[①] 胡锦涛：《坚定不移沿着中国特色社会主义道路前进，为全面建成小康社会而奋斗——在中国共产党第十八次全国代表大会上的报告》，载《人民日报》2012 年 11 月 18 日。

一 加强各民族的文化交流是促进民族团结进步的重要前提

文化是民族的重要特征，同时也是一个民族生命力和创造力的来源，可以说文化是一个民族立于民族之林的根本。文化交流一般发生在两个或多个具有显著不同源文化之间，可以说，没有差异性的文化，就没有多种多样的文化交流，也没有因为文化交流而产生的灿烂的多样文化。对于我国这样的多民族、多文化国家来说，民族文化交流的表现多种多样，大体分为两类：一类物质文化交流，如事关衣食住行的各种商品，民俗文化物品等；另一类是精神文化交流，如民族传统哲学、文学、音乐、绘画等，都是精神文化交流的重要内容。

从历史上来看，加强各民族文化交流的内在动力是由各民族不同的物质文化需求、精神文化需求和自身文化发展的客观规律所决定的。甚至历史上出现的大规模迁徙、战争，都极大地促进了民族文化交流，进而促进了民族发展与进步。张骞出使西域，起初是出于政治军事目的，而汉与西域互通之后，影响远远超出了政治军事的影响。自敦煌，出玉门关，入新疆，由新疆连接中亚、西亚的一条横贯东西的通道——"丝绸之路"就此建立。"丝绸之路"把中原文明同西域、中亚文明联系起来，促进了各民族之间的政治、经济、军事和文化的交流。西域的核桃、葡萄、石榴、蚕豆、苜蓿等十几种植物，由此开始在中原种植。中原民族的蚕丝和冶铁技术通过丝绸之路西进，对促进西域文明的发展具有重大贡献。

在中央第六次西藏工作座谈会上，习近平同志将马克思主义民族观基本原理同我国民族工作实际相结合，创造性地提出"五个认同"战略思想。"五个认同"中文化认同是根本，落实文化认同就要在精神和文化上推动各民族文化之间的互鉴与交流。从历史来看，过去我们边疆和少数民族地区与内地交流很少，基本上是封闭或半封闭状态，因此各民族间文化交流显得不够频繁。随着经济和交通发展，全国各地各民族之间的交流逐渐加强，每年全国的流动人口在2亿以上，其中少数民族的流动人口在2000万以上，主要流向东部的城镇，而在西部大开发战略提出之后，内地的汉族人口则大量流向边疆少数民族地区。由此不仅加深了各民族的往来交流，也为各民族相互交融，团结互助，共同进步做出了贡献。文化因交流而多彩，文化因互鉴而丰富。如今中国特色社会主义条件下的民族文化交流，就是把本民族的先进优秀文化传播、交流到其他民族中，把其他民族的先进文化吸收过来，丰富和发展本民族的文化。这就是互相影响、互相吸收、共促发展的道路。

历史证明只有加强民族文化交流，才能求得民族迅速发展进步。这不仅是现代社会发展的需求，也是民族文化发展的客观规律。只有以民族文化交流为前提，才能在潜移默化中使民族之间互取所长，互补所短，进而使民族共同发展进步。民族文化交流的过程，必然是互相促进发展的过程，是为民族文化注入活力、增加新鲜血液的过程，是民族共同发展进步的过程。

二 建设和丰富各民族的文化是促进民族团结进步的基础条件

文化相对于政治、经济而言，代表的是人类全部精神活动及其产品。而民族文化是各民族在长期历史发展中形成并保留在现实生活中的文化，具有稳定性、多样性、民族性、延续性、发展性。来源于不同的自然环境，不同的历史时期，不同的文化源头的民族文化也自然有不同的文化内涵，可以说文化内涵是一个民族的文化标志，是各民族最大的价值体现，也是价值观、人生观、世界观、生存思想与方法等方面的体现。深度的民族文化内涵使民族文化具有不可替代的价值。

（一）民族文化是中华文化的重要组成部分

中国各民族在漫长的历史中形成了自己灿烂多样的民族文化，并具有不同的文化内涵。这种植根于血脉的文化内涵对于民族的延续，族群的兴衰，甚至国家的存亡，有非常重要的意义。在中国古代史上，民族文化中的不少思想观念与精神因素对于巩固和延续封建的国家秩序起重要的作用，同时这也是自近代以来接受新思潮的人民强烈批判的原因。例如陈独秀在五四新文化运动中，高举反对旧道德、提倡新道德的旗帜，把矛头指向孔孟之道，尖锐地抨击了纲常名教的封建道德。但不可否认民族文化中的精华部分所蕴含的哲学思想、道德伦理观和丰富的民族艺术，又在培育优秀的民族精神方面起到难以替代的作用。民族文化及其所包含的民族精神，不仅凝结了过去的优秀成果，也在其中孕育出未来。对于民族发展，对于族群生息，对于国家进步，都具有重大意义。从民族文化本身来看，民族的才是世界的，保护民族文化特色，丰富民族文化内涵，才会使民族文化具有世界意义。

（二）丰富民族文化是促进民族团结进步的强大精神力量

民族文化内涵中的优秀精神文化与现代优秀思想相结合，在形成民族精神的塑造与民族自信心的提升过程中起到非常深刻也非常直接的作用。各民族历史上形成的哲学思想、政治观念、伦理道德、艺术精髓，都可以通过教育形成优秀的民族心理、民族品格，使我们的民族获得持续不断的精神力量。

民族文化中最具民族性的绘画、音乐、书法、建筑等，不仅包含了各民族特有的审美观念、审美意识，而且展现了各民族对自然的理解，对人生的感悟，如何理解人与自然、人与社会之间的关系等。也正是这些基于民族性的理解与解读，我们的民族文化不仅没有失去意义，反而彰显出它的不朽价值。更重要的是，对民族文化内涵的重新解读，并在不同时代不同地域丰富其文化内涵的过程，也是开启心智、创新文化的过程。这不仅仅是在创新中丰富了民族文化的内涵，也提高了民族文化的生命力和时代适应性。

（三）丰富民族文化可以形成强大民族凝聚力

在民族工作中，民族关系、宗教问题和其他社会问题方面出现的矛盾和困难，都与民族文化有必然的联系。寻找制约和影响各民族地区社会进步、经济发展的原因，重要的是从特定地域的民族传统文化方面去刨根问底。民族文化在各地区的认同性越高，民族凝聚力就越强，民族凝聚力的提升，重点在于丰富民族文化内涵。因此，激发和丰富各民族文化中所蕴含的价值，是非常重要的。这就是说，我们不能把民族文化看成政治、经济以外的一个独立存在的领域，而是蕴含政治、经济、文化和人的一切活动领域的内容。民族文化作为内在性、精神性的东西，丰富其内涵，就是民族最深刻的进步，也是反映民族社会发展、进步的一个重要尺度。如果在民族文化上能够始终坚定不移地坚持主流文化的导向地位，善于激发民族文化的活力，丰富民族文化的内涵，加快民族文化的现代化进程，民族团结进步就会迈开更大的步伐。

三 促进民族团结进步的关键是推动各民族的文化进步

"没有文化的军队是愚蠢的军队"[①]，毛泽东同志所说的文化，就是指先进的知识、科学、文化。国家的兴衰与其教育和科学水平的高低有重要的关系，民族更是如此。一个文化发达，具有巨大影响力的国家，必定是经济繁荣的、人民富足的国家；同样一个有高度文化水平和高度教育的民族，必然是富裕兴旺的民族。因此，民族文化的先进与否关系民族发展进步的快慢，民族文化的进步是促进民族发展的关键。

从历史来看，一个国家或民族，如果封闭起来，不与外部交往，那么就必然发展迟缓，落后于先进文明。最明显的例子就是明清时，我国闭关自守，故步自封，大搞文字狱，出现了万马齐喑的局面，对中国社会的发展造成了极度恶劣的影响，导致了近代以来我国羸弱不堪，以至丧权辱国。究其原因就是思想僵化，抱残守缺，排斥新生文化与进步思想，隔绝了与世界进步文明的交往。

在我国，各民族都有自己的文化传统和文化内涵，它们既有其普遍特征，又呈现出色彩斑斓的差异性，但都对各自民族的发展，民族的延续做出了贡献，值得我们认真研究和学习。各具特色的民族文化为我们搭建了展开平等对话和交流的平台，只有互相取长补短，互通有无，吸收先进文化，摒弃不足，才能促进民族文化进步，推动本民族的发展。

孔子的"仕而优则学"，认为从政以后也须不断学习，不断提高，并首先提出了终身受教育、终身学习的思想。这对于我们民族文化的进步发展也有很大的启示，民族文化要发展必须进步，民族文化要进步，必须不断地学习吸收进步思想和先进文化科技。所以深入发掘民族文化中的优秀成分，使其与社会主义先进文化相补充、相融合，促进民族文化的进步，是民族发展进步的关键所在。其一，建立富有生命力的民族文化发展机

---

① 毛泽东：《文化工作中的统一战线》，《毛泽东选集》第3卷，人民出版社1991年版，第1011页。

制,促进民族文化专业研究,发掘民族文化中的优秀文化,并将其纳入教学体系,使各民族文化生生不息。其二,弘扬民族文化的精华,并将其赋予新时代精神,对各民族进行爱国主义、民族团结的教育,促进民族文化的发展与进步。总之,进步思想和先进文化是照亮一条前进道路的明灯。民族文化的不断进步,是民族团结进步的关键。

四 促进民族团结进步的途径是促进各民族的文化创新

民族文化创新是一种创造性活动,是指在继承前人文化的基础上,对民族文化加以扬弃。对本民族文化要本着批判继承、与时俱进的态度,赋予其新的内容,摒弃落后的、不符合时代发展的传统文化中糟粕的部分,弘扬优秀的民族文化,吸纳先进文化,并推陈出新,使民族文化进行一种文化上的凤凰涅槃,浴火重生。

文化是民族的灵魂,民族是文化的主体。民族的生存发展,是文化发展演变所围绕的中心。每一个在历史上延续下来的民族,都需要与其他民族进行文化交流;中国各民族文化的创新发展不可能离开现实世界,而是在对自己的民族文化进行自我更新、自我扬弃、并弘扬民族主体精神的前提下进行。罗素指出:"不同文明之间的交流过去已经多次证明是人类文明发展的里程碑。如希腊曾学习埃及,罗马曾借鉴希腊,阿拉伯参照罗马帝国,中世纪的欧洲又模仿阿拉伯,而文艺复兴时的欧洲又仿效拜占庭。通过这种学习和借鉴,人类文化才得以代代相续,形成为丰富的历史传统。"[1] 进行民族文化的创新,实现民族文化的创新必须以开放的思想、兼容的态度和探求真理的精神对待各民族的一切文化成果,积极接触吸收各民族的优秀民族文化。而吸收和借鉴各国和各民族的优秀文化,也是我国各民族文化发展和文化创新的动力。民族文化创新是促进我国民族团结进步的途径,民族文化创新对增强民族凝聚力、向心力、感召力具有至关重要的意义。

---

[1] 转引自[美]成中英《中国文化的现代化与世界化》,中国和平出版社1988年版,第6页。

(一) 民族文化的创新对民族团结进步具有推动作用

民族文化源于民族发展和民族生活，而又反作用于民族发展和民族生活。民族文化创新的过程也就是发展现实文化生产力的过程。比如，民族旅游业当今已经成为各民族地区发展经济的支柱产业，少数民族地区的自然景观、民族风情等经过创新的民族文化及与某些民族相关联的其他文化就成了旅游业的重要资源。在我国历史上，特别是改革开放之后的实践证明，哪个民族和地区在民族文化的创新上做得好，民族文化得到了充分的发扬发展，哪个民族和地区经济发展就快，反之必然缓慢。发展民族经济，提高民族地区的文化建设，不仅要大力发展生产力，而且要创新民族文化。

(二) 民族文化的创新是促进民族团结进步的必然要求

民族文化是民族智慧的结晶，凝聚着民族历史、民族意志和民族精神，优秀的民族文化是社会主义精神文明建设的重要内容，对加强国家民族精神文明建设起着重要作用。历史表明，民族文化传统对于民族地区的经济社会发展，对于丰富民族生活、维护社会稳定和民族团结；对于民族社会优良道德风尚的形成，产生非常重要的作用。我国经济发展的实践，正有力地说明，传统民族文化，不但没有影响现代化的发展，而且已经成为改善社会秩序、促进社会和谐、协调民族关系、振奋民族精神，增强国家凝聚力的强大文化力量。实践表明，民族文化只有在继承的基础上不断创新，民族的进步才能紧跟时代尽快实现。

加强民族团结进步，文化创新是途径，且文化创新的方式十分重要。如民族文化蕴含其中的电影《刘三姐》《红河谷》《阿诗玛》等，歌曲《北京的金山上》《天堂》《乌兰巴托的夜》等。我们要文化创新，就要创作更多诸如此类的电影、电视、歌舞等文艺作品，同时紧跟当今时代信息的变化趋势，注重民族化、社会化、大众化、时代化，推进民族文化理念创新、民族文化内容创新、民族文化形式创新和民族文化风格创新。要充分运用新技术、新媒体，多渠道、全方面地开展民族团结进步的宣传教育和创新活动。

综上所述，加强各民族文化建设是大力促进民族团结进步的保证，同时对我国正确认识、处理民族关系，促进民族平等，加强民族团结，推动民族和谐共处具有重大意义。

中国古代少数民族的中原文化认同意识
——以契丹人为例

格日拉措[*]

摘要：中华民族的历史是历史上各个少数民族共同写就的历史，历史上任何一个少数民族都是中华民族优秀文化中无法割裂也不容分割的一部分。2014年9月，习近平同志在中央民族工作会议暨国务院第六次全国民族团结进步表彰大会上指出：民族团结是我国各族人民的生命线；加强中华民族大团结，长远和根本的是增强文化认同，建设各民族共有精神家园，积极培养中华民族共同体意识。可见文化认同对于民族团结、国家稳定、社会进步的作用是怎样高度评价都不为过的。本文选取中国历史上一个非常重要的民族——契丹族，通过对历史文献的研究描述中原文化和契丹文化之间的互相影响和文化涵化理论来论证中国自古以来都是一个统一的多民族国家、所有民族的文化都是以强大的中原文化为圆心这一事实。

关键词：民族认同；中原文化；契丹；共同体意识

中华民族五千年的历史，是各个民族书写的辉煌历史。上到远古传说中的尧舜，下至中国封建社会最后的辉煌的清朝，不论是中原华夏民族建立的政权还是少数民族建立的政权，都为我国封建社会的繁荣发展做出了不可磨灭的贡献。纵观世界史，有许多国家和地区虽是文明发源地，但是由于生产力、社会、文化等因素，文明在不同程度、不同阶段都出现过断代的现象。而中华文明，自上古传说伊始始终呈现曲折式前进、螺旋式上升的状态。笔者认为，中原文明之所以能长久处于曲折前进并不出现断层的主要原因是中原文化的优越性，

---

[*] 作者简介：格日拉措，西北民族大学民族学与社会学学院2016级研究生；研究方向：民族学。

而这种优越性在数千年中不断影响着中华大地上各个民族、各个地区、各个政权的文化和发展。作为中国历史上文明程度最为强大最先进的少数民族之一，契丹族建立的辽朝，对中国历史格局造成了巨大的影响，对当时政府政策、民族关系乃至于国际地位都有深远的意义。文化的影响是双向的，文化的认同也是双向的，是两个民族或者多个民族之间互动共融的。

文化变迁理论认为，当不同的文化相互接触发生碰撞时，一种文化或者这几种文化的原有文化分子都在不同的结构上发生各种层面的变化，这种现象就是文化涵化现象。克莱德·伍兹认为，"涵化是一种特殊的传播，它是在两个先前独立存在的文化传统进入持续的接触并且其接触都已强烈到足以引起一个或者两个文化产生广泛变迁的时候发生的。"① 涵化主要是通过传播、替代、融合等进行，在两个民族相互接触时，文化的民族性表现得较为明显，长期接触之后，互相影响，不断发生变化，双方都有可能对自己的文化进行修改以便适应社会发展和生活需要。这也就产生了两个民族文化之间的涵化现象。涵化的结果会导致接受、适应、抗拒。涵化是发生于文化不同层面的改变，最先开始的基本上是文化的外延，也就是表层文化，一般表现为衣食住行等物质文化，而深层文化，一般表现为一个民族的心理认同、对自己文化表现出的自豪感，这些都较为稳定一般不会被改变，这也是保证了这种文化能够继续存在。一种经济形态过渡到另一种经济形态，是因为经济内因和政治外因相互作用而达到的一个状态，二者缺一不可。当时的情况是，辽朝与中原王朝关系和缓，经常在边境上进行贸易互市，国家重心便投入到了休养生息和发展生产之上。加上汉族地主阶级逐渐打入统治中心，而辽国掌权者都已有了取代中原之心，内外因此齐头并进，在各方面都学习中原王朝先进制度从而促使契丹社会的进步发展。本文将从以下几个方面展开论述。

一 经济政治制度方面

(一) 经济制度方面

契丹族祖先发源于今老哈河和西拉木伦河交汇之处，此地的生态系统

---

① [美] 克莱德·M. 伍兹：《文化变迁》，何瑞福译，河北人民出版社1989年版，第46页。

和环境为畜牧业的发展提供了天然的养料,除了畜牧业外,在辽朝建国之前,契丹族其实已经有了一定程度上的农耕文明。史籍记载,耶律阿保机祖父匀德实"喜稼穑,善畜牧,相地利以教民耕。"① 太祖阿保机"弭兵轻赋,专意于农",辽朝历代统治者都对农业采取了保护性的发展政策。但是由于生产力落后,东北部气候严酷,契丹族的农耕一直没有得到较高程度的发展。自太祖耶律阿保机建国以后,契丹族统治者凭借着卓越的政治军事才能挥师南下,与中原王朝或和或战,版图也在这期间逐渐向南扩张。耶律阿保机建国之前,中原王朝正处于唐朝末年,李唐王朝处于分崩离析的边缘,已经朝不保夕。战火纷飞殃及最严重的必定是农民阶级,大批战争难民或化编或逃亡到辽版图统治境内,大量的中原人为了躲避战乱越过黄河投契丹国内。随着辽帝国政治军事力量蒸蒸日上,版图也日益扩大,大量汉人和渤海人成为辽朝被统治阶级。如何恰当处理好契丹族上下与汉人以及渤海人之间的民族关系对于辽朝整个统治阶级性命攸关。公元907年,唐朝节度使朱温废唐自立建立梁,中原历史就进入了五代十国时期。在中原战乱时期石敬瑭将幽云十六州拱手相让于辽王朝之后,长城以内天险尽失。这片区域,从军事上易守难攻,经济上农耕发达。为了更好地实行对汉族人的统治,稳定社会局面,打压中原汉人对辽朝政府的不满,辽统治者决定从基本做起:发展农耕。文化变迁理论指出促使文化变迁的原因,一是内部的,由社会内部的变化而引起;二是外部的,由自然环境的变化及社会文化环境的变化如迁徙、与其他民族的接触、政治制度的改变等而引起。当环境发生变化,社会成员以新的方式对此做出反应时,便开始发生变迁,而这种方式被这一民族的足够数量的人们所接受,并成为它的特点以后,就可以认为文化已发生了变迁。与中原王朝农耕文明的碰撞迫使统治者必须做出相应决策以维护统治是中原农耕文明和契丹族畜牧文明之间发生涵化的根本原因。

农业的推广对辽朝社会各个方面发展的作用是无可估量的。契丹族原始生产方式以畜牧业为根本,农业为辅助。但是畜牧业有一个无法攻克的弱点就是在抵御自然灾害时的脆弱性,强降雪等自然灾害对于草原家庭以及草原部落的打击是毁灭性的。农业的推广使依附于畜牧业的草原民族放下马鞭躬身于农田之间,随着农业文化的传播,中原先进的农业生产经验

---

① (元)脱脱:《辽史·食货志上》,中华书局1974年版,第923页。

和生产工具也应声而来。春秋时期从齐国管仲推行重农抑商以来，农业不仅是整个中原王朝的经济基础，耕稼更是成为中原文化的一种代表，在意识形态内有其独特的象征意义。中原王朝以其强大的文化辐射着边界线周围的少数民族，契丹族为了自身民族的发展，也为了更好地守住疆土巩固统治，统治者大范围内劝课农桑，奖励耕战，快马弯刀精骧射术却在纵横阡陌之中显得愚笨粗鲁起来。可以发现，中原文明已从基础类的生产生活逐渐冲击到了契丹民族文化的物质内核，并在辽王国逐渐形成了农业和畜牧业并重的经济体制。

(二) 政治制度方面

上文我们了解到这种冲击在总体范围内带来的是接受和替代而不是抗拒，虽然在形式上历经了差别性的过程，但都尽然殊途同归。例如，辽朝为了从汉族被统治阶级拔擢精英为朝廷效力以更好地巩固统治，在全国实行科举选拔制度。辽朝统治阶级为保证契丹族尚武善战的优良传统，不准契丹人从文参加科举考试，以维护契丹族永居于统治地位的最高核心。然而，历史发展的脚步是不能阻滞的，随着辽朝封建化不断进步，中原高度发达的文明也不断吸引着契丹贵族。到了辽朝末年，在契丹族内也开始设科举，名臣耶律大石就是公元 1115 年进士及第从而走向仕途。

辽景宗在所组成的统治集团中，大力重用汉族官员。从这时起，汉族官员开始在辽朝的统治机构中占有重要地位。辽景宗得以顺利即位，有一个人功不可没，即汉官高勋，"以定策功，进秦王。"[1] 之后，萧思温被弑案牵连到高勋，又任用汉人郭袭为南院枢密使，后又加政事令。除此之外，汉人韩匡嗣也深受景宗皇帝信任重用。辽史记载："初，景宗在藩邸，善匡嗣。即位，拜上京留守。顷之，王燕，改南京留守，保宁末，以留守摄枢密使。"[2] 韩匡嗣早在穆宗朝便与景宗结为一党，被封为燕王，后又封南京留守，依辽祖制，南京留守一职一般应是王室宗亲担任，而韩匡嗣任此职，可见韩氏一族的势力不逊于皇族。辽景宗时期，"任人不疑"，重用汉官，这是辽朝用人制度上一大转折，而这个变化，则成了辽朝从中衰走向中兴的一个分水岭，是辽朝从奴隶制旧俗转向封建化的必经

---

[1] （元）脱脱：《辽史》卷 85《高勋传》，中华书局 1974 年版。
[2] （元）脱脱：《辽史》卷 74《韩匡嗣传》，中华书局 1974 年版。

之路，是契丹社会封建化日益加深和辽朝当时政治形势的需要。加上在辽对中原的数次战争中，辽统治者发现一个极为重要的规律，那就是，中原王朝虽然政治腐败军队战斗力羸弱，但是农耕经济和文化相当发达。即使石敬瑭割让幽云十六州使得中原王朝天险尽失，以辽军的虎狼之师还是无法真正以契丹礼统治中原汉地。在辽景宗耶律贤即位后，吸取前几朝经验教训，力图改革契丹奴隶制旧俗，拔擢汉人有才之士，打破了用人之壁垒方可吸取汉地之精英，从而利用汉官之功劳压制契丹贵族的气焰。在以韩德让为首的汉官支持辅佐下，辽朝改革在各方面都收获颇丰。史籍记载，承天太后萧绰在位摄政的 27 年中，"明达治道，闻善必从，故群臣皆竭其忠"，"澶渊之役，亲驭戎车，指麾三军，赏罚信明，将士用命。"[①] 她顺应契丹社会封建化的历史趋势，在汉臣韩德让的藩汉臣属的尽心辅佐下，效法中原汉制的统治方法实行一系列改革，政治清明，经济发展，国力日益鼎盛。

二 思想文化方面

从对考古成果和文献的研究中笔者发现，当时社会，从经济制度到政治制度，再到当时的衣食住行、墓葬等文化，甚至到文学创作语言交流等层次，契丹族和中原汉族之间的文化一直处于互通交往互相学习的状况。两宋时期宋朝京城中人将胡服视为"时尚"，辽国统治阶层把作汉赋对汉诗视为高雅，颇有"追逐潮流"之势。

思想方面，辽统治者自称是华夏后裔。炎黄二帝是华夏族的祖先，更是华夏文明的起源，因此在中原地界汉族在血统上最具有正统性。因此契丹民族若要得到汉民族对其正统性的承认必须在族员和血统上与汉族传承一脉。《辽史》记载，"辽之先，出自炎帝，世为审吉国"[②]，又曰"庖牺氏降，炎帝氏、黄帝氏子孙众多，王畿之封建有限，王政之布濩无穷，故君四方者，多二帝子孙，而自服土中者本同出也。考之宇文周之书，辽本炎帝之后，而耶律俨称辽为轩辕后。俨志晚出，盍从周书。盖炎帝之裔曰葛乌菟者，世雄朔陲，后为冒顿可汗所袭，保鲜卑山以居，号鲜卑氏。既

---

① （元）脱脱：《辽史》卷 71《景宗睿智皇后萧氏传》，中华书局 1974 年版。
② （元）脱脱：《辽史》卷 2《太祖下》，中华书局 1974 年版。

而慕容燕破之，析其部曰宇文，曰库莫奚，曰契丹。契丹之名，昉见于此"①。辽道宗耶律洪基曾在开泰寺铸银佛，并在背部刻铭文："开泰寺铸银佛，愿后世生中国。耶律弘基虔心银铸。"② 辽统治者更是将儒家学说作为统治思想，将孔子拜为圣人，在全国范围内兴建孔庙，每年春秋二季祭祀孔子。辽朝开国皇帝耶律阿保机长子皇太子耶律倍倾心汉化，史籍记载，"枢密使赵延寿每假其异书、医经，皆中国所无者"，③ 他还"通阴阳，知音律，经医药"，甚至工于"辽汉文章。"④ 有一次阿保机召见群臣问曰："'受命之君，当事天敬神。有大功者朕欲祀之，何先？'皆以佛对。太祖曰：'佛非中国教。'倍曰：'孔子大圣，万世所尊，宜先。'太祖大悦。即建孔庙，命倍春秋释奠。"⑤ 而在阿保机后征服渤海国，将其更名为东丹国，并加封耶律倍为东丹王执掌此地，所有制度"一用汉法。"⑥ 一个政权的意识形态选择最能反映出统治阶级的文化选择取向，契丹族与汉族虽文轨不一，但是从意识形态层面我们能很明显捕捉到契丹族对中原文明表现出来极高的兴趣和景仰。思想上除了中原儒家作为正统以外，辽国上下皆信奉佛教。辽史记载："速撒奏术不姑诸部至近淀，夷离堇易鲁姑请行俘掠，上曰：诸部于国无恶，何故俘掠，徒生事耳。不允……又以杀敌多，诏上京开龙寺建佛事一月，饭僧万人。"可见，辽朝统治者已经将不杀生、因果循环等佛教观念付诸实践于国家上下大小的政治活动中。

文学创作方面，契丹乃马上民族，精于引弓射箭而拙于子曰诗云。耶律阿保机长子耶律倍在躲避述律太后和耶律德光监视从而出逃中原时曾作诗："小山压大山，大山全无力。羞见故乡人，从此投外国。"与中原诗作实无法相媲美，多体现为直抒胸臆，词句简单，平仄不整。在圣宗朝，政治清明，国家实力雄厚，越来越多的文人雅士将学习中原文学视作高雅之举。辽圣宗曾"以契丹字译白居易讽谏集，召番臣等读之"⑦ 史籍记

---

① （元）脱脱：《辽史》卷63《世表》，中华书局1974年版。
② 陈述：《全辽文》卷二《银佛背铭》，中华书局1982年版。
③ 《新五代史》卷72，中华书局2015年版。
④ （元）脱脱：《辽史》卷72《义宗倍传》，中华书局1974年版。
⑤ 同上。
⑥ 同上。
⑦ （宋）叶隆礼撰：《契丹国志》卷7《圣宗天辅皇帝》，上海古籍出版社1985年版。

载,圣宗在位期间得到了被历代中原王朝视为正统珍宝的传国玉玺龙颜大悦,并赋诗曰:"一时制美宝,千载助兴王;中原既失守,此宝归北方;子孙当慎守,世业当永昌。"可见辽圣宗一直以来都将自己以中原正统王朝自居,与中原宋廷并无二异。值得一书的是,契丹族有母系氏族的遗存,女性地位比较高。辽道宗第一任皇后萧观音的文学素养更是为人所称道。其中《中国大百科全书·中国文学卷》中辽朝仅列萧观音一人,可见她已经被视作辽代文学的典型代表。萧观音,"工诗,善谈论。自制歌词"[1],她的代表作有《回心院》等,后人都对其作品给予了很高的评价,"怨而不怒,深得词家含蓄之意。斯时柳七之调,尚未行于北国,故萧词大有唐人遗意也。"[2]

结　语

辽朝上下在接受了汉文化的辐射熏陶后,不断从生活细微之处向汉文化过渡以示自己与华夏族同源同溯的历史事实。前面讲过,在文化的涵化变迁过程中,越是表层的文化越容易得到替代,而越是深层内核的文化越保持稳定。而从民族认同理论的角度来说,一个民族认同了另一个民族的文化,也就是认同了这个民族。认同了该民族,也就必然认同了该民族的文化。因为民族文化发生变迁是从里到外、从浅到深、由现象到本质、由形式到内容的变化。这种变迁最先开始于语言、衣食住行等,然后到伦理道德、价值观念、宗教信仰、最后到族属意识。民族认同就是族属意识,是一个民族得以存在的重要保证。需要指出的是,契丹在建国之前就主动自觉吸取着中原优秀的文化,以炎黄后裔华夏子孙的身份自居,但是对于契丹本民族的文化一直有着较高程度的保护和传承,在服装、歌舞、饮食等方面也一定程度影响了中原地区,直至天祚帝被灭国,耶律大石西征,留在中原地界的契丹人才逐渐被融合到了中原地带其他各个民族当中,契丹民族的特征也逐渐消失。

中华民族的优秀文化是各个民族共同创造的优秀文化,汉族与少数民族之间的和、战都属同室操戈,从历时性的角度看都为促进民族融合、文

---

[1] (元)脱脱:《辽史》卷71《后妃传》,中华书局1974年版。
[2] (清)徐釚撰,唐圭璋校注:《词苑丛谈》卷八,上海古籍出版社1981年版。

化交往交流交融提供了历史条件。中原文化以其强大的感染力和亲和力辐射影响周边少数民族,为周边少数民族社会的前进推波助澜。同时,少数民族也在漫长的历史过程中自给自强自谋发展之路,在历史上为开发我国边疆地区做出了不可磨灭的贡献。今日俄罗斯语中的"中国"一词发音Китай,音译即为"契丹",可见当时契丹在欧洲境内的影响。习近平总书记在党的十九大报告中指出:"全面贯彻党的民族政策,深化民族团结进步教育,铸牢中华民族共同体意识,加强各民族交往交流交融,促进各民族像石榴籽一样紧紧抱在一起,共同团结奋斗、共同繁荣发展。"中华民族共同体意识对于国家统一、民族团结具有重要意义。中华民族共同体意识是维护国家统一的思想基础,而维护国家统一是培育中华民族共同体意识的根本原则。实现中华民族伟大复兴的中国梦,是全国各族人民的伟大梦想、共同愿景。实现中华民族伟大复兴的中国梦,增进对新时代我们党进行伟大斗争、建设伟大工程、推进伟大事业、实现伟大梦想这"四个伟大"的认同,需要进一步增进各族群众对伟大祖国、中华民族、中华文化、中国共产党、中国特色社会主义的认同,需要铸牢中华民族共同体意识,打牢各族人民团结奋斗的政治基础、思想基础和社会基础。中华民族的文化是一朵艳丽奇葩,每个民族,不论汉族还是少数民族都是这朵奇葩上的花瓣。时至今日,少数民族的优秀文化依旧在为中华民族复兴的中国梦添姿增彩。在漫长的历史发展中,我国各民族相互依存、休戚与共、水乳交融,繁衍生息在中华大地上,形成了中华民族多元一体的格局。只有认识这种多元一体格局的发展历史,才能更加深刻地认识我国是统一的多民族国家,进一步巩固和发展平等团结互助和谐的社会主义民族关系。

探析"中华民族共有精神家园"的构建基础

马青青*

摘要:"中华民族共有精神家园"的提出,是时代发展的需求,同时也是社会转型时期人心浮躁的镇静剂,更是整个社会秩序井然、稳定发展的重要条件。从字面意思而言,中华民族是主体,主体共同承认并拥护的"精神家园"被称为"中华民族共有精神家园"。"家园"是客观物质世界中人们栖息繁衍之所,而"精神家园"则是主体的精神生息繁衍之所,是客观存在的精神世界。与客观物质世界的家园需要"地基"一样,"精神家园"的构建同样需要基础,稳定的基础是构建"精神家园"的根本保证。只有构建"精神家园"的基础是坚不可摧的,中华民族才能得以凝聚,从而为新时代的事业奋斗,为中华民族的伟大复兴献力。

关键词:中华民族;精神家园;基础

"中华民族共有精神家园"是党的十七大以来明确提出的一种指导概念,这一概念的提出使人们在面对全球化趋势越加显著,市场经济对社会的冲击越加强烈的情况下,找到了方向。可见其积极作用之显著,因此需要将其建立,成为中国民众的精神家园。建立一所物质家园的地基材料很重要,"精神家园"需要建构的基础同样重要,那么什么是基础呢?地基重在稳,重在了解物质家园需要多大的承重后再开始计算地基的材料、重量等。因此,深入探析构建"中华民族共有精神家园"的基础是什么,必须深入理解"中华民族共有精神家园"的概念本身,理解"精神家园"

---

* 作者简介:马青青,女,中南民族大学民族学与社会学学院;专业:马克思主义民族理论与政策。

的内涵与外延。

一　"中华民族共有精神家园"概念界定

(一)"民族"与"中华民族"

从"民族"一词的历史源流来看，在中国古代具有相同意思但有不同称谓①，即在区分"我"与"他者"所使用的称谓，诸如"中国""华夏""中原""东夷""西戎""南蛮""北狄"等，但没有考证表明，民族一词在古代被记载过，只有"氏族""部落"等词有所记载。所以民族一词应从国外传入，而传入的源头有争议之处，一种说法认为，"民族"一词直接来自 1837 年西洋传教士郭实腊编纂的《东西洋考每月统计传》中刊载的文章《乔舒亚降边南国》，因为在这本传教士编译的著作中就出现了"民族"一词。另一种说法认为，我国"民族"一词是从日译西书中转抄过来的。② 还有一种说法认为梁启超、孙中山等中国学者，出于对 18—19 世纪中国与英国、法国和日本等东西方列强的接触过程中引起的反思，认为"民族"一词的出现，是中国人在经历了近代以来的种种屈辱痛苦之后的民族意识觉醒的标志，同时也是争取在国际舞台上独立地位的旗帜与武器。

从"民族"一词的具体概念来看，在梁启超引入的欧洲政治理论家布伦奇利的民族概念中，认为民族必须具有八个因素，即"同一居住地、同一血统、同一肢体形状、同一语言、同一文字、同一宗教、同一生计（经济）"。而后孙中山将民族概念概括为血统、生活、语言、宗教、风俗习惯五个方面。20 世纪 20 年代，斯大林民族概念传入中国，成为中国民族研究领域的核心概念。③ 斯大林的民族概念总结为："民族是人们历史上形成的一个有共同语言、共同地域、共同经济生活以及表现在共同文

---

① 赵璇:《构建当代中华民族共有精神家园》，世界图书出版公司 2014 年版。
② 同上。
③ 乔清举:《关于"中华民族共有精神家园建设"的概念阐释》，《商丘师范学院学报》2010 年第 1 期。

化上共同心理素质的稳定的共同体。"① 中国的《现代汉语词典》对于民族概念的界定大多借鉴于斯大林的民族概念。直到近代斯大林的民族概念都得到了广泛的推崇。但是，到现代社会，中国学者开始反思这一概念对应用中国实际情况是否合适的问题，并且开始关注西方社会的英语语境中 nation/nationality 与 ethnic group 两种概念的区分，②并在"民族"与"族群"概念的使用方面展开了激烈的讨论。"民族"的概念来源也有很多界定，但随着社会的发展，其概念仍然在不断地讨论当中。将"民族"概念提出进行讨论，是为了不让"四万万"中国人成为一盘散沙，为了"四万万"中国人拧成一股绳，共同进步。

"中华民族"一词的首次提出，是在1902年梁启超的《中国学术思想变迁之大势》一文中，而后在1905年撰写的《历史上中国民族之观察》一文中七次使用了"中华民族"一词，但他所指的中华民族是汉族。到1912年孙中山意识到以汉、满、蒙、回、藏为代表的中国各民族是不可分割的。革命党领袖人物黄兴等组织了"中华民国民族大同会"，提出了"民族大同"的主张。在这里"中华民族"是包括汉、满、蒙、回、藏各族在内，而非单指汉族。从此以后，"中华民族"一词作为"以汉族为主体的，一体多元的民族复合体"而广被使用。至近代，"中华民族"用以指称包括历史上居住于当时中国境内的一切民族。中华人民共和国成立以后，经过民族识别，中华民族是中国56个民族的总称。在"中华民族"的发展过程中，这一概念作为指代某一民族或者几个民族的总称，总体来看，仍然是在人类学民族学的范畴内，是中国56个民族的总称。然而，在历史发展阶段，"中华民族"这一概念并不完全指代所有中国民族的总称，中国是一个多民族的国家，国家中的各个民族虽然有其独有的特征，尤其特殊的语言、地域、经济生活以及文化心理等各个方面。但是在国家统一及发展的过程中，早已经呈现出了各民族逐步融合、发展的特征，且日益呈现出了民族共同体的趋势。费孝通先生的"大民族"观有力地回应了"中华民族不是一个民族学意义上真正的民族"的说法，他们的理由是，民族学意义上的民族是在长期的生存发展过程中"自然形成"

---

① 中国社会科学院民族研究所编：《斯大林论民族问题》，民族出版社1990年版，第28页。

② 常宝：《"民族""族群"概念研究及理论维度》，《世界民族》2010年第3期。

的，而中华民族则是近代以来，在"民族—国家"的理想建构中以政治力量促成的民族共同体。因此，中华民族并非社会学和人类学意义上，具有相同血系、语言、住所、习惯、宗教、精神体系的真正民族，而仅仅是一个政治概念，是指国家共同体。在中国的定义既是56个民族的总称，同时也是56个民族的命运共同体。

（二）"共有"

从法律意义上来看，"共有"是指两个或两个以上的权利主体共同享有某项财产的所有权。有其法律特征，按照不同的特征及意义分为按份共有和共同共有。然而"中华民族共有精神家园"所讲的"共有"是一种相互关系的概念，共有人是中华民族，共有财产是精神家园。因此，"共有"的第一层含义是中华民族作为精神家园的主体，对于构建"精神家园"的共同义务，中国的各个民族都有建构"精神家园"的义务。在执行义务的过程中，各个民族之间的多样文化相互包容并存，从而通过自身的相互吸收和融合，进一步丰富和发展自身，从而丰富"精神家园"。"共有"的第二层含义在于"精神家园"是整个中华民族的共同利益，每个民族都有使用精神家园的权利。在社会主义文化面临失去灵魂，显得内容单薄、乏味，缺乏生命力、吸引力之时，中华民族共有精神家园是社会的精神食粮，同时也是中国各民族繁荣发展的希望，所以，"精神家园"是中华民族的共同利益，是中华民族共同拥有且负有共同构建的责任。[①]

（三）"精神家园"

根据此前对于"中华民族"以及"共有"的概念界定，精神家园的具体内涵，实际是一种寄托文化体系之中的，由文化体验、认知模式、价值观念、情感方式、理想信念、信仰体系等要素有机构成的精神文化系统。这一文化系统与中华民族共同体的文化相关，是中国各个民族的文化相互依存、相互协调，内在相关的形成的精神文化体系。因此。精神家园既是中华民族的命运共同体，代表着整个国家的理想与信念，也代表着各个民族的文化价值观念。也是中国56个民族各自的文化底蕴，以及各民

---

① 郝亚明：《少数民族文化与中华民族共有精神家园建设》，《广西民族研究》2009年第1期。

族独有的文化特质，更是每一个普通民众的文化生活，它植根于人们生活的方方面面。而作为中华民族共同承担的义务与共同拥有的权利，精神家园对于中国各民族而言，是一种精神支撑，也是增强民族团结、推动民族发展的精神动力。

就"精神家园"的外延而言，民族文化是"精神家园"的五脏六腑之一，其中包括56个民族的文化，各自发挥作用。各个民族的文化独具特色，不管在吃穿住行、语言、风俗习惯等方面，都具有属于自己民族风骨，包括回族的民间节日"开斋节"；满族长袍马褂、束腰窄袖的服饰文化；锡伯族的语言文字；鄂温克族曾一度失传而后得以恢复的"瑟宾"节，为庆祝节日组织名为"彩虹"的歌舞；鄂伦春族的"摩苏昆"；赫哲族信奉多神的萨满教文化；蒙古族的"那达慕"大会；东乡族音乐、美术、雕刻文化；土族的宗教文化及建筑艺术等；达斡尔族的"洁身祭""依尔登"节日；保安族的民间文学；维吾尔族丰富的服饰、语言、建筑、节日、文学艺术等；哈萨克族的语言服饰、舞蹈、工艺美术等文化，以及"姑娘追"的民间传统娱乐活动等；柯尔克孜族的"阿克托依节"等；撒拉族的服饰、饮食、信仰等；裕固族的游牧文化、民间音乐等；乌孜别克族的"库尔班节"和"肉孜节"，及民族音乐舞蹈等文化；塔塔尔族的乐器；藏族的"藏历年"；土家族民歌、乐器、服饰、舞蹈等；彝族的"毕摩教"宗教文化、医学等；白族的"火把节""绕三灵"等；哈尼族丰富的口头文学；傈僳族的"刀杆节"，以此表达傈僳族"刀山敢上、火海敢闯"的精神；拉祜族的传统信仰；纳西族的"摩梭人"文化；羌族的"青苗会""川主会"等；景颇族的文学艺术；阿昌族的"做摆"节；普米族的"转狮子"；怒族的民族艺术文化；基诺族的"祭大龙""火把节""新米节"等；门巴族受藏族文化深刻影响的民族民间文化；独龙族的采集渔猎文化；珞巴族的狩猎文化；壮族的歌节；傣族每年六月举行的泼水节，以泼水的形式表达相互之间的祝贺；布依族的"牛王节""祭盘古"、卜卦等习俗文化；侗族的吊脚楼文化；水族的手工业文化；毛南族的"分龙节"；仫佬族的"依饭节"；黎族的"三月三"对歌、舞蹈等文化；佤族的"接新水节"等；布朗族的节祭日；苗族历史悠久的音乐舞蹈；瑶族的盘王节、达努节和社王节等；畲族盘瓠崇拜文化；俄罗斯族的语言服饰、礼仪节日等文化；塔吉克族的古尔邦节、肉孜节和圣纪节；高山族，台湾省境内少数民族的统称，其最盛大的节日为"丰年祭";朝鲜族民间的五大节日;仡佬族口耳相传的民间故事传说,以及"三月三"祭山神等文化;汉族文化中的语言文化,即汉语的七大方言。① 还包括儒家文化、道家文化、佛教文化等,也包括了长江、黄河、闽南等地域文化。

以上仅是列举了"精神家园"外延的部分内容,其丰富多彩的程度由此可见。由中华各民族丰富的文化以及民间地域文化构成的"精神家园",必然拥有雄厚的文化底蕴,也能够承担起中华民族认同和推崇的安身立命、心灵慰藉和精神回归的家园的使命。② 但是文化多样性也呈现出了其复杂性且文化的进步必然需要交流,因此,需要稳定的社会环境,需要民族团结。

二 民族团结是构建"中华民族共有精神家园"的基础

从"中华民族共有精神家园"的概念本身及其基本内容出发可以看出,中华民族共同体虽有整体性的概念,但同时也代表着中国的56个民族,56个民族都有属于自己的语言、文化、风俗习惯等,即共性之中仍然保持着个性。个性的极端化容易导致分裂,不稳定的局面,社会不稳定就无法建立家园,必须保证社会稳定,而保持社会稳定的重要因素是民族团结。因此,民族团结是构建中华民族共有精神家园的基础。

如前所述,中华民族是多元文化一体的民族共同体,即各个民族是"共生、共享、共赢"的共同体,分裂就是缺少支撑起家园的柱子,精神家园就不能成形。且对于物质可见的家园来说,坚实的"地基"就是物质家园的基础,那么对于精神家园来说,稳定的社会氛围就是基础,四分五裂的情况必然无法建立"家园",更不用说归属感、认同感和社会责任感。例如"3·14"西藏拉萨暴力犯罪事件以及"9·18"新疆拜城煤矿暴恐事件等,其带来的负面影响是不可估量的,带来的伤害更是不可弥补的。由此带来的恐慌境遇,不仅影响人们的正常经济生

---

① 杨圣敏、于宏:《中国民族志》,中央民族大学出版社2003年版。
② 秦昌荣、胡冬梅:《中华民族共有精神家园建设的民族学思考》,《当代经济》2012年第15期。

活，同时也严重扰乱了社会的正常秩序，不利于民族团结的进一步深入，所造成的不稳定状况也会造成精神家园的构建难以有效进行，甚至无法进行，强制进行的后果也无法真正达到效果。因此，在构建"中华民族共有精神家园"的过程中，必须坚持民族团结这一根本原则，坚持民族团结是基础。

不仅如此，经过中国人民的长期探索和实践，同样认为民族团结是党和人民必须坚持和完善的原则。毛泽东在《关于正确处理人民内部矛盾的问题》中也曾提出，中国人民的社会主义事业需要胜利，必定需要国家的统一，人民的团结以及国内各民族的团结，作为根本保证。① 习近平总书记在中央民族工作会议暨国务院第六次全国民族团结进步表彰大会中提出，"民族团结是我国各族人民的生命线。做好民族工作，最关键的是搞好民族团结，最管用的是争取人心。要正确认识我国民族关系的主流，多看民族团结的光明面；善于团结群众、争取人心，全社会一起做交流、培养、融洽感情的工作；加强各民族交流交往交融，尊重差异、包容多样，让各民族在中华民族大家庭中手足相亲、守望相助；创新载体和方式，引导各族群众牢固树立正确的祖国观、历史观、民族观；用法律来保障民族团结，增强各族群众法律意识；坚决反对大汉族主义和狭隘民族主义，自觉维护国家最高利益和民族团结大局。"② 另外，习近平总书记在党的十九大报告中强调："全面贯彻党的民族政策，深化民族团结进步教育，铸牢中华民族共同体意识，加强各民族交往交流交融，促进各民族像石榴籽一样紧紧抱在一起，共同团结奋斗、共同繁荣发展。"③

由此可见，无论在历史时期，还是在奋勇前进的当前时代，中国在社会主义事业的发展进程中，始终坚持的原则之一，就是坚持民族团结这一根本保证。只有各民族团结一致，才能保证各民族处于稳定有序的社会环境中，从而在井然有序的社会中创造创新民族文化，从而丰富中

---

① 《关于正确处理人民内部矛盾的问题》是毛泽东同志在最高国务会议第十一次（扩大）会议上的讲话。后来毛泽东根据原始记录加以整理，做了若干补充，1957年6月19日在《人民日报》发表。
② 中国西藏网，http://www.tibet.cn。
③ 中国民族宗教网，http://www.mzb.com.cn。

华民族共同拥有且负有责任的"精神家园"的外延。中华民族共有精神家园的建设过程中，其需要的"地基"材料有很多，包括作为纽带的中华民族共同利益，作为灵魂的民族精神等，这些材料的建构可以作为中华民族共有精神家园建设的升华，其中最基础的条件仍然需要稳定的社会环境、构建氛围。所以，保证社会基本稳定是前提，民族团结必须作为中华民族共有精神家园构建的基础，不管作为各民族社会环境井然有序的条件之一，还是作为有利于促进形成中华民族多元一体文化格局，进一步有效构建中华民族共有精神家园建设的必要途径，都必须保证民族团结是构建基础。

结 语

中华民族既具有不可分割的共同体概念，又具有中国 56 个民族总称的概念，"精神家园"由中华民族共同拥有且负有共同构建的责任。由中华民族精神家园的内涵和外延的分析可见，"精神家园"的存在条件是中华民族文化，丰富的民族文化是其产生和存在的前提，且各民族的文化价值观之间相互叠加，呈现出各个民族之间的共有性和牢固性，从而使中华民族共同拥有并负有责任的"精神家园"真正发挥作用。然而各民族之间又具有独特的个性，形成差异，呈现出了充满丰富性、层次性和发展可选择性的精神家园，这一情况虽然保护了中华民族文化，但也明显显露出了弊端，不稳定的因素也将随之发生。然而精神家园的共有性和层次性要求有一个稳定的基础，而这一稳定基础必须是民族团结，因此，民族团结是中华民族共有精神家园的构建基础。

参考文献

赵璇：《构建当代中华民族共有精神家园》，世界图书出版公司 2014 年版。

乔清举：《关于"中华民族共有精神家园建设"的概念阐释》，《商丘师范学院学报》2010 年第 1 期。

费孝通：《中华民族多元一体格局》，中央民族大学出版社 1999 年版。

郝亚明:《少数民族文化与中华民族共有精神家园建设》,《广西民族研究》2009年第1期。

严春友:《"精神家园"综论》,《太原师范学院学报》(社会科学版)2010年第1期。

杨圣敏、于宏:《中国民族志》,中央民族大学出版社2003年版。

构建中华民族共有精神家园

祖钰棋[*]

摘要：文化是民族的精髓，是人民的精神家园。民族精神是中华民族共有精神家园的核心，中国传统文化源远流长、博大精深，勤劳勇敢的劳动人民在长期的社会生产活动中逐渐形成了一系列优秀的文化传统和文化精神。同时，也形成了以爱国主义为核心，团结统一、爱好和平、勤劳勇敢、自强不息的中华民族精神。在全球化背景的大格局下，在保留自身优秀文化的同时不断吸收借鉴其他民族精神的优点，取其精华去其糟粕，凝聚新的中华民族精神形态、构建各民族共有精神家园是实现中华民族的伟大复兴并跻身世界伟大民族之林的必然要求。

关键词：传统文化；精神家园；民族精神

2014年9月28—29日，习近平总书记在中央民族工作会议上强调加强中华民族大团结，长远和根本的是增强文化认同，建设各民族共有精神家园，积极培养中华民族共同体意识，把建设各民族共有精神家园当作战略任务来抓。在信息化、全球化趋势的当今社会，各种文化思想的不断冲击下，人们的信仰、理念、价值观变得更加多元。在统筹推进"五位一体"总体布局和协调推进"四个全面"战略布局的大背景下，统一思想认识，凝聚精神力量，建设中华民族共有精神家园，为实现中华民族伟大复兴中国梦创造良好的思想环境和强有力的精神保障，是管根本、打基础、利长远的大事。

---

[*] 作者简介：祖钰棋，黑龙江大学政府管理学院辅导员。

一　构筑各民族共有精神家园

(一) 中华民族共有精神家园的含义

共有精神家园是社会群体共同的精神归属，直接与人们的物质家园相对应，泛指人们的心灵追求和精神期盼。在更多的场合，则指建立在理性思维和理想信念基础之上的文化认同和精神寄托。精神家园既可以指一个人的精神归宿，也可以用来指一定群体和一定民族的精神世界，等等。①"精神家园"是一个多少带有比喻性的说法，一个国家，一个民族，一个人在精神上有了家，才会有安全感、归属感、自豪感和使命感，才有国家富强、民族振兴、人民富裕的奋斗目标和精神动力，才会不断地产生和强化同呼吸共命运心连心的向心力、凝聚力、创造力。共有精神家园是国之根基，民族之脉。

(二) 构建中华民族共有精神家园的主要内容

中华民族共有精神家园是中华民族在长期的生产生活过程中形成和发展起来的，为各民族人民所共同认同和遵循。中华民族共有精神家园的形成和发展是与时俱进、不断丰富的过程，其中，传统文化为中华民族共有精神家园奠定了基础，近代民族抗争和社会主义革命建设实践丰富和发展了中华民族共有精神家园。

古代传统文化奠定了中华民族共有精神家园的基础，中华民族是唯一传承至今的文明古国，具有五千年的历史文化积淀，中华民族广大人民的辛勤劳动铸造了辉煌的中华文明，逐渐形成了爱国重民、崇德尚义、自强不息、贵和包容的精神气质，提供了孕育中华民族共有精神家园的思想土壤，奠定了中华民族共有精神家园的基础内容。近代民族抗争为中华民族共有精神家园增添了新的元素，19世纪中期，外国列强为了开拓市场，掠夺资源，用大炮轰开了中国的国门，给中国带来了鸦片、屈辱和血

---

① 欧阳康：《中华民族共有精神家园如何构建》，《光明日报》2012年2月28日。

泪。① 隆隆的炮声惊醒了中国人，面对严峻的民族危机，中华民族的有识之士开始寻求富国强兵之道。中华民族共有精神家园进入由传统向近代的转型，既继承了古代民族精神，又吸收了西方民族精神的优秀基因，发展了爱国、自强、民主、科学的精神风貌。总之，这一时期，近代与传统、东方和西方的碰撞与融合，为中华民族共有精神家园注入了新鲜的内容，极大地丰富了中华民族共有精神家园的内涵。社会主义革命和建设实践进一步发展了中华民族共有精神家园，中华民族共有精神家园，孕育于古代优秀传统文化之中，在近代民族抗争、社会主义革命和建设的伟大实践中不断注入新的内容。通过对中华民族共有精神家园的内容与发展的分析，我们可以看出，中华民族共有精神家园是不断发展、不断丰富的，在此，笔者对其做一个总结性的定义：中华民族共有精神家园是中华各民族在生存和发展的实践活动中，共建、共识、共享的民族体验、民族文化、思维模式、价值观念等一切文明成果的总和，是中华民族团结统一的纽带，兴旺发达的动力，安身立命的支柱。

二 中华民族共有精神家园的当代价值

(一) 促进人的发展

中华民族共有精神家园的创造者和服务对象都是现实生活中的活生生的人，中华民族共有精神家园的价值正是促进人的全面发展。然而，我国现在既面临内部的社会转型，又要面对来自外部的异质文化的影响。由此产生了许多精神层面的问题，中华民族共有精神家园的构建成为迫切的现实需求。中华民族共有精神家园对于中国人有高度的文化契合度和认同感，人民群众更容易感受到中华民族共有精神家园内在的精神抚慰，缓解心灵疲惫。近年来，国学热悄然兴起，传统文化受到热捧，人们通过阅读经典著作和影视资料，学习和践行传统文化中的传统美德，既能够修身养性，还有助于同他人形成和谐的人际关系。从本质上说，中华民族共有精神家园的培育利于缓解国人的焦虑心理，保持身心健康。

---

① 李龙：《中华民族共有精神家园及其当代构建研究》，中共中央党校出版社2016年版，第18页。

(二) 促进社会的和谐发展

中华民族共有精神家园的建设是建立在整合全体成员共同意愿的基础上，推动社会的进步与发展也是中华民族共有精神家园的应有之义。中华民族共有精神家园可以促进社会和谐发展，为全面建成小康社会提供精神支撑和保障。中华民族共有精神家园的建设是全面建成小康社会的重要精神保障。全面小康社会的建设，需要高度的精神文明为经济发展和社会进步提供精神支持和强大推动力。缺少这个支持和动力，全面小康社会是不可能建设成功的。能否实现全面建成小康社会，在很大程度上取决于中华民族是否具有朝气蓬勃、乐观积极的精神状态和强大的推动力。

(三) 有利于国家的安全与发展

中华民族共有精神家园是整个中华民族的共同精神财富，不仅能够促进个人和社会的发展，还是整个民族与国家兴旺发达的力量源泉。当今世界，国际局势风云变幻，国家之间的竞争越来越激烈。中华民族要想实现真正的崛起，不仅要在经济上取得发展，更要有高昂的民族精神、强大的民族凝聚力和文化影响力作为其内在的支撑和动力。中华民族共有精神家园是建立在全体中华民族成员共同利益、共同理想、共同精神的基础之上的，在这个共同的基础上，就会形成一种合力，可以带领中华民族取得各项社会主义事业的成功。建设中华民族共有精神家园能够有力地增强民族凝聚力，培养全体成员的归属感和荣誉感，提高民族竞争力。[①]

三 构建中华民族共有精神家园的具体路径

(一) 发挥党的领导作用，坚持马克思主义的指导性地位

中国共产党是社会主义事业的领导者和中流砥柱，是具有远大战略目光和科学执政能力的政党，中华民族共有精神家园的构建，离不开中国共产党的领导。中国共产党的执政地位是历史和人民的选择，中国共产党是

---

① 杨东东：《增进"五个认同"构建各民族共有精神家园》，《赤峰学院学报》（汉文哲学社会科学版）2017年第9期。

一个先进的政党,有义务也有能力领导中国人民全面建成小康社会,把我国建设成文化强国,精神强国。中国共产党在继承了优秀传统文化的基础上,结合革命和建设的实践活动,不断丰富和发展中华民族共有精神家园。所以,建设中华民族共有精神家园不仅仅是继承前人的文明成果,也包括党领导人民在不同历史环境下由实践升华带来的精神文化。因此,建设中华民族共有精神家园必须突出党的领导核心作用,才能凝聚民心,获得成功。

(二) 继承和发扬传统文化

传统文化是一个民族的灵魂,中国作为世界上唯一连续传承数千年而不绝的文明古国,它孕育的文化更是底蕴厚重、源远流长。中华民族共有精神家园的构建必须立足于传统文化的基础之上,这是中华民族共有精神家园的根。中华文明是中华民族数千年来能够始终屹立于世界民族之林的根基所在。建设中华民族共有精神家园,必须积极地从传统文化中吸取精华并依此来充实和完善中华民族共有精神家园。除此之外,还要注重结合时代特征,吸收新元素,对传统文化进行创新和发展。文化的发展不能孤芳自赏,必须互相交流,取长补短,以海纳百川的气魄不断壮大自己。

(三) 加大文化建设投入,促进文化产业健康发展

社会是一个有机的系统,文化是这个系统中重要的一环。文化肩负着对社会成员的培育和教化作用。文化还是中华民族共有精神家园的载体,缺少了健康繁荣的文化氛围,就谈不上发展中华民族共有精神家园。发展文化产业是在社会主义市场经济的背景下,繁荣文化市场,满足群众精神需求的必然选择。中华人民共和国成立之初,群众革命热情高涨,文化由于政治的要求,形成了比较单一的红色文化氛围,红色文化有利于祖国的统一和社会稳定,但是却单调而枯燥,不能满足人们日益增长的精神文化生活需求。改革开放以后,我国经济迅速发展,文化产业也随之开始进入百花齐放的繁荣时期。[①] 但是,随着文化产业的快速发展,也出现了很多问题。经济商品的逻辑思维被扭曲和套用到文化商品上,有些企业为了迎合消费者趣味,不顾行业道德底线,一味地追求利益,导致大量商业性、

[①] 胡清惠:《建设各民族共有精神家园》,《内蒙古日报》(汉) 2017 年 6 月 5 日。

功利性的文化产品充斥文化市场，缺乏优秀的、有内涵的、有深度的、能够发人深省、提升精神素养的好作品。西方借助先进的技术和雄厚的经济基础，利用文化产业对发展中国家进行文化殖民。我国作为最大的发展中国家，正处于崛起的关键时期，必须大力发展文化产业，积极学习西方先进的经验和管理体制，利用好民族文化资源，守卫我国的文化阵地，确保文化安全，提高人们精神文化生活水平。

参考文献

郝亚明：《论中华民族共有精神家园的功能定位》，《北方民族大学学报》2011年第2期。

周伟洲：《中华文化与中华民族共有精神家园的建设》，《民族研究》2008年第4期。

韩振峰：《中华民族共有精神家园及其构建途径》，《中州学刊》2009年第4期。

王燕京：《中华民族共有精神家园：理论蕴涵与建设路径》，《江西社会科学》2009年第3期。

欧阳康：《中华民族共有精神家园如何构建》，《光明日报》2012年2月28日。

郑晓云：《中华民族认同与中华民族21世纪的强盛——兼论祖国统一》，《云南社会科学》2002年第6期。

黄宁：《社会道德危机探源》，《西南民族大学学报》2005年第8期。

严春友：《精神家园综论》，《太原师范学院学报》2010年第1期。

和谐共生——共有精神家园的重要组成部分

钟晓焘*

摘要：我国藏民族在其独特的生存环境、生活方式背景下，在宗教信仰、生活习惯等方面形成了特殊的禁忌习俗。禁忌主要包含两方面内容：一是因内心的恐慌和畏惧，对具有神圣、圣洁内涵的事物表示敬畏。如果打破这种禁忌将被认为是亵渎行为，会遭受惩罚。反之，认为遵循禁忌会带来善果。二是不随意接触污秽、危险之物，认为违反这种禁忌将招来不幸。藏族的自然禁忌既源于对自然的敬畏和崇拜，又同保护自然与自然和谐相处的思想紧密联系。与自然和谐相处、构建社会主义和谐社会是中华民族共同的价值追求，继而也是中华民族共有精神家园的一部分。

关键词：藏族；自然禁忌；和谐共生；精神家园

"精神家园"一般来说指的是人们精神生活、精神支柱、精神动力和精神信仰的总和。一个民族的共同精神家园是由这个民族共同的文化根基、共同的时代精神和共同的价值目标所构成的。随着人类社会活动的日益频繁和经济、社会的不断发展，全球性生态环境遭到严重破坏。特别是对草原、森林、河道、矿山的过度开发利用，自然环境的破坏程度愈加严重。与自然和谐相处、构建社会主义和谐社会便成了中华民族共同的价值追求。近些年来，我国藏区生态环境恶化的态势同样不断加剧，人与资源、环境的矛盾也日益凸显。对此，国家高度重视，实施了一系列有关保护生态环境的策略。习近平总书记在党的十八大报告中也明确提出，建设中国特色社会主义事业总体布局由经济、政治、文化、社会建设"四位

---

* 作者简介：钟晓焘，西北民族大学2016级研究生。

一体"拓展为包含生态文明建设在内的"五位一体"总布局。我国藏族人民生活在青藏高原,他们以其独特的方式保护着高原脆弱的生态环境。同时,他们以质朴的心态,在这艰苦的环境中体会万物的恩泽,并且用善待万物、和谐共生的理念爱护生存的家园。生态保护这一理念也自然而然地体现在藏民族的文化习俗之中,其中与之联系最为紧密的就是藏族自然禁忌习俗。本文试图从藏族的自然禁忌入手,思考其中蕴含的生态理念以及对生态保护的作用,以期为构建生态文明与社会和谐,实现美丽"中国梦",共创中华民族共有精神家园提供启示和借鉴。

一 禁忌的含义

"禁忌"是人类社会普遍具有的文化现象和精神习俗,学术界称这种现象或习俗为"塔布"(Taboo 或 Ta-bu),它源于波利尼西亚群岛的土语,含有"神圣的"和"不可接触的"意义。汤加岛人信仰并崇拜一种称作"玛纳"(Mana)的神秘力量,认为凡是具有这种力量的人和事物都很神圣而且不可触及,并称作"塔布"。但禁忌也不仅仅是在太平洋群岛上才有,目前世界上所有的民族都有禁忌习俗。在我国,"禁忌"一词最早记载于《汉书·艺文志·阴阳家》:"及拘者为之,则牵于禁忌,泥与小数,舍人事而任鬼神"。从那时起,禁忌就已经和宗教、祭祀等现象掺杂联系在一起。当今,一些古老的宗教禁忌已成为人们的生活习惯,渗透到人们日常生活的方方面面。同时,"禁忌"已成为当今人类学、民俗学以及宗教学的通用词语,也是这些学科的重要研究领域。① 我们从藏族发展的历史看,禁忌文化大多数与宗教信仰具有密切关系。人们在日积月累的生产与生活中,形成了有利于自然环境保护和人们日常生活的一些禁忌,这些禁忌以习惯法或乡规民约的形式规范和制约着人们的生产与生活。

二 藏族自然禁忌的来源

世界上每个民族的禁忌习俗的形成都不是凭空而来,而是有其丰富的

---

① 王建中:《禁忌与中国文化》,人民出版社 2001 年版,第 3—4 页。

文化内涵和根源。它包括了这个民族的生活与生产环境、道德观念、生活习惯、宗教信仰特点等。其中一些禁忌习俗对当今社会还仍然起重要作用。我国藏族的禁忌习俗较为丰富，来源也很纷繁。从宗教信仰的角度讲，藏族自然禁忌习俗主要来源于苯教和藏传佛教。

一是源于苯教信仰。苯教别称本教，由于信徒头戴黑巾，又称黑教。佛教传入西藏之前，苯教巫教就作为一种巫教，流行于我国大部分藏区。苯教最核心的观念就是"万物有灵"，这一观念使得藏族民众敬畏一切有灵之物，生产生活中表现在对天地日月、山石鸟兽、风雨雷电等各种自然物和自然界神灵的崇拜。他们采取祭祀和祈求的方式，对这些神灵表示感激和敬畏。为了不惹怒神灵和对神灵表示尊重，他们产生了许多禁忌，将山称为神山，流水和湖泊称为神水、神湖，对这些地方还要好好地敬奉。为了不冒犯和亵渎这些神山神湖，便禁止在山上开垦种植、砍伐树木、捕捉鸟兽，禁止在湖里捕鱼、倾倒污秽之物等。如有冒犯，这些神灵便会通过打雷、下冰雹、发洪水、降害虫等方式破坏人们赖以生存的家园和土地。人们认为这些都是神灵的作用。这种神灵观念在《格萨尔王传》等文献中都有记述。可见，原始苯教信仰是藏族自然禁忌形成的第一个来源。

二是源于藏传佛教信仰。藏传佛教全面吸收了佛陀教义的精髓，承袭了印度显密佛法的学统。① 其中的禁忌习俗都是围绕保护一切生灵而衍生的，它的理论来源于佛教中的"利益众生""慈悲为怀""知恩图报"等思想，这些思想根源又源自"菩提心"。认为人要行善积德，不能做害己害人之事，善有善报恶有恶报，不能欺凌一切生物。人作为最高级和最文明的动物不能欺凌和奴役任何生灵，要对他们一视同仁，做到尊重和爱护。不能损害任何一个生命，无论是大的牦牛还是小的虫子。藏传佛教还认为植物也有生命，它从发芽生长到枯萎的历程也是一种生命运动的过程，它们的生命短暂而脆弱，人类不能加以破坏。这些禁忌从藏传佛教中的"十善法"以及爱心教育理念等方面都体现出了理论依据。因此，藏传佛教禁忌习俗也可看作是藏族自然禁忌形成的另一来源。

---

① 多识仁波切：《佛教理论框架》，甘肃民族出版社2002年版，第4—5页。

三　藏族自然禁忌的主要表现

宗教信仰在藏族日常生产生活中起着至关重要的作用。苯教中的"万物有灵"思想、藏传佛教中的众生平等、慈悲为怀思想，使藏族民众产生了忌杀生、护万物的认知理念。另外，千百年来由于藏族民众生活在青藏高原，地高山险、气候严寒，人们常常遭受冰雪风暴、山崩、泥石流等自然灾害威胁，生存条件十分恶劣。对于人类难以触及和到达的神山、圣湖、草地等自然而然就产生了崇拜与敬畏之心。因而，藏族的自然禁忌也主要集中表现在忌杀生、忌神山动土、忌乱砍滥伐、忌触动圣湖等方面。

忌杀生。在藏传佛教思想中，一切有情众生都是平等的。对于伤害任何生命体的行为都会遭到人们的唾弃和指责。对于世间的一切生命体，大到凶猛的野兽，小到鱼虾、昆虫，凡是天上飞的和地上爬的都不能随意捕杀。就算是维持基本生存而食用的牛羊等，都是请专门的屠夫宰杀，事前还需要经过一定的宗教仪式进行赎罪，不然会罪孽深重。对于鸟类是严格禁止捕杀的，就连鸟窝也不能碰，认为里面有鸟蛋，捣毁鸟窝不仅破坏了它们的住所，还间接杀害了幼鸟；坚决禁忌捕杀神兽，如熊、雪狮、野牦牛等；对于狗和放生羊、放生牛也是严格禁止捕杀的，应当任其自然死亡；对于水中的鱼虾也不能随意捕食；地上的蚂蚁等小虫子不能随意踩死；空中飞的苍蝇、蚊子不能拍死，等等。

对神山的禁忌。在藏区几乎每个部落都有一座供养的神山，或者是几个部落共同供养一座神山。当地人们对神山是非常崇拜的，会定期举行煨桑和祭祀活动。对于山上的花草树木也是禁止采摘和砍伐，山里的飞禽走兽也禁止捕杀，禁止在山上挖土开垦，禁止把污浊之物带上山，也不能将山上的任何东西带回家里，等等。

对圣湖、河流的禁忌。认为圣湖、河流无私地养育了一切生灵。因此在藏民众心目中都形成了不成文的共识和规定：禁止将污秽之物倒入湖水、河流之中；禁止在河流和泉眼边随意大小便；禁止在湖中及河水里洗衣服；禁止捕捉河中的鱼虾，等等。

忌乱砍滥伐。藏区地处高海拔地区，自然环境差，植被脆弱，遇到雨季，滑坡、泥石流时有发生，保持山中水土平衡全靠为数不多的树木和草地。在藏族人民心目中早就形成了禁止在山中砍伐树木、过度放牧等破坏草地的生态保护意识。

忌动土。对于土地的禁忌，一般在牧区和农业区有些不同。在牧区，人们恪守着"不动土"的原则，禁止在草地上随意挖掘，以免伤害草原土地之肤肌。同时，禁止夏季牧场搬迁。在农区，由于生活的需要不得不垦地种植，内心为了表达对土地的珍惜和对土地神的畏惧，必须在事先祈求土地神才能动土。对于随意挖掘土地的行为也是禁止的。还要保持土地的纯洁性，禁止在土地里乱扔、乱挖、焚烧污秽等不洁之物……①

四 藏族自然禁忌中的和谐共生理念

禁忌习俗属于精神领域，它的产生和发展都符合人们心中的某些特殊心态，体现出一定的现实意义。藏族由于其独特的生存环境、生活方式、宗教信仰、道德观念，形成了一套完整的禁忌习俗，一些禁忌习俗还影响藏区民众的生产生活。在经济社会高速发展的今天，藏族地区与其他地区一样，人们一方面要追求经济发展，另一方面付出破坏生态环境的代价。因此，要全面实施可持续发展战略，必须处理好经济发展与保护生态环境的关系，做到人与自然和谐相处，还人类自身生存一片蓝天和净土。历史实践充分证明，藏族的自然禁忌就蕴含深厚的生态保护理念，其中很多处理人与自然的积极思想值得我们今天学习和借鉴。

1. 尊重生命，亲和自然。尊重生命，亲和自然是藏族生态理念中最基本的特征。在藏族民众心中，大自然是非常神圣的、不会轻易被破坏和改变的，人们必须充分尊重和保护自然，与自然和谐相处，否则就会受到大自然的惩罚。藏族人民认为，一切生灵都是平等的，都不能随意捕杀。亲和自然，但不能破坏自然。对于大自然的保护，首先要维护大自然的原貌，尽可能地不去动它。将山水视为神山圣湖，遵守禁忌规范，以免触犯大自然。高海拔的环境，动植物的生存本来就不易，能活下来就实属幸运，人类更不能残害它们的生命。世间一切物质的存在都是合理的，同人

---

① 南文渊：《论藏区自然禁忌及其对生态环境的保护作用》，《西北民族研究》2001年第3期。

类一样，动植物也有其享受生活、追求幸福的权利，人类应该尊重每一个生命体。就当今社会现实而言，禁止杀生是有利于保护野生动物的，禁止砍伐树木是有利于涵养水分和保持水土的。

2. 万物有灵，和谐共生。藏族的生态观里就蕴含与自然保持平衡、和谐共生的理念。藏族的先民认为，人的灵魂是和世间万事万物相通的，若灵魂不受迫害，生命就永存不息。若灵魂遭受破坏，人的生命也就随之而去。认为生存在高原的人类是特殊的生灵物种也受到高原其他物种的影响和制约，一旦生物链条中的一个环节遭到破坏，作为生物链上的人自然会遭受毁灭性的打击。高原上的藏族民众认识到了这一点，禁止将污浊之物倾倒在土地和湖泊河流中，禁止胡乱开垦土地，禁止捕捉鱼虾，等等。藏族的这些禁忌文化不仅对所有动物持怜悯与珍爱之心，而且对人类生存环境中的花草树木、山川河流都予以保护，这对藏区保护自然、维护生态平衡、促进人与自然的和谐发展起重要作用。这些贡献不仅对藏区的环境保护起重要作用，而且"产生的贡献将在藏区未来的发展和建设中"得到充分显现。[①]

3. 合理利用，持续发展。千百年来，藏族民众始终生活在青藏高原上，为了与高原的生态环境相适应，他们在生活中主张节制与合理利用自然资源，以维持高原的生态平衡。藏族的生产始于农业生产，但现实是以牧业生产为主，兼顾小部分的农业和半农半牧生产。在游牧生产中，逐水草而居，追逐四季的变化规律，巧妙地利用季节和气候变化以及草场分布规律，使牲畜在得到喂养的同时，草地也得到了休养。在农耕生产中，主要是"靠天吃饭"，农田的布局也是立体的形式，与草场有严格的界线。在耕种过程中使用的全部是农家肥，不会污染土地。对土地还实行轮休制，基本上实行三年休一或者是耕二休一制。另外，藏区的农田主要在山沟里，一般不进行专门灌溉，这样就避免了对土地的冲刷与破坏。以上传统与禁忌充分体现藏族人民在改造自然、征服自然的社会实践中形成和秉承的可持续发展与保护生态环境的理念。

---

① 华锐·东智：《浅论藏族传统的禁忌文化对生态环境和精神文明建设的积极贡献》，《西北民族研究》2003年第1期。

结　语

综上所述，我国藏族的自然禁忌主要源于苯教的"万物有灵"思想和藏传佛教中的"众生平等""因果报应"等理念。在日常的生产生活中，藏族人民都以这些思想和理念为行为准则，不断规范自己的一言一行。在新的历史条件下，经济建设和科学技术的高速发展，人类对自然资源的开发和利用，对自然生态的破坏日趋严重，特别是在开垦草地、毁林填湖、污染环境等方面付出的代价更大。而藏族人民将敬畏自然、和谐共生的思想观念贯穿于日常生活的方方面面，保护生态环境成为了广大民众日常生活的自觉行为，因而使藏区的生态环境一直得到良好保护。

我们从世界经济发展的历史看，许多发达国家走的是"先污染后治理"的路子，虽然在短期内看取得了一定的经济效益，但是对环境的破坏是难以修复的。事实证明，藏族人民的自然禁忌是十分有利于生态环境保护的。它不仅仅提倡仁爱、平等、奉献，还注重人与自然的和谐相处，在满足自身发展需求的同时，考虑子孙后代的长远利益。如今，我国内地许多地方的生态环境都遭受严重破坏，但藏区依然是山清水秀、蓝天白云，成为最后的净土。党的十八大报告中明确提出要加快生态文明建设，构建和谐社会，实现美丽中国梦的发展理念。藏族的自然禁忌对于维持生态平衡、保护生态环境、落实科学发展观、实现美丽中国梦起到不可或缺的重要作用。我们应当积极倡导这种优秀传统文化，不断提高全民族的生态保护意识，在真正意义上实现人与自然的和谐发展。和谐共生，这也是中华民族共有的传统美德和共有精神家园中不可或缺的一部分。

参考文献

赵杰：《中华民族共有精神家园论》，人民出版社 2012 年版。

王建中：《禁忌与中国文化》，人民出版社 2001 年版。

南文渊：《藏族生态伦理》，民族出版社 2007 年版。

达瓦卓玛：《试析藏族禁忌习俗的来源》，《西藏艺术研究》2001 年第 2 期。

洲塔：《崇山祭神——论藏族神山观念对生态保护的客观作用》，《甘肃社会科学》2010年第3期。

李清源:《藏区生态和谐发展与藏族生态伦理文化》,《社科纵横》2008年第3期。

索南草:《藏族习俗文化中的环保理念》,《西藏大学学报》2004年。

贾秀兰、唐剑:《藏族传统文化与四川藏区生态和谐发展研究》,《西南民族大学学报》(人文社会科学版)2011年第6期。

中华民族共有精神家园建设中发挥少数民族文化作用的路径分析

丁 玫[*]

摘要：中华民族共有精神家园是 56 个民族共同的文化根基、共同的价值观念和共同的时代精神所构成的，中华民族共有精神家园的构建进一步丰富了我国各民族的精神文化生活，推进民族文化繁荣向前发展。因此，构筑中华民族共有精神家园建设进程中厘清基本概念，保护民族传统文化和民族文化创新之间的关系；尊重差异、包容多样，注重吸收少数民族优秀传统文化；正确引导宗教文化与社会主义社会相适应；大力发展和繁荣少数民族文化产业。促进各民族团结奋斗，遵循基本原则，真正打造一个适应中国国情、民情赖以生存和发展的精神支柱。

关键词：中华民族；共有精神家园；民族文化

2014 年 9 月，习近平总书记在中央民族工作会议上强调："长远和根本的是增强文化认同，建设各民族共有精神家园，积极培养中华民族共同体意识。"[①] 在协调推进"四个全面"战略布局的大背景下，建设中华民族共有精神家园不仅可以为之凝聚共识，更可以为之提供动力，建设中华民族共有精神家园亦是实现中华民族伟大复兴的必要途径。

党的十八届五中全会提出了五大发展理念，其中共享发展理念尤具时代特色。[②] 习近平同志强调："全面深化改革必须着眼创造更加公平正义

---

[*] 作者简介：丁玫，女，西北民族大学 2016 级马克思主义民族理论与政策专业研究生。
[①] 《中央民族工作会议暨国务院第六次全国民族团结进步表彰大会在北京举行》，《人民日报》2014 年 9 月 30 日。
[②] 孙肖远：《共享发展理念的理论内涵与实践价值》，《科学社会主义》2016 年第 4 期。

的社会环境，不断克服各种有违公平正义的现象，使改革发展成果更多更公平惠及全体人民。"共享发展理念着眼于让全体人民共享发展成果，这一理念的提出，对于理解中华民族共有精神家园具有重要的意义。

当今世界各国都在依据本国的历史背景和文化传统完善精神文明建设体系，以文化的发展来解决在社会发展过程中遇到的诸多问题，以便形成人人乐于追求的理想生活状态，人人向往的精神境界，从而形成良好的社会风气。建设中华民族共有精神家园，弘扬中华文化，真实地反映出新时期新形势下，党和国家对我国文化发展的重视和迫切愿景，更反映出民族文化认同对中华民族共有精神家园建设的重要作用。以中华民族共有精神家园建设来解决人们的精神需求，提高人们的道德境界和精神生活质量，使人们共享文化发展成果，共建精神皈依。

在几千年文明的历史长河中，我国各少数民族和汉族一样形成了自己民族特有的风俗习惯，创造了自己独特的民族传统文化。当前正处于我国大力强调弘扬中华文化、建设中华民族共有精神家园的特殊时期，我们如何充分发挥民族文化认同以及少数民族文化在中华民族共有精神家园建设中的作用，这是值得我们研究的一个重要的课题。

习近平总书记在第四次中央民族工作会议上明确指出："加强中华民族大团结，长远和根本的是增强文化认同，建设各民族共有精神家园，积极培养中华民族共同体意识。"[①] 这一重大思想无疑具有未雨绸缪的文化战略意义。标志我国对民族团结和发展关系有了更深层次的认识，宣示了解决文化认同问题是做好新时期民族工作的关键所在。

一 中华民族共有精神家园概念研究综述

自 2007 年提出"建设中华民族共有精神家园"以来，学术界对其进行了一系列的研究，伴随习近平总书记在 2014 年重新强调之后，学术界对中华民族共有精神家园的研究日益深入。不同研究领域的学者从不同的角度对中华民族共有精神家园的概念进行了研究，其中较有代表性的有：

李德顺认为所谓中华民族共有精神家园，应该就是指中华民族这个共

---

① 《中央民族工作会议暨国务院第六次全国民族团结进步表彰大会在北京举行》，《人民日报》2014 年 9 月 30 日。

同体所拥有和依托的精神家园，是指这个共同体历史形成并发展的、具有精神支撑功能的精神文化系统，是成为全体民族成员精神生活依托和归宿的一个文化空间。①

高永久、陈纪认为全面理解中华民族共有精神家园的含义，应对"中华民族""精神家园"和"共有"这三个基本概念进行分析，同时也应把这三者作为一个统一体予以把握。社会主义核心价值体系的要求、内核、内容反映了中华民族共有精神家园的价值核心。②

韩振峰认为中华民族共有精神家园是整个中华民族共同依托、共同传承、共同发扬的文化精神、价值观念和情感态度的总和。中华民族是一个大家庭，中华民族共有精神家园就是中华民族这个大家庭所共有的精神家园。③

向玉乔认为中华民族共有精神家园是整个中华民族可以共同依托、愿意共同传承、乐于共同发扬的文化精神、价值观念和情感态度的总和，是中华民族赖以生存和发展的精神财富，是中华民族生生不息、团结奋进的精神动力。④

可以看出，学者们对中华民族共有精神家园的概念基本上达成了一致看法，高永久、陈纪更是将中华民族共有精神家园分解成三个基本概念，并给出了自己的解释，将概念研究向前推进了一步。

二　共享理念下中华民族共有精神家园核心概念

现有研究中，对中华民族共有精神家园的核心概念（即"中华民族""共有"和"精神家园"）的研究还存在可以拓展的方面。由于"中华民族"这一概念在历史上就已经发生过较大范围的讨论而使得学术界对其认识趋于统一，在"中华民族是由各民族共同组成"这一点上也已经基本达成共识。在对另两个核心概念的阐释方面，还存在一些不足。核心

---

① 李德顺：《关于"共有精神家园"的几点思考》，《北京日报》2009 年 4 月 20 日。
② 高永久、陈纪：《论中华民族共有精神家园的内涵与价值核心》，《科学社会主义》2008 年第 2 期。
③ 韩振峰：《中华民族共有精神家园》，《光明日报》2011 年 11 月 29 日。
④ 向玉乔：《论中华民族共有精神家园》，《湖南师范大学社会科学学报》2010 年第 4 期。

概念的不同阐释和理解，可能导致建设的走向、路径和目标产生较大的不同，因此有必要对中华民族共有精神家园的另两个核心概念，即"共有"和"精神家园"这两个核心概念进行再进一步的阐释。共享发展理念为正确理解这两个核心概念起到了很好的指引作用。

（一）"共有"："共同拥有"还是"共同享有"

1. "共同拥有"

共有，是中华民族共有精神家园的核心概念之一。现有研究中，比较有代表性的观点是认为共有的实质应当是我国56个民族文化的相互融合，是各民族文化的"交集"，并指出交集是一个数学概念，是指两个数集的集合中存在相同的数集。① 用通俗话语来说，就是你有的我也有，我有的你也有，只有你我同时都有，才能被称为"共有"。笔者认为，在这层意义上"共有"也可以解释为"共同拥有"，强调的是56个民族共同拥有的一些文化特质。把它放在中华民族共有精神家园中去，不难推导出中华民族共有精神家园的内容就是各民族都共同拥有的一些文化及精神层面的共性。据此就能够比较清楚地得出"社会主义核心价值体系的要求、内核、内容反映了中华民族共有精神家园的价值核心"的结论。

笔者十分赞同上述两位老师对"共有"概念的解释，各民族"共同拥有"的部分必然是一些核心的价值观念。我们今天的社会主义核心价值体系已经对其进行了概括和总结，作为中华民族共有精神家园最核心部分的，一定是社会主义核心价值体系，这个结论是正确的。但是，同时笔者认为虽然这个结论是正确的，但是就建设中华民族共有精神家园的目的而言，还存在诸多需要明确的地方。比如，如果深究起来，为什么要建设中华民族共有精神家园呢？"首要目标是构建一种全体国民共享的国家认同文化。"② 这种国家认同文化的基础，必然不只是包含价值核心，还应该有更加广泛的内涵，应该是包含了各民族优秀传统文化的内容。因此，

---

① 高永久、陈纪：《论中华民族共有精神家园的内涵与价值核心》，《科学社会主义》2008年第2期。

② 郝亚明：《论中华民族共有精神家园的功能定位》，《北方民族大学学报》（哲学社会科学版）2011年第2期。

在现有研究的基础上，对"共有"的概念内涵还有必要进行更加深入的探寻。而无疑新发展理念的提出，尤其是"共享"理念的提出，为深入理解"共有"指明了方向。

2．"共同享有"

笔者认为采用法律范畴的共有概念可能会更加准确，更加切合实际。就法律层面而言，与单独所有比较来说，共有的含义是指多数人共同享有某物的所有权，多数人则称为共有人，某物即为共有物，一般情况下多用在财产权的概念领域。① 在此种视角下，"共有"的意思更为鲜明地表现为"共同享有"，主要指的是所有权的范畴。物权法对所有权的规定如下：所有权人"依法享有占有、使用、收益和处分的权利"。通俗来说，就是一件事物既是你的，也是我的，你可以使用，我也可以使用，每个人都可以选择使用，每个人也都可以选择不用。在现实中，此种共有关系广泛存在，尤其是在民族文化领域。在我国，因为各民族的居住具有交错混杂的特点，我国的民族关系又是平等团结互助和谐的，这就使在现实中同一地区的不同民族共同享有一种特定文化的现象大量存在。比如居于同一地区的不同民族共同享有某一种特定的食物，共同遵守某一种特定的风俗习惯，等等。这是民族交往交流的结果，而这种共同享有的发生，也会更加促进民族交往交流的良性互动，从而可以为增强中华民族凝聚力提供必要条件。

"共有"关系不仅应该是"共同拥有"而且应该是"共同享有"。将"共有"解释为"共同享有"，不是否定"共同拥有"，而是对"共同拥有"的扩展和有益补充。添加"共同享有"的解释可以极大拓展中华民族共有精神家园的想象空间，可以极大丰富中华民族共有精神家园的内涵。不再要求必须"共同拥有"，只需要一方有，其他人都可以分享，与之"共同享有"。如此一来，各个民族的优秀文化都可以装入"中华民族共有精神家园"这个大家园里面，中华民族的全体成员都可以共同享有。"共同拥有"和"共同享有"这两种解释之和，才是"共有"应该有的真实含义。

此外，还可以从"特性"与"共性"的对比角度来理解不同层次的"共有"概念。每个民族都有其独特的民族文化，是其"特性"。而作为

---

① 彭谦、周松：《努力建设中华民族共有精神家园》，《中国民族报》2015年5月15日。

人类的一员，作为一种人们共同体，又会存在一定的"共性"文化，这部分即是"共同拥有"。但"共有"并不只有这一个层次。建设中华民族共有精神家园，自然应该包含起到支柱作用的"共性"文化，除此之外，各民族的优秀民族文化都会被吸收和借鉴，这些优秀文化就是各民族特有的优秀文化，即"特性"。而一旦中华共有精神家园完美建立起来，无论是"特性"还是"共性"的文化，各民族群众都可以"共同享有"。这就是"共有"的另一个层次，也应该是中华民族共有精神家园应该达到的理想层次。就像费孝通先生所说的"各美其美，美人之美，美美与共，天下大同"十六字箴言一样。"特性"相当于是"各美其美"，"共同拥有"是"美人之美"的基础，"共同享有"才可能到达"美美与共"，也只有通过这样的过程才能达到"天下大同"。因此，很显然，在解释"共有"概念的时候，在解释为"共同拥有"的基础之上，很有必要添加"共同享有"的释义。只有这样，才符合共享发展理念，才应该是中华民族共有精神家园建设的最终目的。

因此，对于"共有"的概念，适宜从共享发展理念的角度进行更广阔和更多层次的理解。不仅要反映最核心的本质内涵，还要挖掘各种可加以利用的有利因素；不仅可以从"共同拥有"层面去理解"共有"的概念，更可以从"共同享有"的角度去加以扩展和深化。

(二)"精神家园"：离不开物质家园

对于精神家园从本质上讲，中华民族共有精神家园是精神家园的一种，属于意识范畴。按照辩证唯物主义的观点，物质决定意识，意识是对物质的反映。有精神家园则必然有与之相对应的物质家园，精神家园是相对于物质家园而言的，并以物质家园为建设基础。物质家园，可以理解为精神家园所依存的一切物质条件基础。中华人民共和国领土领空领海内的自然物质条件以及各族人民创造的丰富多彩的物质财富，是中华民族共有精神家园建设的物质基础。物质家园建设是物质基础，精神家园建设是上层建筑。不能离开温饱问题、发展问题来单谈精神建设，只有物质生活得到满足才会渴望精神享受。

物质基础的发展程度直接决定了意识的发展程度，因此，物质家园的发展程度直接影响到精神家园可能的实现程度。除此之外，意识对物质也有能动的反作用。精神家园的建设对物质家园的建设，也有着推动或者阻碍作用。充分发挥意识的能动性，可以很好地推动物质建设。党的十七大以来，我党明确提出建设中华民族共有精神家园，这即表明物质条件已经得到了很好的改善，也说明已经需要建设共有的精神家园来推动物质家园的进一步建设。但无论如何都不能忘记物质对意识的决定性作用，建设精神家园也必须继续切实推进物质家园的建设。精神家园不只是空中楼阁，更应该成为中华各民族共同享有的精神世界的联通。必须建立在中华民族物质生活联通的基础之上。

三　厘清观念——保护民族传统文化和民族文化创新之间的关系

文化认同是任何一个国家在其发展的进程中都必须解决的问题。时至今日，国与国之间文化软实力的竞争日趋激烈，这对各民族实现文化认同提出了更高的要求。当前，各少数民族在厘清各种模糊观念的基础上实现文化发展观念的更新，这是实现民族传统文化向创新性发展时做出正确路径选择的前提条件。

改革开放以来，我国很重视民族文化的保护和传承，从诸多方面帮助少数民族文化事业的发展，制定帮扶政策，投入大量资金，取得了显著的成绩。但是随着现代化、工业化进程的深入，部分民族文化处于消亡的危机境遇。如少数民族的语言文字、民族工艺品、手工技术、风俗习惯、传统节日难以传承等。所以在保护民族传统文化和民族文化创新方面，笔者认为保护民族传统文化和民族文化创新之间存在着十分密切的关系，民族传统文化得到的保护越多，民族文化创新的条件就越充分，民族文化创新得以实现的可能性就越大。民族文化创新通常是通过对某一特定社会现有民族文化元素的重新组合来实现的，一个社会现有的民族文化元素越多，民族文化多样性越丰富，人们的选择就越多，民族文化创新得以实现的可能性就越大。传统民族文化是民族文化从今天走向未来的基础，它对维持社会稳定的积极作用不容置疑，它帮助人们适应环境的作用也十分明显。西方发达国家由于对传统民族文化的社会作用有在社会发展的进程中获取的深刻认识，对传统民族文化的保护工作十分重视，他们的经验值得我们认真加以借鉴。我们不仅要充分认识传统民族文化的价值，做好保护传统民族文化的工作，更要充分认识在当今世界进行文化创新的必要性和紧迫性。进入新时期以来，我国各民族文化变迁的进程和文化变革的实践在速度和规模上都有了很大的发展，快速变化的环境使欠发达民族承受巨大的压力，不断增强民族文化的自我创新能力，增强民族文化的竞争力，努力谋求文化的先进性，是民族地区各民族做出的最佳选择。

四 尊重差异、包容多样——注重吸收少数民族优秀传统文化

我国是以汉族为主体民族架构的文化多元一体的格局，不仅向世界展现了古老悠久的中国历史，更展示我国各民族水乳交融的和谐民族关系。尊重差异、包容多样的民族文化，坚持各民族文化共同繁荣。少数民族文化是中华文化的重要组成部分，少数民族优秀传统文化更是中华民族共同的精神财富。因此，包括民族生态文化理念、民族服饰文化理念、传统的宗教文化理念、社区传统的礼让文化理念等在内的少数民族优秀文化理念和传统都应该得到大力的发掘和建设，而这也是推进社会主义文化大发展、大繁荣的题中应有之义。中国少数民族大部分聚居在边疆和山区，由于地域、风俗习惯和语言等因素，少数民族地区经济相对落后。但是，经济的落后并不代表文化的贫瘠，所以我们要谨慎地扬弃。

构筑中华民族共有精神家园的过程中，更要传承与保护少数民族文化，因为一个民族的传统文化是一个民族历史、社会、政治、经济、生活和地理环境的特点在观念形态上的反映，是该民族智慧的结晶，凝聚该民族的感情、意志和追求，体现民族精神，对于一个民族的心理素质、民族性格、思想道德、价值观念以及审美意识的形成起重要的作用。因此，面对全球化、现代化的冲击，国家应加强保护少数民族文化的立法工作，使传承与保护少数民族文化制度化、法律化。特别应该抢救和保护那些濒临灭绝的、口耳相传的文化，使少数民族文化"百花开放"。同时，要通过大众传媒加大对少数民族文化的宣传力度，营造全社会重视保护少数民族文化的氛围，不断提高人们对少数民族文化保护的意识。

习近平总书记说："不让一个民族认同本民族文化是不对的"；"那些认为少数民族文化落后、看不起甚至主张任其消亡的看法是错误的"。美人之美，要"守望相助""互相尊重、互相关心、互相学习、互相支持"。

美美与共,就要"认同中华文化和认同本民族文化并育而不相悖。"① 只有这种革命性的认识,才能形成革命性的共识,只有建立了这种革命性的共识,我们才能革命性地构筑中国各民族共有的精神家园。我们要深刻认识到推动经济发展、全面建设小康社会、加快民族事业新发展需要弘扬少数民族优秀传统文化;建设中华民族共有精神家园、建设中国特色社会主义理论体系需要弘扬少数民族优秀传统文化。

五 正确引导宗教文化与社会主义社会相适应

宗教文化作为最古老的社会文化现象,与其他文化一样是人类生活历史进程中的结晶,人类文明的重要组成部分和载体。我国是一个统一的多民族国家,也是一个多种宗教的国家,信教人数基数大,并且分布散、广。宗教文化一直处于中华民族传统文化的核心位置,因此,正确认识和处理好宗教问题,关系到我国长治久安和社会长期稳定。

宗教作为一种历史现象将会长期存在,积极引导宗教文化与社会主义社会相适应,必须做到:首先,要全面贯彻执行党的宗教信仰自由政策。它是积极引导宗教与社会主义社会相适应的基本前提。在社会主义社会宗教仍有其存在的社会、自然和认识的根源。"那种认为随着社会主义制度的建立和经济文化的一定程度的发展,宗教就会很快消亡的想法,是不现实的。那种认为依靠行政命令或其他强制手段,可以一举消灭宗教的想法和做法,更是背离马克思主义关于宗教问题的基本观点的,是完全错误和非常有害的。"宗教信仰自由政策是我们党的一项基本政策,是宪法赋予公民的一项基本权利。没有宗教信仰自由,就谈不上积极引导宗教文化与社会主义社会相适应的问题。所以我们要全面正确地贯彻党的宗教信仰自由政策。其次,要依法管理宗教事务。目前,中国的宗教问题还是比较严重的。如达赖集团、东突恐怖主义势力、法轮功邪教势力、境外敌对宗教势力都危害着民族团结、国家稳定和祖国统一,只有依法管理宗教事务,才能保证国家长治久安,才能实现积极引导宗教文化与社会主义社会相适应。最后,加强宗教界的思想和队伍

---

① 《〈习近平总书记系列重要讲话读本〉——关于建设社会主义文化强国》,《人民日报》2014年12月12日。

建设。这是积极引导宗教与社会主义社会相适应的重要手段和基础性工作。各爱国宗教组织是党和政府团结、教育宗教界人士联系广大信教群众的桥梁。是党和政府值得信赖和依靠的力量。既是宗教与社会主义社会相适应的"被引导者",又是"相适应的"引导者,在引导宗教与社会主义社会相适应的过程中发挥着重要作用。所以,我们一定要不断加强宗教界的思想和队伍建设。

六 大力发展和繁荣少数民族文化产业

少数民族文化产业的范围非常广泛,包括民族文化旅游业、民族文化传媒业、民族艺术文化业、民族体育文化业和民族餐饮业等。少数民族文化产业能否顺利发展,是最后影响到中华民族共有精神家园建设的重要问题之一。发展少数民族文化产业是实现少数民族经济可持续发展、少数民族文化建设逐步完善的重要组成部分。所以,我们要大力发展和繁荣少数民族文化产业。笔者以为,为了大力发展和繁荣少数民族文化产业,我们一定要采取以下几个方面的措施:第一,少数民族地区发展文化产业应提高认识、抓住机会。少数民族地区应利用自己的优势,利用本地区和相关地区文化消费的需求空间,做大文化产业。我们一定要把文化发展的着力点放在满足人民群众精神文化需求和促进人的全面发展上。第二,重视文化产业人才培养。少数民族文化产业的发展,需要大批既懂文化、又有经营头脑的管理人才的参与。文化人才是文化产业建设和发展的创作、组织和经营管理主体,只有文化人才队伍建设加强了,文化产业发展才能具有基础和保障。第三,建设文化产业精品,树立文化产业品牌。中国少数民族文化产业都应该有自己的精品,只有把文化资源打造成精品,才能显示出民族文化的品位和价值,民族文化产业才能形成和发展。因此,我们必须以市场需求为导向重视民族文化的"打造"和"加工",不断创造具有民族特色的精品,才能提高民族文化品牌在国内外的竞争力,争取最佳的社会效益和经济效益。

总之,少数民族文化是中华文化的重要构成部分,是建设中华民族共有精神家园的重要源泉。在文化越来越成为民族凝聚力、创造力的重要源泉和综合国力竞争的重要因素的当今时代,我们通过注重吸收少数民族优秀传统文化,切实加强对少数民族文化的保护与传承,积极引导宗教文化与社会主义社会相适应，坚持不懈地开展意识形态领域的反分裂反渗透斗争教育、大力发展和繁荣少数民族文化产业等，才能充分发挥少数民族文化在中华民族共有精神家园建设中的作用，才能创造出无愧于伟大时代的中华民族共有精神家园。

铸牢中华民族共同体意识内涵与路径

黄莉茹[*]

摘要：党的十九大报告中提出"铸牢中华民族共同体意识"概念，这一概念是新时代民族工作的重要创新思想，也是新时代做好民族团结工作的行动指南。中华民族共同体意识是对历史时期中华各民族在政治、经济、文化、情感等方面交往交流交融的认同，是56个民族对中华民族这一整体的认同。中华民族是多元一体的格局，虽然各民族在各方面存在较多差异，但认同体系都是一致的。铸牢中华民族共同体意识，是维护国家统一的根本原则，是增强文化认同的必要条件，也是加强民族团结的重要前提。不断全面贯彻党的民族政策、深化民族团结进步教育、加强各民族交往交流交融、增强五个认同意识才能铸牢中华民族共同体这一认同意识体系。

关键词：中华民族；共同体意识

一 概念

"共同体"是指人们在具有非常深厚的感情基础这一共同条件下结成的集体，是最具有勠力同心的一个整体。这个集体可以做到共存亡，共命运，共荣誉。据资料表明，共同体下结成的集体，虽然不能使集体中的个体变得更加聪明，但可以使这个结成的集体力量变得更强大。中华民族在集结成共同体时，像是拧成的一股绳，紧紧抱在一起的石榴籽，始终心往一处想、劲往一处使，产生的力量是无穷大的。共同体可以使中华各民族更加牢固地团结一心，使中国在世界上屹立的地位更加稳固，文化认同意识更强烈。

---

[*] 作者简介：黄莉茹，女，西北民族大学马克思主义民族理论与政策专业硕士研究生。

中华民族共同体意识是对多元一体格局的认同，对56个民族都是一个共同的民族，即中华民族的认同。在长期的历史进程中，我国各族儿女在分布上呈现大杂居，小聚居的地理格局，在文化上兼收并蓄，在经济上相互依存，情感上相互亲近。中华民族共同体意识是对历史上多元一体大家庭中的各民族在政治、经济、文化、情感等方面进行交往交流交融的认同，是对56个民族同呼吸、同患难，"你中有我，我中有你，谁也离不开谁"的命运共同体的认同。从团结统一的大一统价值观内化为中华各民族共同的心理认同，维护国家统一成为中华民族意识中最高层次的认同。铸牢中华民族共同体意识，是我国社会主义民族关系的发展方向，也是增强中华民族凝聚力，实现中华民族伟大复兴中国梦的战略举措。

二 铸牢中华民族共同体意识的丰富内涵

（一）铸牢中华民族共同体意识的根本原则是维护国家统一

维护祖国统一，反对民族分裂，是国家昌盛、社会安定、民族繁荣进步的首要条件。维护国家统一是培育中华民族共同体意识的根本原则。团结统一是我国的一项基本的民族政策，56个民族共同奋斗创造了中华民族的辉煌历史和灿烂文明，地区的稳定关系到祖国边疆稳固，社会长治久安。历史发展进程中，维护和稳定统一的多民族国家，一直是中华民族远于一切的政治抱负、情感寄托和道德意识，一直是我国社会历史不断前进的主脉络。

如何加强民族团结，稳定社会秩序，关系到国家的完整统一、边防的巩固和民族地区经济繁荣发展的全局性问题。近年来，境外政治图谋始终没有停歇，一直变换策略和手段来煽动民族问题，进行反动宣传，不断挑起我国民族事端，致使我国的反分裂斗争进入了一个紧要时期。因此，当前铸牢中华民族共同体意识的一项艰巨任务，就是使正确的国家观、民族观成为引导各族人民群众的风帆。铸牢共同维护国家统一的思想意识根基，使各族人民深刻意识到祖国完整统一是国家的最高利益所在，也是各族人民的根本利益所在。使各族人民在反分裂斗争的重大原则问题上，要政治立场明确，态度坚定，敢于担负起维护祖国统一的责任、敢于冲锋在反分裂斗争前面，坚持全国一盘棋的思想维护祖国统一，坚持集中力量反对分裂势力破坏祖国完整。

（二）铸牢中华民族共同体意识是加强民族团结的重要前提

国家的富强，民族的兴旺，中华民族伟大复兴的实现，靠的是各族人民之间亲密有爱，靠的是各族人民团结一心，合力共生的密切情感。民族团结是56个民族共同的任务；是56个民族共同的成绩；也是56个民族共同的困难；更是56个民族共同的前途。中华人民共和国的成立和社会主义制度的确立，开辟了各民族团结友爱的新纪元，中华民族展现出巨大的向心力、凝聚力，展现出无比的自信心、自豪感。中华民族繁荣昌盛，中华民族能够凝聚齐心，靠的是各民族团结互助，靠的是各民族同心同德，并肩作战。

铸牢中华民族共同体意识是加强民族团结的重要前提，民族团结是社会主义社会进步发展的首要条件。加强民族团结就是要不断培育、加强、铸牢中华民族共同体意识。铸牢中华民族共同体意识，是加强民族工作的任务和方向。做好民族工作，重点的是要加强民族团结，争取各族人民群众的心。民族团结作为我国各族人民的生命线，要将树立正确的历史观、民族观、国家观、文化观作为加强各族人民团结的指导方针。凡是否定中华民族共同体的同一性，来强调"民族特性"、强调民族个性，要求"特殊待遇"的观点，都是对党的民族政策的刻意曲解。今天，各民族紧紧地团结在一起的神圣使命就是为了中华民族伟大复兴，在中国共产党领导下，奋勇前进、斗志昂扬，紧追时代发展潮流，迎来民族复兴的光明前景。只有56个民族同心协力、继往开来、团结奋斗，中华民族才能焕发出无比磅礴的伟大力量，展现出祖国光辉璀璨的光明未来。

（三）增强文化认同是铸牢中华民族共同体意识的思想基础

文化认同就像是"社会黏合剂"一样，将各族人民联合在一起，产生文化影响力，为集体提供共同价值观。是个体认同、社会认同、民族认同、国家认同的重要基础，是凝聚民族共同体的根基，也是实现中华民族伟大复兴的文化心理共鸣。没有文化认同，维护祖国统一、稳定富强，加强民族团结、繁荣和谐就失去了根基。对民族、国家而言，产生强烈的文化认同意识，是促使国家强劲地站在世界民族之林的伟大精神支柱，更可促使民族在动荡的国际竞争中更加稳固地发展。

中华民族共同体意识是在中华文化基础上形成共同的思想基础，实质上就是对多元一体中华文化的认同。每个民族都有本民族文化，56个民族在民族共同体中交往就意味不同民族文化在共同文化环境下相处，培养民族团结工作中的人民群众心理情感共鸣之处，就要使56个民族凝聚在国家的共同体内，在国家中建立文化意识形态的"共同体"，使各民族在多元一体共同体中淡化民族身份，交融到与其他民族成员的合作之中。在此基础上，各民族才能以文化为纽带，形成对民族共同体的归属感和依赖感，各民族在共同的文化基础上来追求相同的目标时，中华民族共同体就自发地形成了合力效应。国家通过民族共同体来加强民族凝聚力，文化认同就不可避免地作为共同体意识的基础。

三　铸牢中华民族共同体意识的途径

（一）全面贯彻党的民族政策

党的民族政策仅是用以调控中华民族共同体意识的多手段中的一种，在政治上、内容上的中华民族共同体意识都呈现出多元一体发展的特点，民族政策在历史发展过程中不断创新才可更好地推动、铸牢中华民族共同体意识。

为打牢中华民族共同体思想基础，正确评价党的民族理论政策和我国民族工作实践，进一步通过全面学习，结合中国特色学习党的民族理论、民族政策和民族区域自治制度，深入贯彻党的十九大精神，在思想上、政治上、行动上与以习近平同志为核心的党中央保持高度一致。为进一步打牢党的执政基础，为民族团结提供根本保障，全面进行依法治理民族事务，加强民族地区基层党组织建设，不断夯实民族工作的基础，不断提高民族地区党组织和党员干部为各族群众服务的能力。完善新形势下民族工作顶层设计，将民族工作统筹到位，既要对民族工作开拓创新，也要保留和改进，针对特殊地区、特殊问题、特别事件出台针对性政策，尽可能减少民族同区域之间的公共服务政策差异。加大对少数民族与民族地区扶持力度，加快民族地区发展步伐，繁荣民族地区各民族的自我发展能力，推动民族地区与全国一同迈向全面小康的新局面。切实为党的民族政策提供现实基础。全面贯彻落实中央民族工作会议精神，把坚定不移地走中国特色解决民族问题的正确道路作为思想理论政策宣传的主基调，与各地实际紧密结合，更加深入、广泛、持久地开展党和国家民族理论政策的宣传教育，开展社会主义核心价值观和中国梦的学习宣传教育，加大弘扬主旋律、传播正能量的力度，使广大干部群众更加自觉和坚定地贯彻党的民族政策。

我国的民族问题与国家紧密结合在一起，相互影响。国家的方方面面问题都影响到民族问题，因此，国家各方面的建设都会影响到中华民族共同体意识的稳固。将民族政策与中华民族共同体意识辩证统一地看待，既不能过分强调民族政策的个体性，也不能只看到中华民族共同体的多元性。

（二）进一步深化民族团结进步教育

深入开展民族团结进步教育是一项长期而艰巨的任务，我们要广泛深入地开展民族团结进步教育活动。在构建社会主义和谐社会的进程中，广泛深入开展民族团结进步教育就是为祖国统一和民族团结铸牢坚实的思想基础，从而进一步促进各民族和衷共济、和睦相处、和谐发展。

对各民族青少年深入开展民族团结进步教育，把民族团结进步教育的内容纳入国民教育、社会教育，把民族理论、民族政策、民族知识带进课堂。根据中国历史为主线讲清楚我国各民族形成与发展的历史、各民族语言文字、服饰、风俗习惯、宗教信仰、各民族的现状。以及我国的民族区域自治政策、宗教政策等相关法律法规。向各民族群众进行正确的国家观、民族观、历史观、宗教观和文化观宣传教育，形成各民族平等友爱、相互尊重、团结与共的意识。宣传教育特别需要注意的是，要有意识地淡化民族的特殊性和差异性，把各民族团结友爱、和睦相处的优秀文化传统和多民族文化的共通性、相似性充分挖掘，并运用广大群众喜闻乐见易于接受的形式，让大家对民族团结进步教育心领神会，使其成为各民族一致的行为规范和价值观念。还要向各民族领导干部树立牢固的"三个离不开"思想，促进广大干部增强民族团结意识，特别真诚地热爱各民族的感情。组织民族干部教育培训应该起到示范引领作用，推动各民族成员之间的交流交往与交融，密切联系党群关系、干群关系，使民族关系更加融洽，增强中华民族的共同体意识和大局意识。

民族团结进步教育活动，关系到各民族之间的团结进步，关系到国家领土完整和社会稳定和谐，关系到中华民族共同体的凝聚力。因此，充分调动地区、民族、组织、个人积极参与到民族团结进步教育事业中来，发挥各个领域的合力作用，加强中华民族共同体的凝聚力。

（三）加强各民族交往交流交融

改革开放以来，各民族进入了跨区域流动的历史活跃期，更多的民族群众走出长期生存的传统聚居地，在全国各地流动，越来越多的地方成为多民族的聚居地。他们共同居住、学习、工作、生活，在政治、经济、社会、文化等领域内广泛交往交流交融，从而增强和深化了"你中有我，我中有你，谁也离不开谁"的命运共同体关系。

进一步铸牢中华民族共同体意识，需要重视宣传教育，利用新闻媒体等信息平台，为各族青少年搭建一个兴趣爱好、情感培养、文化交流、民族习俗和校园活动的交往场所。作为传播民族交往交流交融平台，同时也要为中老年群体加大社会保障力度，关注中老年群体精神需求，积极鼓励、引导中老年群体融入社会性、兴趣性活动中。对于积极进行民族交流的集体和个人给予多种形式鼓励，提高交往活跃性。此外，实现各民族共同繁荣、共同发展的目标是在加强各民族交往交流交融，立足民族地区优势的基础上，充分利用国家给予民族地区的各种优惠政策，借助政府、市场以及社会等各界力量，实现全国区域协调发展，通过经济发展调动各民族人民的积极性，推动各族人民的情感。文化是连接各族人民的纽带，着重强调少数民族对中国历史、中华文化、中华民族做出的积极贡献，增强对中华文化和民族自觉的自豪感和归属感。通过文化发展，举办各族文化活动、培养文艺人才、挖掘文化古籍等内容使各族人民紧密联系在一起。

我国各民族都是中华民族大家庭中不可或缺的成员，各民族团结进步始终是中华民族的生命所在、力量所在、希望所在。只有顺应新形势，促进新发展，创新载体和方式，把各民族交往交流交融融入共同的生产生活和工作学习中，从而加深彼此的了解、进一步增进感情，才能促进各民族和睦相处，和衷共济，像石榴籽那样紧紧抱在一起，能够在中华民族这个大家庭中守望相助。

参考文献

赵刚:《民族政策与中华民族共同体意识的构建》,《学术界》2017年第2期。

徐柏才:《论民族团结进步教育的实施路径》,《中南民族大学学报》(人文社会科学版)2013年第1期。

杨云安:《民族地区的交往、交流与交融路径分析》,《商》2015年第36期。

中共国家民委党组:《同心筑梦开新境,继往开来写华章——党的十八大以来民族工作力量与实践的新发展》,《民族论坛》2017年第4期。

李凤鸣:《像爱护自己的眼珠一样,爱护祖国统一和民族的团结——论乌兰夫维护祖国统一和增强民族团结的思想与实践》,《内蒙古师范大学学报》(哲学社会科学版)2011年第1期。

佐斌、温芳芳:《当代中国人的文化认同》,《中国科学院院刊》2017年第2期。

浅析"五个认同"与建设各民族共有精神家园

刘天培*

摘要：民族工作向来是国之大事，存亡之地，不可不察，中央先后提出"各民族共有精神家园建设"和"五个认同"的战略思想。本文主要通过对二者内涵的解释，论述了强化"五个认同"对推进各民族共有精神家园建设的重要意义，并提出只有通过"五个认同"方能改变各民族的精神面貌，丰富民族群众的精神世界，才能建设各民族共有精神家园。

关键词：五个认同；强化；精神家园

我国是统一的多民族国家，民族问题历来是治国理政的重要问题，它关系到国家的稳定，民族的团结以及社会的发展。解决好民族问题对于我们改善人民生活水平，提高生产力，提升综合国力，实现"两个一百年"奋斗目标和伟大复兴的"中国梦"有着至关重要的意义。

我国经历了六十多年的社会主义建设，在马克思主义、毛泽东思想、邓小平理论、"三个代表"重要思想、科学发展观以及习近平总书记系列重要讲话的指导下劈波斩浪、披荆斩棘开拓了一条中国特色社会主义的民族发展道路。制定了民族区域自治的基本制度，制定了民族团结、民族平等、各民族共同繁荣的基本政策，确立了"三个离不开""五个认同"的基本原则，建立起平等、互助、团结的新型民族关系。在各民族的共同努力下，实现了中华民族的跨越式发展，民族认同感不断稳固加强，各民族关系空前团结。但是也应该看到由于境内外敌对势力的煽动，不明真相的

---

* 作者简介：刘天培，男，西北民族大学马克思主义学院2016级马克思主义发展史专业研究生。

群众受其蛊惑产生了与民族团结离心离德的思想，并且也发生了很多危害民族团结和国家稳定的事件。这些问题也应该引起我们的高度警觉。

对于当前存在的不利于民族团结与发展的问题有人说是经济问题，是由于生产力发展不同步，经济社会发展的不同步和人民生活水平的差异造成的。纵观古今中外，同处一个国家生产力水平发展相当的民族也会产生民族矛盾，例如库尔德民族问题、德意志奥地利民族矛盾比比皆是。另外，各民族互相提携，促进各民族共同繁荣，实现56个民族的全面小康也是在全国各民族赢得了广泛的认同。因此笔者认为经济问题只是一个方面，而文化精神上的层面才是当前处理民族问题的关键。当前我国民族关系在精神文化方面确实存在一定的问题。

少数民族由于历史、生活环境、文化习俗等原因生活在祖国的边疆，从心理上、生理上、地理上离中原较远，加之国内外反动势力有组织有计划地煽动，以及一些汉族群众对少数民族的不了解，导致了部分少数民族产生了一定的离心力。近年来由于西方的所谓民族主义的煽动，这种"离心"不容忽视。因此中央高度重视民族问题，开出了共建精神家园和"五个认同"这两剂良药。

一 什么是"各民族共有精神家园"和"五个认同"

党的十七大提出了"要弘扬中华文化，建设中华民族共有精神家园"① 的历史性课题，十七届六中全会进一步把"建设中华民族共有精神家园作为建设社会主义文化强国的基本内容和战略任务"。② 中华民族共有精神家园是整个中华民族可以共同依托、愿意共同传承、乐于共同发扬的文化精神、价值观念和情感态度的总和，是中华民族赖以生存和发展的精神财富，是中华民族生生不息、团结奋进的精神动力。③

在第二次中央新疆工作座谈会等会议上，习近平总书记多次强调要不

---

① 胡锦涛：《高举中国特色社会主义伟大旗帜，为夺取全面建设小康社会新胜利而奋斗》，载《人民日报》2007年10月25日。

② 胡锦涛：《中共中央关于深化文化体制改革、推动社会主义文化大发展大繁荣若干重大问题的决定》，载《人民日报》2011年10月26日。

③ http://news.cnr.cn/native/gd/20151001/t20151001_520034643.shtml。

断增进各族群众对伟大祖国的认同，对中华民族的认同，对中华文化的认同，对中国特色社会主义的认同。2015年8月24日，习近平在中央第六次西藏工作座谈会上指出："必须全面正确贯彻党的民族政策和宗教政策，加强民族团结，不断增进各族群众对伟大祖国、中华民族、中华文化、中国共产党、中国特色社会主义的认同。"① 正式提出"五个认同"重大战略思想。"五个认同"是当代中国共产党人运用马克思主义基本原理，结合中国民族问题实际，创造性地提出的解决民族问题科学的实际的战略思想；"五个认同"是中国各民族在不断地融合、交流、发展中形成的公认的、一致的、统一的文化概念；"五个认同"是马克思主义民族观、国家观、历史观、文化观、宗教观同中华优秀传统文化深度融合的具体的现实的体现。要建设各民族共有精神家园，就要始终突出民族团结和培育中华民族共同体意识这个重点，突出各民族文化认同这个核心，突出对中华民族、对中国特色社会主义道路的认同，突出各民族交往、交流、交融的环节和途径，着力从各民族人民内心深处、文化心理上塑造共有精神家园，营造各族群众和睦相处、和衷共济、和谐发展的自然轻松的工作、生活新状态，感受中华民族大家庭的温暖。② 一言以蔽之，就是从精神文化层面打造中华民族同呼吸、共命运、心连心的命运共同体。

二 "五个认同"与各民族共有精神家园建设的重要意义

（一）"五个认同"是各民族的共有精神财富

"五个认同"之间相互作用、相互影响、相辅相成，互为表里，对伟大祖国的认同是基，对中华民族的认同是本，对中华文化的认同是根，对中国共产党的认同是依，对中国特色社会主义道路的认同是魂。使各族人民增强对伟大祖国的认同、对中华民族的认同、对中华文化的认同、对中国特色社会主义道路的认同，构建各民族共有精神家园，是国家统一之

---

① 向玉乔：《中华民族共有精神家园的构成与特征》，载《光明日报》2008年4月1日。
② 马玉堂：《新时期民族工作的指南——学习习近平同志在中央民族工作会议上的讲话》，《西北民族大学学报》（哲学社会科学版）2005年第3期。

基、民族团结之本、精神力量之源。①

1. 对伟大祖国的认同是基

中国不是某一个民族的中国而是全国各族人民的中国，中国自秦朝以后就形成了统一的多民族国家，无论是隋唐汉还是宋元明都是生活在中华大地各民族的国家，到清朝统一的多民族国家基本定型。尤其要明确，现代的新中国不是所谓某一个民族建立的，是我国56个民族在中国共产党的领导下浴血奋战推翻三座大山建立起来的。中华人民共和国是我们56个民族大家庭的中国，对伟大祖国的认同就是对中华各民族历史的认同，对伟大祖国的认同就是对中华各民族奋斗成果的认同，对伟大祖国的认同就是对各民族本身的认同。要像爱护自己眼睛一样爱护民族团结，像珍视自己生命一样珍视民族团结，像石榴籽那样紧紧抱在一起。②

2. 对中华民族的认同是本

何谓本？即根本。对中华民族的认同是各民族"五个认同"的根本，抛弃了对中华民族的广泛认同，"五个认同"便是空中楼阁。中华民族是生活在中国大地上的56个民族的总称。在中国的历史上，少数民族与汉族在长期融合交汇中至清朝形成了中华民族的概念。甲午战争中，中国人开始意识到无论是汉族、满族、蒙古族、回族都是中华民族，和日本大和民族有本质的区别，日本帝国主义侵略的不仅是满洲贵族的清政府，更是侵略包括56个民族在内的中华民族，各民族都达成一个共识就是：我们是中国人。于是各族先烈开始联手抗击日本侵略者，这是民族意识的初步觉醒。抗日战争中全国人民地无分南北，人无分老幼，族无分大小，在中国共产党倡导建立的抗日民族统一战线的旗帜下，"四万万人齐蹈厉，同心同德一戎衣"，中国人民以血肉之躯筑起拯救民族危亡、捍卫民族尊严的钢铁长城，用生命和鲜血谱写了中华民族历史上抵御外侮的伟大篇章。③ 中国共产党在抗日前线和敌后组织了东北抗日联军、内蒙古大青山抗日武装力量、陕甘宁回民抗日骑兵团、冀中和渤海回民支队以及海南抗

---

① 习近平：《在中央民族工作会议上的讲话》，《人民日报》2014年9月4日。
② 习近平：《在参加新疆代表团审议时的讲话》，《人民日报》2017年3月10日。
③ 习近平：《在纪念中国人民抗日战争暨世界反法西斯战争胜利70周年大会上的讲话》，《人民日报》2015年9月4日。

日根据地的琼崖纵队等各民族武装，① 为全面抗战的胜利做出了不可磨灭的贡献，中华民族的民族意识完全觉醒，中华民族的概念从此完全深入人心。

离开对"中国人"的认同，那就是背叛中华民族，也就是背叛本民族。因此对中华民族的认同是各民族长期和谐共存的根本，也是"五个认同"的根本。

3. 对中华文化的认同是根

文化是民族之根，中华文化当然就是中华民族之根。中央民族工作会议指出，中华文化是各民族文化的集大成，少数民族文化是中华文化不可分割的重要组成部分，各民族都对中华文化做出了重要贡献。在长期的生活实践中，中华各民族共同创造了源远流长、博大精深的中华文化。我国多样化的地形地貌，形成了多样化的气候环境和动植物生态群落，形成了多样化人文环境，更形成了多姿多彩的中华文化。我国文化宝库中的诗经、汉赋、唐诗、宋词、元曲、明清小说，既有大量反映少数民族生产生活的作品，也有大量少数民族作者的创造。《诗经》是各民族民歌的总汇；《楚辞》中相当一部分是记录整理的少数民族仪式歌、民歌；元曲的繁荣有着少数民族多方面的贡献；满族作家曹雪芹的《红楼梦》是我国文学史上不朽的名著；藏族的《米拉日巴传》是一部具有较高水平的传记文学作品。少数民族用自己的语言文字，为祖国文化宝库贡献了灿烂的瑰宝。② 可以说中华文化是各民族文化的结晶，缺少哪一个民族的文化都不行。对中华文化的认同就是对本民族文化的高度认同，也是对中华民族历史的认同。对中华文化的认同有利于全国各民族增进全民族的凝聚力、认同感和向心力。

4. 对中国共产党的认同是依

对中国共产党的认同是"五个认同"中的高级阶段，是各民族实现民族复兴、国家富强，乃至将来实现共产主义的依靠。中国共产党不是哪一个民族的政党，它从成立伊始就吸收了毛泽东、关向应、邓恩铭、乌兰夫、粟裕、韦国清等中华各民族中的先进分子。始终为中华民族的共同利

---

① 束迪生：《马克思主义民族理论教程》，新疆人民出版社1997年版，第83—84页。
② 国家民族事务委员会编：《中央民族工作会议精神学习辅导读本》，民族出版社2015年版，第255—256页。

益谋福祉，始终代表中国先进生产力的前进方向，始终代表中国先进文化的前进方向，始终代表中国人民的根本利益。自中华人民共和国成立以来，全国各族人民在中国共产党的领导下实现了跨越式发展，政治上废除了旧的封建农奴制度，建立了民族区域自治制度；文化上确立了民族平等、民族团结、各民族共同繁荣的马克思主义民族观；经济上解放和发展了民族地区生产力，实现了各民族的总体小康。认同中国共产党，坚持中国共产党的领导是实现各民族脱贫致富的根本保障，是实现全面建成小康社会的根本保障，是维护各民族根本利益的根本保障。

5. 对中国特色社会主义道路的认同是魂

中国特色社会主义道路是先进的中国共产党人将马克思主义普遍真理同中国改革、发展实际相结合并开创的一条适合中国国情的社会主义道路。在中国特色社会主义的康庄大道上，我们各民族完善了民族区域自治制度，开启了改革开放，迈向了全面小康，初步实现了各民族共同繁荣。各民族对中国特色社会主义道路的认同是对各民族发展现状的认同，更是对各民族自身走向繁荣道路的认同。因此，中国特色社会主义道路是"五个认同"之魂。

（二）"五个认同"与各民族共有精神家园建设的深层次联系

"五个认同"与各民族共有精神家园建设互为表里，"五个认同"是手段，各民族共有精神家园建设是目的。各民族共有精神家园建设要从什么方向来走，"五个认同"就是方向。从"五个认同"中来，在全国各民族中牢固树立"五个认同"，以"五个认同"为指导，从对祖国、对民族、对中华文化、对中国共产党和对中国特色社会主义道路认同这五个方面入手，提升对"五个认同"的认识，加强对"五个认同"的教育，加大对"五个认同"的宣传，使"五个认同"春风化雨般真正走进各民族的精神世界，共建各民族精神家园。

各民族精神家园建设归根结底就是丰富各民族精神世界，增强各民族精神力量，强化各民族的向心力。要想实现这个目标就必须从"五个认同"入手，用坚持"五个认同"全面推动各民族共有精神家园建设。

（三）共有精神家园建设的重要意义

中央民族工作会议指出：推动民族工作既要依靠物质力量，也要依靠精神力量；解决好民族问题，既要解决好物质方面的问题，也要解决好精神方面的问题。① 为什么要建设各民族共有精神家园？一是现实问题的需要。我们以前提到的更多是各民族共同繁荣，忽视了精神家园的建设。近年来，民族分裂势力大肆鼓吹"大藏区""东突厥斯坦"等主张，从文化思想领域宣扬民族分裂主义、宗教极端主义和暴力恐怖主义，这些反动思想或多或少、或轻或重影响了一些人，其中有些人甚至成了搞民族分裂、暴力恐怖活动的"急先锋"。② 正如西方马克思主义者葛兰西论述无产阶级要同资产阶级争夺文化领导权，我们要旗帜鲜明地建设各民族共有精神家园，同敌对分子争夺思想文化在民族领域的领导权。二是增强国家凝聚力的需要。国家凝聚与否是国家强盛的重要标志，一个拳头分成五指力量很小，若一个拳头攥在一起将形成五个指头无可比拟的力量，这就是系统内部的有机组合，也就是团结。九·一八事变日本侵略者为何能轻易占领东三省，关键一点就是我们不团结，各民族之间不团结，国家内部不团结。而我们"一五"计划为什么能够提前超额完成，改革开放为什么能够如火如荼地进行就是因为民族团结。因此要实现"两个一百年"伟大奋斗目标必须要增强各民族凝聚力，建设各民族共有精神家园必须不断强化各民族的"五个认同"。

三 加强"五个认同"学习教育，构建各民族共有精神家园

目标已确定，蓝图已绘制，关键就在如何落实。实现"五个认同"，构建各民族共有精神家园既需要顶层设计更需要脚踏实地地干。要加强"五个认同"的学习教育，使"五个认同"真正深入各民族群众内心深处。

---

① 国家民族事务委员会编：《中央民族工作会议精神学习辅导读本》，民族出版社 2015 年版，第 249 页。

② 同上书，第 251 页。

（一）加强"五个认同"的宣传和传播

首先，干部是落实一项政策的关键，要使"五个认同"在各级领导干部中达成广泛认同。通过学习会、研讨会、座谈会等形式，在各级领导干部尤其是少数民族聚居区的领导干部中广泛开展对"五个认同"的学习；通过写思想汇报、写心得体会的形式，推进各级干部对"五个认同"的再学习；将处理少数民族问题的好坏纳入政绩考核机制中来，对一些恶性事件实行"一票否决制"，以此强化对"五个认同"落实的监督。

其次，群众是我们工作的出发点和落脚点。"五个认同"的宣传必须深入群众，深入实际，要让"五个认同"真正走进各民族群众的心坎里。其一，在全国范围内，各社区举办民族活动月系列活动，通过讲课、演讲、交流会、观看影视资料等形式，一方面从宏观上宣传党和国家"五个认同"的战略思想，另一方面从微观上使群众在交流、学习中深刻领悟"五个认同"为什么好，哪些行为是有违"五个认同"的，要落实"五个认同"作为个体该如何做等问题。使各族群众在日常生活中着眼于小，着眼于细，践行"五个认同"。其二，要使"五个认同"这一民族政策同"中国梦""四个全面"等其他重要思想一样润物无声，各级党委政府还应通过张贴宣传海报、公交车播报、悬挂宣传横幅等方式使全社会都掀起对"五个认同"的学习。

（二）深化"五个认同"的学习和教育

教育是立国之根本，强化对"五个认同"的广泛认同要充分发挥教育教化人心的作用。首先，无论在普通学校还是民族学校都应保证每一学期至少开展一次全校性民族知识学习大会，在学习大会上要将"五个认同"精神贯穿大会始终，用浅显易懂的语言向广大学生讲述马克思主义的民族理论，讲述真正的民族故事，同反动势力、反动学者、反动团体争夺学生阵地。其次，让"五个认同"精神走进课堂，融入教材，在教材中要贯彻民族团结、民族平等的观念，要将各民族尤其是少数民族在"五个认同"方面的贡献都融入教材中。例如在编写认同中华民族的课文时可将东归英雄、蒙藏会盟、西藏和平解放等历史事实编入教材。最后，学校要坚决抵制"五个不认同"的错误思想，通过校会、班会加强对不利于民族团结、民族平等的校内外反面教材的辨析，避免不明真相的学生受不法分子影响而误入歧途。

（三）大力推动"五个认同"的文化融入

大力发展有利于加强"五个认同"的文化事业和文化产业。第一，加强各民族间的交流，鼓励进行民族区域间的旅游与工作，使广大汉族群众走进边疆，走进少数民族，消除一些对少数民族的误解；使少数民族群众走进内地，走进汉族，消除部分少数民族与汉族的隔阂。第二，大力发展有利于强化"五个认同"的文化产业，通过减税、补贴、评奖等形式鼓励出版、发行有利于民族平等、民族团结的书籍、影视作品、音乐等，通过对各民族群众价值观的引导，丰富各民族群众的精神世界。第三，深挖各民族民间文化，各级政府应鼓励各民族民间艺人传承各民族的民俗文化；文化部门应主动帮助一些少数民族恢复已经灭绝或者濒临灭绝的民俗文化；充分发挥文艺界人民团体的作用，使其帮助民俗文化走向舞台，走向观众，走向现代化；国家应帮助各少数民族销售其民族文化产品，使其在经营文化产业中增强认同感和归属感。

"五个认同"是马克思主义民族观在精神意识领域的集中体现，是中国各民族发展实际的集中体现，是建设各民族共有精神家园的设计图，解决当下民族问题的"金钥匙"。

发展新型的民族关系，铸牢中华民族共同体意识

刘永礼*

摘要：在中国特色社会主义新时期，形成了平等团结互助和谐的新型民族关系，这是处理新时期民族关系和铸牢中华民族共同体意识的基础。当前，全面贯彻党的民族政策，切实加强和改进民族工作，使各民族更加自觉坚定地在党的领导下共同团结奋斗、共同繁荣发展，一项重要工作就是积极培育中华民族共同体意识。[①] 以中国特色社会主义理论体系为核心，坚持"五个认同"，建设民族的和谐文化、大力发展民族经济、落实人才战略充分激发创造活力、认真贯彻落实党的民族政策、正确认识和处理宗教问题、坚持和改善党对民族工作的领导、提高党构建和谐民族关系能力等来铸牢中华民族共同体意识。

关键词：发展；民族关系；铸牢；共同体意识

党的十九大报告强调，要深化民族团结进步教育，铸牢中华民族共同体意识，加强各民族交往交流交融，促进各民族像石榴籽一样紧紧抱在一起。历史证明，中华民族共同体意识对于国家统一、民族团结具有重要意义。新型的民族关系的发展是培育中华民族共同体意识的重要基础和支撑。在高举中国特色社会主义伟大旗帜，为夺取全面建成小康社会新胜利而奋斗的新时期，牢牢把握各民族共同团结奋斗、共同繁荣发展的主题，

---

* 作者简介：刘永礼，男，西北民族大学马克思主义学院民族理论与政策专业2016级研究生。

① 习近平：《决胜全面建成小康社会 夺取新时代中国特色社会主义伟大胜利——在中国共产党第十九次全国代表大会上的报告》，《人民日报》2017年10月18日。

"巩固和发展平等团结互助和谐的社会主义民族关系",以民族关系和谐促进民族团结,铸牢中华民族共同体意识。

一 正确认识新时期我国民族关系与中华民族共同体意识问题

民族是历史的产物,在历史发展过程中,各民族形成了不同的风俗、不同的习惯、不同的语言和不同的生活方式,各民族之间的差异是客观存在的。在近现代,多民族国家中的民族关系,是决定国家政治制度和结构形式、政治稳定程度、国家统一或分裂的重要因素。在多民族国家,正确处理好民族关系,实现民族之间和睦相处,是和谐社会建设的重要内容。

一是发展新型民族关系需要经济利益共同体的支撑。马克思曾强调民族形成重要原因之一是经济因素,指出共同的经济生活、经济依附、经济联系在民族形成中起着至关重要的作用。[①] 经济因素也是中华民族共同地域、共同语言、共同文化等全部要素的契合点,因此,铸牢中华民族共同体意识的核心内容之一是铸牢中华民族经济利益共同体。把中华优秀传统文化内涵更好更多地融入各民族的生产生活各方面,建立各民族相互嵌入式的社会经济结构和社会经济环境,是铸牢中华民族共同体意识的物质保障。

经济包含着各种文化因素,生产力充实着各种上层建筑。习近平总书记提出的"一带一路"倡议,打造了一条增进欧亚各国更加紧密的经济联系、更加深入的共同合作、更加广阔的发展空间的互利共赢的创新合作模式,加强了海陆通道互联互通建设,拉紧相互利益纽带,有效地推进各国打造互利共赢的"利益共同体"和共同发展繁荣的"命运共同体",充分彰显了构建人类命运共同体进程中的中国力量。在少数民族地区,要结合少数民族文化特色,要从少数民族和民族地区经济发展实际情况出发,不以 GDP 考核为重心,注重绿色 GDP 考核,转变少数民族和民族地区经济社会发展方式和改进支援少数民族和民族地区发展的模式,促进各民族相互依存、休戚与共的"民族互惠"经济利益共同体,不断铸牢中华民族共同体意识。

---

① 徐德莉:《中华优秀传统文化与中华民族共同体意识》,《光明日报》2017 年 4 月 10 日。

二是发展新型民族关系需要文化共同体的精神凝聚。文化观念不仅是经济基础、物质客体的主观反映,而且是经济基础、物质客体创建的有力推手。文化作为民族共同体的精神承载体,它在承载民族传统文化的同时,还赋予民族文化以时代精神。要继续发扬优良传统,坚持"五个认同",不断强化对伟大祖国的认同、对中华民族的认同、对中华文化的认同、对中国共产党的认同、对中国特色社会主义的认同,文化认同是最深层次的认同,是民族团结之根、民族和睦之魂,只有实现了文化认同,才能谈得上其他的认同。可以说,没有中华文化共同体的认同,铸牢中华民族共同体认同也就没有了安身立命的根基。习近平总书记强调,加强中华民族大团结,长远和根本的是增强文化认同,建设各民族共有精神家园,积极培养中华民族共同体意识。① 民族精神构建的实质就是一种文化寻根和文化建构,因此,文化自信是道路自信、理论自信、制度自信的基石。中国共产党用自身的伟大实践,诠释了中华文化如何通过吸取世界先进文化和古代灿烂文化的精华,阔步走向社会主义先进文化,从而实现了中华民族共同体意识培育从自发走向自觉的历史性成就。

对中华文化的认同既包括对各民族共同创造的优秀传统文化的认同,也包括对当代中国与时俱进创造的中国特色社会主义文化的认同。近年来,"一带一路"倡议的提出与践行,既体现了中华传统文化中的"合则强,孤则弱"的内涵,又是对西汉开启的丝绸之路历史文明的传承和发展,充分体现了对传统文化在应用中的传承和创新。② 优秀特色文化传承认同这一"文化共同体"有效地将各民族紧紧地团结在一起。

三是发展新型民族关系需要在政治共同体中发酵。政治就是以经济为基础的上层建筑,是经济的集中表现,是以政治权力为核心展开的各种社会活动和社会关系的总和。政治、经济和文化结构是社会结构的基本要素,政治体制对文化体制和经济体制会产生重要的影响。中国共产党在领导中国革命、建设和改革开放中,形成了具有中国特色的政治制度,铸就了中华民族政治共同体,中国共产党的领导为中华传统文化传承提供了领导核心。

中华民族伟大复兴有着深厚的历史渊源和广泛的现实基础。中国共产

---

① 《习近平同志在 2014 年中央民族工作会议上的讲话》,《人民日报》2014 年 9 月 29 日。
② 邢丽菊:《习近平外交思想的优秀传统文化内涵》,《瞭望》2015 年第 38 期。

党自成立后先后提出民族独立、民族平等、民族自治等民族共同体理念。早在抗战时期，中国共产党就积极倡导全国各族人民团结起来建立抗日民族统一战线，共同抗日，共同斗争，特别强调中华民族统一性、整体性，积极促进中华民族共同体意识的形成。中华人民共和国成立后，我们党开辟了中华民族共同体意识培育新的征程，建立民族区域自治制度，体现了中华民族共同体意识不断趋于完善，反映出铸牢中华民族共同体意识与铸牢政治共同体有其内在统一性。

二 发展新型的民族关系，铸牢中华民族共同体意识

借鉴国内外发展民族关系的经验教训，结合我国的具体国情，我们可以从以下多个方面着手，标本兼治，综合治理，形成合力，建设和谐的民族关系，铸牢中华民族共同体意识。

（一）以中国特色社会主义理论体系为核心，建设民族的和谐文化，增强中华民族共同体意识

和谐文化是全体人民包括各族人民团结进步的重要精神支撑，是通过潜移默化在处理民族问题和关系中的物质力量。新时期，各民族要倍加珍惜、长期坚持和不断发展中国特色社会主义道路和中国特色社会主义理论体系。在当代，我们要用中国特色社会主义共同理想来凝聚各族力量，用以爱国主义为核心的民族精神和以改革创新为核心的时代精神鼓舞斗志，用社会主义荣辱观引领社会风尚。大力开展中国特色社会主义理论体系宣传和教育普及活动，推动当代中国马克思主义大众化。增强各民族的中华民族共同体意识认同，正确处理好民族利益和国家团结统一的利益关系。造就和培养一些少数民族的马克思主义理论家，积极探索用社会主义核心价值体系引领社会思想的有效途径，主动做好意识形态工作和民族文化工作，既尊重差异、包容多样性，又抵制各种影响民族关系和社会发展的错误和腐朽思想，不断增强中华民族共同体意识。

（二）贯彻落实"一带一路"倡议，大力发展民族经济为铸牢中华民族共同体意识注入动力

少数民族分布相对集中在西部地区，经济和社会发展的水平较东部发

达地区还存在差距，特别是在一些偏远地区，人们还处于绝对的贫困状态。如果经济长期得不到发展，群众的生活得不到改善，就会带来一系列的问题。事实证明，民族问题的解决，从根本上有赖于经济的发展。发展是解决中国一切问题的关键，也是构建和谐的民族关系的根本。要充分发挥区位和资源优势，主动融入"一带一路"倡议，构建新时期新格局，深度对接全国乃至全球产业链和市场体系，提升整体发展水平和区域竞争力，在国家战略布局中大有作为，实现全面建成小康社会的奋斗目标。

（三）认真贯彻落实民族区域自治制度，为铸牢中华民族共同体意识提供制度保障

民族区域自治制度体现了坚持国家完整统一与少数民族自主管理本民族内部事务的有机统一，体现了党的领导、人民当家做主和依法治国的有机统一，具有强大的政治生命力，是历史性和现实性、政治性和经济性、民族性和区域性的统一，是解决我国现阶段民族问题的基本制度。坚持和完善民族区域自治制度，在国家的集中统一领导下，尊重和保障民族自治地方的自治权利。结合我国改革开放的深入、社会主义市场经济体制的建立和完善，适应民族自治地方的社会发展的实际，坚持和完善民族区域自治制度，结合本地实际情况开创性地开展工作。加强民族法制建设，积极推进自治条例、单行条例和民族法规的修订和完善。要不断推进民主政治制度化、规范化、程序化，努力为各民族群众行使民主权利提供法律保障，促进民族工作依法进行。

（四）正确认识和处理宗教问题，以信仰自由引领民族关系和谐，促进民族交往、交流、交融

宗教问题和民族问题往往交织在一起，民族矛盾有很大部分是出自宗教问题。由于社会的剧烈变化，人们在物质生活或精神生活中遇到困难和空虚等情况，困难、疾病、动荡等带来的社会不安，以及在生命和宇宙中还存在很多尚未做出科学解释的现象，这些促使人们到宗教中寻找精神寄托，产生大量同政治、经济、文化、民族等矛盾联系在一起的宗教问题。加之国际敌对势力的干预和支持，我们要充分认识到宗教问题的长期性、复杂性、群众性、民族性、国际性等特点，做好新时期的宗教工作。全面贯彻党的宗教工作基本方针，发挥宗教界人士和信教群众在促进经济社

发展中的积极作用。正确认识和处理信教群众和不信教群众、信仰不同宗教群众之间的关系，积极引导宗教与社会主义社会相适应在解决宗教问题上，落实党的宗教政策，使宗教管理走上法制化，妥善处理和有效预防宗教问题产生的矛盾，使得信教群众和不信教群众共同致力于社会主义现代化建设。

（五）坚持和改善党对民族工作的领导，提高党铸牢中华民族共同体意识的能力

民族工作是一项政治性很强的工作，特别是在社会转型期，民族工作显示出强大的政治功效。中国的历史和现实表明，做好中国民族工作，离不开共产党的领导。民族工作中党的领导只能加强，不能削弱。同时我们要帮助少数民族发展社会事业。健全正确处理人民内部矛盾的工作机制，完善信访制度，综合运用政策、法律、经济行政等手段和教育协商、调解的方法，及时合理有效处理民族群众反映的问题、化解民族矛盾、解决民族问题。建立健全社会利益协调机制，引导民族群众以理性合法的形式表达利益诉求和解决利益矛盾。建立健全民族问题预警体系，形成统一指挥、功能齐全、反应灵敏、运转有效的应急机制，提高保障社会公共安全和处置突发事件的能力。

我们在巩固和发展平等团结互助和谐的社会主义民族关系的过程中，还要树立民族问题的长期性、重要性和复杂性的思想，注重民族感情，大力发展民族文化。经过各族人民的共同团结奋斗、共同繁荣发展，实现各民族之间的多样性和系统性的统一、包容性和竞争性的统一，促进各民族和睦相处、和衷共济、和谐发展，不断巩固铸牢中华民族共同体意识。

参考文献

《习近平在第二次中央新疆工作座谈会上的讲话》，《人民日报》2014年5月30日。

《筑就民族团结进步的中国梦》，《人民日报》2014年9月28日。

《习近平同志在2014年中央民族工作会议上的讲话》，《人民日报》2014年9月29日。

《深刻把握民族工作"五个并存"的新特征》,《中国民族报》2014年11月28日。

《全面实现小康,一个民族都不能少》,《人民日报》2015年1月23日。

《习近平在中央第六次西藏工作座谈会上的讲话》,《人民日报》2015年8月26日。

《习近平在会见基层民族团结优秀代表时的讲话》,《人民日报》2015年10月1日。

《决胜全面建成小康社会 夺取新时代中国特色社会主义伟大胜利——在中国共产党第十九次全国代表大会上的报告》,《人民日报》2017年10月18日。

青觉:《民族问题的内涵与中国当代民族问题》,《中国民族报》2008年。

金炳镐:《民族问题概念:民族工作的理论依据(二)》,《中国民族报》2011年。

王希恩:《发展仍是解决我国民族问题的关键》,《中国民族报》2013年。

李德洙:《观察和研究民族问题必须要有新视角》,《贵州民族报》2013年。

李建军:《以地域多元民族文化增强新疆文化软实力》,《兰州大学学报》(社会科学版)2012年第3期。

马戎:《中国人口跨地域流动及其对族际交往的影响》,《中国人口科学》2009年第6期。

邢丽菊:《习近平外交思想的优秀传统文化内涵》,《瞭望》2015年第38期。

徐德莉:《中华优秀传统文化与中华民族共同体意识》,《光明日报》2017年4月10日。

罗红流:《自觉维护民族团结大局 促进民族关系和谐发展——第四次中央民族工作会议精神学习札记之四》,《民族论坛》2014年第12期。

何文钜:《构筑各民族共有精神家园——第四次中央民族工作会议精神学习札记之六》,《民族论坛》2014年第12期。

关冰、陈路芳:《加快民族地区全面建成小康社会步伐——第四次中央民族工作会议精神学习札记之五》,《民族论坛》2014 年第 12 期。

张立辉、许华峰:《积极培育中华民族共同体意识路径探析——以西南民族大学民族团结教育为例》,《西南民族大学学报》(人文社会科学版) 2015 年第 5 期。

浅谈铸牢中华民族共同体意识

马文达[*]

摘要：在党的十九大上，"铸牢中华民族共同体意识"等重要论断首次写入党代会工作报告之中，这是习近平新时代中国特色社会主义思想在民族工作中的全新体现，同时赋予了新时代民族工作的重大历史使命。

关键词：中华民族；共同体；铸牢

一 中华民族共同体的历史渊源

纵观我国历史的发展脉络，历朝历代都是由统一的多民族构成的大一统国家。秦始皇统一六国，建立了秦王朝，完成了华夏的大一统，并使秦王朝成为中国历史上第一个多民族的中央集权制国家。随后出现了汉唐盛世的局面，总体上国家繁荣发展，老百姓安居乐业。在我国，汉民族也不是一蹴而就形成的，而是在我国不同的历史时期中，由少到多、由点到线，最后由线到面，像滚雪球一样虚怀若谷、兼收并蓄融合了其他各民族而充分形成的民族。不论是汉族政权入主中原还是其他民族入主中原，它们都有一个共同点——都认为是中华的正统"血脉"。在历史进程的水乳交融中，这些由多民族构成的国家政权都或多或少地面临着一些民族问题，在华夏大地上，有的民族湮没在历史的长河中，有的民族则继续繁衍生息，与此同时也有过分崩离析和多个政权鼎立的局面，但是统一的多民族国家仍然是发展的主流。民族间的经济、政治、文化等交流活动促成了我国各民族的发展，比如"茶马互市""和亲政策"、典籍翻译等。在这一养育了各民族的华夏大地上孕育出了璀璨的中华文化。从"鸦片战争"

---

[*] 作者简介：马文达，男，云南民族大学云南民族研究所博士研究生。

至"抗日战争",华夏大地上世世代代居住生活的各族人民众志成城共同抵御外来侵略,并且更进一步增强了中华民族的凝聚力和认同感。也正是如此,中华民族从此屹立于世界民族之林。

而最早提出"中华民族"一词的是梁启超,他在《历史上中国民族之观察》一文中指出:"中华民族自始并非一族,实由多数民族混合而成。"梁启超对于"中华民族"概念的解释充分说明了中华民族大家庭的形成与发展过程。孙中山在中华民国成立之初提出"五族共和"论,主张将民族认同与国家认同结合起来。抗日战争结束后,"中华民族"被我国各族人民广泛认可,即指我国境内各民族的统称。费孝通提出了著名的"中华民族多元一体"的观点。

自党的十八大以来,习近平总书记也多次强调要"倡导人类命运共同体意识"和"增强中华民族共同体意识",将马克思主义共同体思想继承并发展到一个新的历史高度,同时也为我国今后早日实现中华民族伟大复兴指明了前进方向。

二 新时代的中华民族共同体

习近平总书记在党的十九大报告中指出,中国特色社会主义进入了新时代,"我国社会主要矛盾已经转化为人民日益增长的美好生活需要和不平衡不充分的发展之间的矛盾"[1]。在这个"承前启后、继往开来、在新的历史条件下继续夺取中国特色社会主义伟大胜利的时代,是决胜全面建成小康社会、进而全面建设社会主义现代化强国的时代,是全国各族人民团结奋斗、不断创造美好生活、逐步实现全体人民共同富裕的时代,是全体中华儿女勠力同心、奋力实现中华民族伟大复兴中国梦的时代,是我国日益走进世界舞台中央、不断为人类作出更大贡献的时代"[2]。新时代社会主要矛盾的转变,要求我们既要回顾过去总结历史,也要放眼未来开拓进取。

进入新时代,我国各民族的经济文化等方面的交流日益增多,各族人

---

[1] 习近平:《决胜全面建成小康社会 夺取新时代中国特色社会主义伟大胜利——在中国共产党第十九次全国代表大会上的报告》,新华社,2017年10月27日。

[2] 同上。

民群众对于中华民族的认同感不断增强，与此同时我国积极倡导"一带一路"建设，我国各民族也随之与其他国家的民族产生密切交流，在打造利益共同体、命运共同体以及责任共同体的同时，更加铸牢了中华民族共同体。习近平总书记提出的这一新时代的中华民族共同体思想，为实现中华民族伟大复兴的中国梦凝聚了各族人民的力量，携手各族人民建设社会主义现代化强国。

三 铸牢中华民族共同体意识面临的挑战

随着全球一体化的不断发展，今天的世界俨然已是一个地球村了，各国之间的交往非常频繁，当然我们也应该清楚地意识到，在这种频繁合作交流的背后，其实是各种激烈的竞争。各个国家为了在激烈的竞争中占有优势，都在不断地完善自身，整合各方资源。当然，我国也不例外，纵观古今我国自古就是一个多民族的大一统国家，铸牢中华民族共同体意识可以积极有效地协调"多元"与"一体"的关系，进而早日实现中华民族伟大复兴中国梦。但是，我们还要看到在铸牢中华民族共同体的过程中所面临的一些挑战，其主要分为内部和外部挑战。

（一）内部挑战

改革开放以来，我国的经济事业得到了跨越式发展，人民生活水平显著提高，但是从微观上看，区域发展不平衡的现象依然存在。西部地区的发展滞后于东部地区，尤其是我国西部少数民族地区的发展比东部沿海地区发展缓慢，这种差距带来的结果便体现在人民的收入水平上，很明显东部地区人均收入要高于西部地区人均收入。这种局面如果得不到有效的改善，久而久之，发达地区与落后地区的经济等方面的类比会使人们产生心理失衡现象，这不仅会影响地区关系，甚至还会极大地影响民族关系，不利于建设中华民族共同体意识。

在思想意识形态方面，当前一部分人受到的历史虚无主义思潮的影响，冲击着中华民族共同体意识的建设。这是由于我国目前正处于社会转型阶段，传统的思想主流意识受到多元思想意识的冲击，但是新的思想主流意识还尚未完全成熟。因此，个别历史虚无主义者不顾中华民族发展的悠久历史以及各民族在历史长河中的和谐共生，肆意歪曲中华民族发展历史，试图以重新评估历史为由来否认中华民族的传统文化。

在政策方面，国家为了加快少数民族地区的发展，出台了一些优惠政策，但是一部分人却以此为手段来作为争取特殊"好处"的工具，从而产生反向歧视的现象，这种现象在一定程度上强化了民族认同感，而忽视了"多元"与"一体"的关系。自中华人民共和国成立以来，我国根据历史及现实依据，基于少数民族地区落后于其他非少数民族地区的事实，以民族平等为基础制定了相关民族政策，但是个别人由于缺乏对历史的了解和对国家政策的解读，以至于主张取消现有的民族政策。这些都不利于民族共同体的建设，甚至产生"副作用"。

（二）外部挑战

境外敌对势力企图利用我国民族、宗教等问题进行干预，同时这些国外敌对势力支持宗教极端主义和民族分裂主义对我国进行源源不断地渗透，妄图利用这些西化、分化中国，从而达到自己的目的。世界上大部分国家都是由多民族构成的，一些民族分裂分子利用人们对本民族的内部认同感来进行分裂活动，他们往往利用民族内部认同感来挑起事端、制造矛盾，从而引发民族冲突，造成社会动荡甚至国家分裂来满足自己的政治目的，给国家和人民带来了巨大的危害。一些民族分裂主义分子在我国制造暴恐事件，给国家和人民造成了极大地危害。民族与宗教往往紧密联系在一起，国外敌对势力或宗教极端主义往往利用信教群众的民族认同感进行渗透，歪曲我国的社会事实和方针政策，蓄意破坏我国的民族关系和社会稳定，比如西藏的"3·14"事件、新疆的"7·5"事件。另外还有一部分别有用心的国外敌对势力和民族分裂分子通过各种手段制造民族矛盾，导致部分民族被妖魔化，并产生民族矛盾。

当今时代，后殖民主义不断蔓延。所谓后殖民主义是 20 世纪 70 年代西方世界产生的一种学术思潮。主张西方中心主义，并通过一系列语言和修辞提出"二元对立"论，如先进与落后、文明与野蛮等，以此对世界进行它们认为的描述。同时后殖民主义倡导的西方中心主义还抱有西方文化的情结，而且这种西方文化情结普遍存在，西方中心主义利用种族优越论把其"自我"的规则强加于"他者"。后殖民主义理论主义包括"文化霸权""民族文化""话语"与"权力"，文化霸权既是一个政治、文化方面的问题，同时也是一个经济问题，也就是说西方国家因其自身的政治权力而在对东方的重构过程中，东方究竟扮演什么样的角色。在话语与权力方面，简单来说就是知识体系的构建，通过自身的文化观念使"他者"产生一种被强制认可的文化认同感，从而接受西方国家的思想体系。

如今，全球化不断发展，世界各国的联系越来越紧密，其中不乏一些西方国家通过现代媒体来强势输出和推销本国理念，包括文化、经济、政治等方面，源源不断地冲击东方的传统文明，使曾经璀璨的东方文明变为"灰姑娘"，让人们摒弃传承了几千年的优秀传统文化而去仰慕西方国家的文化理念。美国和加拿大曾经效仿西方的文化价值观念，从而提升了本国的民族凝聚力，但是我们应该清楚地看到，西方国家的文化理念形成于它自身独特的文化观和价值观之中，中国的政治文化理念不同于西方国家的状况。所以，一味地照抄照搬显然是无益于中华民族共同体意识的培育，甚至还会消解中华民族的凝聚力，对于实现中华民族伟大复兴中国梦产生不利影响。

四　如何铸牢中华民族共同体意识

党的第四次中央民族工作会议强调民族工作"长远和根本的是增强文化认同，建设各民族共有精神家园，积极培育中华民族共同体意识。"① 铸牢中华民族共同体意识，就是要在情感上彼此认同，心理上去除隔阂，各民族之间在互相尊重、包容、理解的基础上形成的多元一体文化格局，在这其中既有岁月沉淀的作用，又有国家政府的积极助推作用，只有这二者有机地结合起来，铸牢中华民族共同体意识才能落到实处。

（一）建设各民族共有精神家园

铸牢中华民族共同体意识，这要求我们要建设好各民族共有精神家园，因为这是中华民族共同体意识之基。所谓民族精神，"它是上升的思想体系的民族共同心理，是民族共同的世界观、价值观。"② 纵观各国历史不难发现，凡是取得民族解放和民族独立的国家，都有一个共同之处，

---

① 《中央民族工作会议暨国务院第六次全国民族团结进步表彰大会在北京举行》，《人民日报》2014年9月30日。

② 孔庆榕、张磊主编：《中华民族凝聚力学》，群言出版社2010年版，第448页。

那就是这些国家的各族人民团结一致、同仇敌忾共同抵御外来侵略。而我国也不例外，在抗日战争中我国建立了抗日民族统一战线，万众一心并且最终取得了抗日战争的伟大胜利，实现了中华民族和国家的独立。

然而，20世纪90年代苏联解体，这个统一的多民族国家一去不复返，只有中国依旧还是一个统一的多民族大家庭，这得益于中国共产党的伟大领导，走出了一条中国特色社会主义的道路，带领全国各族人民共同团结奋斗，共同繁荣发展。因为我国自古就是一个统一的多民族国家，各民族在华夏大地和谐共生，共同创造了中华文明。经过历史的发展，我国各族人民对于中华民族的凝聚力不断增强，中华人民共和国成立以来特别是改革开放以来，中国共产党坚持不懈地建设中华民族共有精神家园，使我国国泰民安、繁荣昌盛。

新时代我国社会主要矛盾发生了变化，我国的民族事务领域也随之出现了一些新变化。对此，"习近平总书记在中央民族工作会议上的讲话，充分肯定了民族工作取得的巨大成就，同时指出，在发展社会主义市场经济和实行对外开放的历史条件下，我们的民族工作面临'五个并存'的阶段性特征，即改革开放和社会主义市场经济带来的机遇和挑战并存，民族地区经济加快发展势头和发展低水平并存，国家对民族地区支持力度持续加大和民族地区基本公共服务能力建设仍然薄弱并存，各民族交往交流交融趋势增强和涉及民族因素的矛盾纠纷上升并存，反对民族分裂、宗教极端、暴力恐怖斗争成效显著和局部地区暴力恐怖活动活跃多发并存。"[①]习近平总书记提出的"五个并存"为我国新时代的民族工作指明了发展方向。如果要保持国家长治久安以及全国各族人民共同繁荣昌盛，就必须认真贯彻落实好"五个认同"，通过"五个认同"在建设中华民族共有精神家园中汇聚凝聚力、向心力，使中华民族共有精神家园为铸牢中华民族共同体意识发挥基础性作用。

（二）文化自信与认同

随着时代的发展，西方国家不断地进行文化意识的输出，使其他非西方国家的传统文化受到冲击。党的十八大以来，习近平总书记在多个重要

---

① 《深刻把握民族工作"五个并存"的新特征》，人民政府网·统战新语，2017年5月24日。

场合谈到我国的传统文化，表达了自己对传统文化、传统思想价值体系的认同与尊崇，展现了中国政府与人民的精神志气，提振了中华民族的文化自信。回顾历史，我国各民族在历史发展中不断地交流与学习，使其自身的文化与其他民族的文化兼收并蓄，最终创造了璀璨的中华文化，可以说中华文化是我国 56 个民族共同缔造的智慧结晶。中华文化中包含着许多优秀传统，如包容互鉴、公平正义、平等对话合作共赢理念，还有"和"为贵的处事原则等。要正确处理好各民族文化与中华文化的"多"与"一"的关系，进一步提升各民族对中华文化的认同感，加强民族内文化自信，加强各民族对中华文化自信，不断提高中华文化自信的魅力。

华夏大地上孕育了黄河流域、长江流域、珠江流域等不同的文明，伴随其出现了诸如龙山文化、良渚文化、仰韶文化等，这些在华夏大地上孕育的文明文化是"多元"的起源，大一统的结局。中国历史中统一占主流，正是各民族在统一的向心力的驱动之下，使得中华文化既"多元"又"统一"，中华文化已经在各民族的文化中打下了深深的烙印，成为各民族共有的纽带。"中华优秀文化已经成为中华民族的基因，植根在中国人内心，潜移默化影响着中国人的思维方法和行为方式。"① 因此，提升中华民族文化自信与认同，有助于中国在参与全球治理体系中传递中国声音、更好地建言献策。文化自信高了，各民族的文化认同感更加强烈，对于铸牢中华民族共同体意识提供了思想保障。

（三）加快发展经济建设

大力发展经济有助于促进铸牢中华民族共同体意识的培育。毛泽东曾指出："我们国民经济没有少数民族的经济是不行的。"② 民族地区能否按时建成小康社会，这直接关系到我国全面建成小康社会的整体大局。同时，习近平总书记也多次强调，只有包括民族地区也全面建成小康社会，全国才能完成全面建成小康社会的宏伟目标。以习近平总书记为核心的党中央，通过对口支援、精准扶贫等政策，加快民族地区各项社会事业的发

---

① 习近平：《青年要自觉践行社会主义核心价值观》，《习近平谈治国理政》，外文出版社 2014 年版，第 170 页。

② 毛泽东：《反对大汉族主义》，国家民族事务委员会政策研究室《中国共产党主要领导人论民族问题》，民族出版社 1994 年版，第 113—115 页。

展，改善人民生活水平；通过西部大开发战略，增强了西部地区与东部地区的人员流动性，不断地深化和巩固各民族经济共同体的密切联系。因为"如果民族地区发展差距长期得不到根本扭转，就会造成心理失衡，乃至民族关系、地区关系失衡。"①

党的十九大再次强调，各地区要精准发力、因地制宜，与此同时还要加快发展，确保如期全面建成小康社会，使各民族共享发展成果，并与社会主义现代化建设同步，从而为铸牢中华民族共同体意识打下坚实的经济基础。

（四）继续坚持和完善民族区域自治制度

民族区域自治制度是我国的基本政治制度之一，是建设中国特色社会主义政治的重要内容。民族区域自治制度就是在统一的祖国大家庭里，在国家的统一领导下，以少数民族聚居的地区为基础，建立相应的自治机关，设立自治机关，行使自治权，自主管理本民族、本地区的内部事务，行使当家做主的权利。民族区域自治制度也是我国解决民族问题的基本形式，是马克思主义民族理论的创新与发展，是中国特色社会主义的重要组成部分。

中国的民族区域自治，是指在国家统一领导下的自治，各民族自治地方都是中国不可分割的一部分，各民族地区的自治机关都是在中央的统一领导下的一级地方政权。而且中国的民族区域自治，不只是单纯的民族自治或地方自治，而是民族因素与区域因素的结合，是政治因素和经济因素的结合。

因此，民族区域自治制度有助于维护国家统一和安全，增强了中华民族的凝聚力，使各族人民，特别是少数民族把热爱本民族与热爱中华民族有机地结合起来，更加自觉地维护祖国统一、保卫边疆。使少数民族行使人民当家做主的权力并发展平等团结互助和谐的社会主义民族关系。同时也造就了一支明辨是非、勇于担当、群众信任的少数民族干部队伍，为社会主义现代化建设事业蓬勃发展添砖加瓦贡献自己的力量。使各族人民心往一处想、力往一处使，为早日实现中华民族伟大复兴中国梦共同奋斗。

---

① 国家民族事务委员会编：《中央民族工作会议精神学习辅导读本》，民族出版社 2015 年版，第 139 页。

(五) 依法处理民族问题

要始终用法制思维和法制方式来处理民族问题，以法律的形式保障各族人民的合法权益，推进民族事务法制化进程，引导各族人民树立遵纪守法的法制观念，维护民族平等团结。同时还要进一步提高各级党政机关依法处理民族事务的工作能力。通过扎实有效的法制化建设，为铸牢中华民族共同体意识提供法制保障。

总之，铸牢中华民族共同体就是要靠全国各族人民的共同努力，"汉族离不开少数民族，少数民族离不开汉族，各少数民族之间也互相离不开"，56个民族同心同德、携手共进、开拓进取，只有这样才能早日实现中华民族伟大复兴中国梦！

构筑各民族共有精神家园
——大历史视域下对中华民族共同体的解读

王志达*

摘要：树立中华民族共同体意识，建设各民族共有精神家园，是一项长远的战略任务。中华文化是各民族在历史发展过程中共同创造而形成的，是各民族文化的集大成者；各民族对中华文化的认同是民族团结的根本，是民族和睦的灵魂。从大历史的宏观视域出发，中华文化形成的过程是一个"多"与"一"相调衡的过程；中华民族共同体形成的过程是一个"多"归属于"一"的过程，总而言之，是一个趋"和"与认"同"的过程。

关键词：共有精神家园；中华民族共同体；文化认同

2014年的中央民族工作会议站在历史和全局的高度，集中阐述了八大问题，其中深刻阐明了民族团结是我国各族人民的生命线，强调要把加强民族团结作为战略性工作来做，强调要把建设各民族共有精神家园作为战略任务来抓，"战略"二字足以体现党和国家对民族团结、民族认同、民族共同体建设的高度重视。

一 对建设各民族共有精神家园的理解

中央民族工作会议提出建设各民族共有精神家园是一种辩证思维的体现，也是我们党对巩固和发展社会主义民族关系的新的突破及更深层次的认识。我们应该从学术理论与实际情况相结合的角度和我们党处理民族关系的辩证思维两个方面来加以理解。

---

* 作者简介：王志达，男，云南民族大学云南民族研究所在读博士研究生。

目前学术界对"民族"这一概念以及"民族认同理论"的学术讨论存在两种观点,一种认为民族是一个"原生的"实体,是客观存在,具有一定的客观特征,由此引申出来的民族认同理论被称作"原生论";另一种观点认为民族是在社会发展变化中建构出来的,是民族成员带有主观"想象性"的政治共同体,因为受到政治、经济和社会的影响而变化,在这种概念的指引下发展而成的民族认同的理论被称作"建构论"。① 从二者不同的观点出发,我们可以总结出前者强调民族的稳固性和持续性,后者强调民族的可塑性和变化性,从学术的角度来分析二者,仁者见仁,但是在实际的民族工作中,只有将学术理论结合实际情况才能制定出解决民族问题的正确方法,在统一的、多民族的中国,各民族都有着自己的历史和文化,有些民族在中华民族形成的历史过程中还有着自身的地缘政治,所以我们党在结合了我国各民族的历史和现状以后,把民族作为一种客观存在来界定民族的概念,是符合我国历史和国情的正确的决策。

2005年我们党在总结中外民族理论与实践经验的基础上,对马克思主义民族理论关于民族概念的发展进行了一次新的总结,认为民族作为一种客观存在,作为一个历史范畴,是人类发展到一定阶段的产物,民族的产生、发展和消亡是一个漫长的历史过程,有其特定的规律。一般来讲民族在"历史渊源""生产方式""语言""文化""风俗习惯""心理认同"六个方面具有共同特征,并强调了"宗教"在有些民族的形成过程中起到了重要作用。② 承认"民族"的客观性不容置疑,但是承认民族的客观性,绝对不是走机械唯物主义的道路,主观能动因素对客观存在的能动作用不容忽视,中央民族工作会议指出:推动民族工作,既要依靠物质力量,也要依靠精神力量;解决好民族问题,既要解决好物质方面的问题也要解决好精神方面的问题。③ 因此,建设各民族共有的精神家园正是我们党对发展民族理论的一次全新的认识,体现了辩证的思维。此外,在学术理论的层面上也综合了前面所提到的两种关于"民族概念"与"民族

---

① 左宏愿:《原生论与建构论:当代西方的两种族群认同理论》,《国外社会科学》2012年第3期。
② 吴仕民:《中国民族理论新编》,中央民族大学出版社2008年版,第31—32页。
③ 国家民族事务委员会编:《中央民族工作会议精神学习辅导读本》,民族出版社2015年版,第249—259页。

认同"的理论,借鉴了"建构论"中的一些积极因素。"建构论"认为民族的认同是可以建构的,集体认知需要一个建构的过程。① 基于对民族认同的一种"想象",这种"想象"并非"虚假意识",建构的过程也不是捏造的,而是通过共同的社会事实和历史记忆来建构认同,这对建设各民族共有的精神具有一定的借鉴意义。建设共有的精神家园绝不是无中生有,凭空创造,而是对共同的社会事实和历史记忆进行新的探索和重温。

二 中华民族"多"与"一"的关系

半个多世纪以来,随着考古发现的不断推进,中华文明起源的多元性已逐渐成为学术界的共识。在中国的版图上,长江流域、黄河流域、珠江流域、雅鲁藏布江流域、黑龙江流域、辽河流域、塔里木河流域等不同的江河流域孕育了不同的文明,围绕着水利、市场、祭祀或信仰以及乡里区划等因素形成了不同的"地域共同体"。② 中华民族在历史发展的过程中,形成了大一统的格局,在宏观上来看正是多个流域文明不断整合的结果,而宏观之下还存在着众多的"地域共同体"。在中国的大地上,曾共存着多个早期的文化系统,并各有自身的文化特色,在内蒙古和东北地区有红山文化,在山东、江苏有大汶口——龙山文化,在长江下游有良渚文化,在长江中游有石家河文化,在河南西部、山西、陕西有仰韶文化,在山西南部、河南中东部有着中原文化。③ 这些文化相互接触、交融,从最初的互相视对方为"他者",到逐渐称彼此为"我者",这是一个千百年来不断碰撞、调适、整合的结果,是一个不争的事实。所以在历史溯源的时候认定中华文明起源于黄河流域,其始祖是黄帝的古典一元说是站不住脚的,中华文化的起源是多元的,中华文明是多种文化整合而成的,中华民族是多个民族共同融合而成,这种融合甚至早于战国时期,即便是居于"中国"的汉民族的先祖——华夏族群也是融合了北方民族而形成的。④

---

① [美]本尼迪克特·安德森:《想象的共同体——民族主义的起源与散布》,吴叡人译,上海人民出版社2011年版,第8页。

② 鲁西奇:《中国历史的空间结构》,广西师范大学出版社2014年版,第24—28页。

③ 许倬云:《我者与他者——中国历史上的内外分际》,生活·读书·新知三联书店2010年版,第5页。

④ 郭静云:《夏商周——从神话到史实》,上海古籍出版社2017年版,第7—9页。

封建史学在提及中华文明源头的时候采用的是一元论和中心论的史学观,这是大一统、正统思想的衍生品,大一统虽然不是文化起源的原生状态,却是历史发展的最终结果。多元的起源,大一统的结局,这就是中华民族历史的发展过程。中国古代的史学家喜欢用"华夏"与"四夷"来概括整个天下,统称为"五方之民",因华夏居于中央且文化程度比四夷要高,所以称"中国",此时的"中国"不能等同于"天下",而是指"居中国而治四方"的中央之国。"中国"是一个不断变化的区域,范围的大小是看周边四夷对中央的归属程度,这种归属不单纯指武力上的臣服,而是侧重于文化上的认同与兼容。"中国"的范围取决于"中国"的边界和边缘的轮廓,对此王明珂先生有一个非常恰当的比喻:当我们在一张纸上画一个圆形时,事实上是它的"边缘"让它看起来像一个圆形。① 也就是圆的周长。而处于边缘地带的族群,由于文化上的劣势,总是自觉地效仿"中国",以便让自我承袭"华夏"文化的衣钵,希望摆脱"蛮夷"的身份而成为华夏,这种华夏与"蛮夷"之间存在的文化上的梯度,是一种让四方向中央汇聚的原动力。族群边界的划分并不是永久稳固的,它只是一个长期性的界限,这一界限会随着族群间的不断交往而变得越来越模糊,最终不同族群之间会出现"越界"的现象,在中国历史上,不同的族群会因为文化梯度或是现实利益,而发生族群认同的变迁,并改变历史记忆,甚至是通过建构新的历史记忆来结成联盟,但是在不同族群之间"越界"到"交融"的这一过程中"中国"作为一个强有力的中心起到了内核的作用,使得中华民族"像滚雪球一样的,越滚越大",使"中国"周边的族群像被飓风的对流力量抽卷进来一样,逐渐被吸纳到"中国"这一共同体当中。一个以文化影响力所波及的范围逐渐形成了一个政治地域的范围,在这一范围内部的人们形成了一种凝聚力和中央趋向,中国历史上统一占主流,正是人们在这种向心力的驱动下,不断完成了中国的统一,中华民族文化的多元与政治的一体就是这样逐渐形成的。历史为我们建设各民族共有的精神家园已经提供了支撑,回顾历史可以让我们审视当下,面向未来。

---

① 王明珂:《华夏边缘——历史记忆与族群认同》,浙江人民出版社2013年版,第4—5页。

三 全球化时代下共存共生的发展前景

台湾著名学者邢义田教授在他的讲座"再论中原制造：从南越王和海昏侯墓说起"中讲到，亚欧草原带上的诸多草原民族的创造表现在带勾、马饰、刺青之上的斯基泰艺术纷纷出现在了中原的漆器和马饰的装饰上，古代中原地区与北部亚欧草原带地区的文化交流可见一斑，二者相互借鉴，可能曾经形成过一种流行文化，这种流行文化一度流行于中原地区。这些给予今天的我们（不同传统经济类型的民族之间）很大的启示，那就是在人类学家提倡多元与不同的主张面前，我们找到了彼此在历史上的共同性，而民族学与人类学，不仅只是大肆宣扬自我与多样，其实现代社会要求我们这些同仁们探索的不应该是强调差异性和分歧，更多的是在差异的面前如何对话，如何求同存异，构建在多元文化之间相互冲突之下真正能够"美人之美，美美与共"的社会，构建人类命运的共同体。多元的，放射状的状态不可能是人类命运的最终归宿，人类最终的命运会在"和"与"同"两个字上找到归宿，那是一种"和而不同"的共同体，是能够承认、理解和接受彼此不同的共同体。今天的我们生活在全球化的时代，世界一体化是一个大的趋势，在中国内部也是如此，中华民族固有的凝聚力，是我们建设各民族共有精神家园的根基，而共有的精神家园是我们全国各民族追求幸福和发展的沃土。我们谈人类命运的共同体，各民族共有的精神家园，对中华民族的认同，对伟大祖国的认同，这是对中华民族相互交融的历史的一次飞跃。没有哪个民族甘愿让自己消亡，国家消亡了，民族都还不会消亡，加之现实世界中的利益关系，保护自己民族的生存空间和独特性是正常的历史现象。所以，民族的客观存在是长期的，这种长期性不是人为可以强制取消的。处理民族问题和民族关系之前要有一个对民族具有长期性这个基本认识，从这一点出发，就不会冒出一些激进的想法。文化相对主义有利于多方在平等的基础上对话，互相尊重和承认彼此，这是多民族交往的一个前提，但是文化相对主义也不是尽善尽美的，文化相对主义看起来很包容，其实导向的最终是狭隘，容易回归到唯我论之中去。文化不是人自己认为没有高低之分，就没有高低之分的，这不是人的意志能够断定的。民族学、人类学研究的对象主要是面向异文化，提倡相对主义，崇尚多元化，文化相对主义的提出在一定程度上是在反全球化动向增强的背景下应运而生的。由全球化所带来的负面影响,比如贫富差距、就业压力、资源外流等,激发全球各地反对全球化,反对一体化,提倡自我,提倡多元,但是世界应该是一体的,只不过在一体化过程中,一些机制还不够完善,如何减少这种负面影响,探索共性,避免多元冲突,是我们当今的一个方向。我们更多的是要在承认彼此差异的前提下,去寻找共性,增强团结,进行共同体建设,为那些由多元所引发的冲突和关系断裂的不同群体寻找对话的话题。

多元是为了达成一个更广泛的共性共识,多元化的终极目标和结果是世界一体化——人类命运的共同体。多元化不会是终极状态,只是一体化形成过程中,解决不平等问题,相互尊重,和平对话的前提,多元化是促成一体化的条件。把"多"与"一"的关系看作是相对立的,而忽略了统一,就会走向误区。中央民族工作会议也指出了"多"与"一"的辩证关系,"多"是一种活力和生命力的体现,"一"是团结和凝聚力的体现,偏重于"多"则力量分散,甚至会导致国家的分裂,而偏重于"一"则民族会因失去活力而变得僵化。总之尊重多元、包容差异,巩固一体增加共同性才有利于国家发展,有利于社会进步,有利于中华民族的伟大复兴。多元如果共存就需要一体,否则多元只会带来冲突。我也相信,世界上众多的多元文化论者、多元主义者、文化相对论者、自由主义者由衷的愿望是看到世界人民联合在一起,而不是看到多元文化之间因为"不同性和差异性"而筑起藩篱,产生隔膜,所有人都是为了人类和谐共处的美好未来,为了全人类的解放和自由而不懈地努力着。最后我们要注意一点,我们谈"和"与"同"绝不是带有强权色彩的,也不是带有"普世主义"色彩的,不是强制性地"求一",中国历史上的封建统治者们所主张的"以夏变夷"的落后思想一定要坚决抵制,这些历史都是我们建设各民族共有的精神家园的反面教材。我们绝不能搞口头上的文化多元,我们要在实际工作中真正做到包容差异,互相尊重,反对在多元中有一元凌驾于他者之上的行为。[①] 要把各民族都当作中华民族大家庭中的一员,全心全意地为各民族人民服务,为他们排忧解难,为民族地区全面实现小康社会而躬行身践。

---

① 许嘉璐:《中华文化的前途和使命》,中华书局2017年版,第6—7页。

余 论

中央民族工作会议从多方面阐述了构筑各民族共有精神家园，包括了物质与精神的关系、文化传承、文化认同、语言、教育、宗教等方面，为构筑各民族共有精神家园、增强民族认同、文化认同民族工作指明了方向。会议明确指出："讲文化认同，最核心、最关键的就是增进各族群众对社会主义核心价值观的认同；讲构筑中华民族共有精神家园，最根本、最重要的就是建设社会主义核心价值体系。"不同的文化背景的民族应该在社会主义核心价值观的引领下，增进彼此的了解，促进和巩固公平、和谐与合作共生的民族关系良好地发展，在承认各民族文化多样的前提下，讲同，讲一。很多学者只强调多样性和特殊性，在上升到新高度的时候，往往把各民族之间的历史和现实关系尽量写远，以为写的关系越远越是客观，把关系写亲近了，就是有复杂的目的。实事求是的是，中国就是由多民族共同创造的，这不是写远就真的远的问题，更多的是因为封建历史上文化中心论，文化独尊论等专制思想给今天的人们带来了思想上的隔阂，我们平静下来仔细梳理就不难理解中华民族多元一体格局的正确性。今天，我们该做的是一方面承认彼此，了解彼此；另一方面是增加共识，正确地认识历史，合作共生。强制改变少数民族文化是错误的，只强调自我的文化而排斥其他文化，排斥现代文化，不开放，不求发展也是不正确的。

民族学和人类学不仅仅只是一门关于文化的学科，如果民族学、人类学者只从文化角度出发来理解文化，解读文化，那么我们的事业只做了一半，而没有做更重要的另一半。我不认为民族学者、人类学者只应该做好关于文化的工作，这是西方的学术思想，我国老一代民族学工作者有优良的传统，关心底层，关心民生，求真务实，我们要继承他们的优良传统，并不断创新，做一个真正为人民大众谋幸福而身体力行的学者。以问题为导向，要以解决实际问题为核心，传承民族文化，巩固民族团结，而不是做纯粹的"文化解构"。民族学、人类学要为人民服务，为社会主义服务，为民族学地区现代化服务，建设各民族共有精神家园已经提出，成功离不开实践，取得胜利更离不开使用实践力量的人。

筑牢中华民族共同体意识

——浅谈文化认同的重要性

桑吉扎西[*]

摘要：中央民族工作会议指出：推动民族工作，既要依靠物质力量，也要依靠精神力量；解决好民族问题，既要解决好物质方面的问题，也要解决好精神方面的问题。加强中华民族大团结，长远和根本是增强文化认同，建设各民族共有精神家园，积极培养中华民族共同体意识。当前中华民族方兴未艾，但还没有从根本上改变西强东弱的总体态势，面临提高文化软实力的紧迫任务。

关键词：文化认同；中华民族；共有精神家园；文化软实力

一　文化认同是民族团结之根、是民族和睦之魂

人心相通，根本在于价值观相通，文化理念相融。文化认同是民族团结之根、民族和睦之魂。"文化认同"是一个复合概念。其中的"认同"尽管很复杂，但和"文化"结合起来，无非两种意思，一是归属感，二是认可。完整一点说，一是通过文化来确认人们的民族（或其他群体）归属，二是确认人们对某种文化的肯定和认可。

相对"认同"，"文化"的意思更为复杂。文化是什么，似乎是谁也说不清，但大家却都在说、都在感触的东西。有文化的大概念说，即举凡人类所创造的一切都可认定为文化；有文化的小概念说，即文化只是被集中到了精神层面和制度层面。笔者理解，虽然人们在为文化下定义时会有大概念说，但就具体使用来看主要是侧重小概念的。文化每每与经济、政

---

[*] 作者简介：桑吉扎西，西北民族大学民族学与社会学院2016级研究生。

治、社会、军事等相提并论，成为社会生活、现代化建设或学术研究的一个单独领域，并没有用以涵盖和取代其他领域。所以，从本义上讲，文化主要还是表现精神文明和社会形制方面的东西。物质的东西只有和精神和形制结合起来才有文化的性质。比如，一座建筑之所以是一种文化，是因为它体现了建造者对其功能、寓意的理解，反映了其所具有的技能、知识和艺术志趣。所以，建筑文化不应是指这座建筑本身，而是指由建筑表现出来的精神内涵和形制意义。进而言之，不是所有的人造物品都是文化，而是在人造物品中体现了人的精神意涵的东西才是文化。所谓文化，就是人的行为及所创造的一切事物所蕴含的理念、信仰、知识和技能。文化是人之所造所为，是区别人类和其他生物的根本标志（当然，高于人类的生命体被确认之后当另说）。文化是人类的本质属性。或称，人就是一种文化动物。

文化的含义虽然是精神层面的，却是通过物质层面和人的行为表现出来的，文化认同由此广泛而深刻。文化的生成是一个长期的过程，一旦形成便极为稳定；文化的存在又是有区隔的，民族（族类共同体）是最常见的文化单元。因此，我们现在所讲的文化总是和民族联系在一起，文化认同总是会具体到民族的文化认同。每一种文化都凝聚着人的创造性劳动，铭刻着人的奋斗和智慧。特定的地域环境、历史过程造就了不同民族的特点，形塑了不同的民族性格，形成了不同的知识体系和社会规则。文化形成的因素是多重的，文化认同自然也不会是单线条的。文化认同所表现出的不仅仅是对乡音、牧笛、祠堂、农舍这类文化实体的依恋和情感，也会寄情于塑造这一文化的土地山川、江河湖海、一草一木乃至流淌无穷的历史故事。文化塑造了具体的人，也赋予了人最直接最深刻的情感。所以，文化认同是一种包含着对人、物、景、情全方位的认同，是人最深层次的认同。趋利的本能、环境的影响都可以左右一些人的认同，但人之所出的文化却是根植最深的认同元素。在文化上寻求归属是人的一种本能，但现代化越深入、文化交流越深入，认同迷失现象越严重。这不但是对人之归属需求规律的背离，也不利于社会稳定和国家统一的维护。所以，20世纪后期以来，认同问题得到世界各国各民族的重视，增强文化认同已是时代的需要。我国是一个发展中的大国，改革开放极大地改变了我国的面貌，包括少数民族在内的各族人民正与贫困落后做最后的诀别。然而，与发展进步同步而生的民族间的文化纠纷、利益矛盾，与国际局势同步而动的民族分裂势力、宗教极端势力及其暴力恐怖活动，正成为我们实现中华民族伟大复兴的中国梦的严重障碍。维护民族团结、做好民族工作需要物质力量，同时也需要精神力量。其中，增强文化认同就是一项根本性的工作。因为正如前述，文化认同是最深层次的认同，是民族团结之根、民族和睦之魂。[1]

二 文化认同可以提升国家的凝聚力

一个国家的经济、政治、军事、科技、教育等因素都是客体，这些因素都要通过主体——人来进行管理、操作、生产和发展。人在国家中所处的地位，所能发挥的作用，除了人自身的因素之外，就靠文化环境，具有凝聚力的文化环境，可以团结人、吸引人，最大限度地发挥人的主观能动作用。在同样的客观条件下，创造出最大的精神财富和物质财富。如果缺少文化凝聚力，整个民族、整个国家就会成为一盘散沙。社会发展速度就会减缓，甚至会造成民族和国家的消亡。一个国家或一个民族生存的文化环境具有凝聚力，这个国家和民族不管现在的发展程度如何，未来的发展前景一定是美好的，反之，缺乏文化凝聚力的国家和民族一定要走下坡路。

文化凝聚力是一种向上的道德规范和价值取向。文化凝聚力从精神角度来看，它能吸引、团结一个国家或一个民族的所有成员，而形成合力，它必然是向上的。这样才能具有感召力和约束力。

文化的凝聚力唤起人们的理想追求，提炼出民族思维的精华，引导整体向上的价值取向，激发人们自强不息，自立于世界之林的精神。在这种文化背景下，新的生产力才能产生，并得以发展壮大。文化认同是文化凝聚力的基础。文化认同是指人们对自己所属文化的认知、赞同和感情依附。文化凝聚力是在文化认同的基础上，某文化体系对其文化共同体成员所形成的统摄力、吸引力、感召力，这种力量促使文化共同体成员紧密地团结起来，自觉维护其文化共同体的利益。文化凝聚力表现为两个方向的力量：一方面是文化对个体的统摄、吸引和关怀，另一方面是人们对文化

---

[1] 国家民族事务委员会编：《中央民族工作会议精神学习辅导读本》，民族出版社2015年版，第249—251页。

的自觉皈依和奉行遵守。文化凝聚力的主要作用是维持文化共同体的团结，增强共同体的稳定，促进共同体的发展。① 文化认同是文化凝聚力的基础，没有对文化的认同就没有文化的凝聚力。文化认同是指人们对自己所属文化的认知、赞同和感情依附。它包括两个：一是人们认识了文化意义上的"我性"与"他性"的区别，明确了"我们"与"他们"的区别；二是人们把自己定位于这一文化群体，自觉地归属于这一文化。对同一文化产生认同的人们形成了一个文化共同体。文化有表层文化、深层文化之分，那些能够在全球范围内把不同民族区别开来的文化根本特质，如价值观念、道德原则、思维模式等属于深层文化。深层文化最能代表文化的民族性，人们认同于某文化，就是认同这一文化的深层结构、认同于文化的民族性。有时，文化认同可能是抽象的，有些人可能对归属文化体系的具体内容所知甚少，但因为情感的关系，产生了对文化的强烈归属感。有了文化认同，文化才能对人产生统摄力、吸引力，人们才能对文化产生向心力，文化才能具有凝聚力、吸引力，人们才能对文化产生向心力，文化才能具有凝聚力。文化认同与民主认同、国家认同互相渗透、紧密相连。文化的认同度直接影响文化凝聚力的强弱。认同是人们对文化认可、赞同的程度，也可以指认同的广泛性。认同度越高，人们之间的同化反应越强，也就越容易凝聚为一个整体。

三 文化认同不能忽视文化的多样性

中国是各民族共同创建的，中华文化也是各民族共同创造的。这一命题应该从两方面看：

一是各民族的历史实践为中华文化的形成发展提供了物质前提。历史上，中原的汉族开拓了农业文明，周边的少数民族则开拓了草原文明或其他文明。这些文明的创造及其相互间的碰撞融合都在中华文化中得到了充分的表现。敦煌文化享誉天下。敦煌莫高窟里所藏文物除了壁画之外，还有数万件从5世纪初晋代到11世纪初宋代诸朝的经卷、文书、帛画、织绣、铜像等，所用文字有汉文、藏文、梵文、粟特文、于阗文等，内容涉

---

① 林建伟：《国家凝聚力：从文化认同到政治》，《广东省社会主义学院学报》2009年第3期。

及不同时期各民族的生产活动、社会结构、宗教生活、艺术创作等，堪称古代中国多民族生活的百科宝典，是中华文化对古代多民族历史状况的典型写照。此外，被视为中国传统文化经典的诗经、汉赋、唐诗、宋词、元曲和明清小说中，都有大量关于少数民族生活和民族关系的内容。正是我国历史上各民族丰富多彩的生活和创造，才为灿烂多彩的中华文化的形成和发展提供了素材、创造了条件。

二是各民族都在不同时期不同领域，以不同的方式创造了各自的文化，成为中华文化的不同成分。就少数民族来说，他们的文化创造，有的已完全融入了中华主流文化。如主持隋唐长安城修建的是宇文恺，他是鲜卑人；中国历史文献中的"二十四史"是官修"正史"，其中的《宋史》《辽史》《金史》的编修主持人是元代宰相脱脱，他是蒙古族；《饮膳正要》是一部珍贵的元代宫廷食谱，也是我国现存最早的古代营养保健学专著，其作者是元代"回回"太医忽思慧；《骆驼祥子》《四世同堂》的故事脍炙人口，它们的作者是满族作家老舍；等等。实际上，中华文化的创造队伍中，少数民族作家、诗人、科学家、思想家、军事家、政治家灿若群星、多不胜数。有的文化创造则是以鲜明的民族色彩流传于世的。以文字为例，古代中国除了汉字之外，流行的少数民族文字就有突厥文、契丹文、西夏文、藏文、粟特文、回鹘文、女真文、满文、八思巴文、察合台文、于阗文、龟兹文等十多种，当今的少数民族文字有的是历史流传下来的，有的则是外来的或新创的。以医学来看，汉族地区的中医源远流长，而藏医学在 8 世纪也已形成了成形的理论，回医在元代的朝廷已设有专门机构，在民间也十分流行。此外，蒙古、维吾尔、傣、苗、瑶、彝等民族也都有自己悠久的医学传统，成为中华医药学宝库中不可或缺的内容。目前，我国拥有联合国教科文组织批准公布的 39 项人类非物质文化遗产项目，居世界第一，其中少数民族项目有 13 项，占总数的 1/3。国家级非物质文化遗产中的少数民族项目比例在 45% 以上，远高于少数民族在我国总人口中的比例。这些数字足以说明少数民族文化在中华文化中的地位了。①

中华文化既然是各民族的共同创造，也便是各民族共有的精神家园，各民族也便都属于一个"我们"。所以，我们始终讲中华民族是一个大家

---

① http://www.mzb.com.cn/html/report/170825719-1.htm。

庭，中华文化是一个百花争艳的大花园，这里的每一种优秀文化都应得到彰显弘扬，都应得到认同。然而，"我们"这个家庭毕竟太大了，家庭形成又历经了长期的历史过程，家庭成员之间的特点也各有不同。所以，我们提倡的文化认同，既要有各民族的小认同，也要有民族之间的相互认同，还要有中华民族的大认同。所以在文化认同过程中，不能忽视了文化的多样性，以及中华文化的多源性。

四 增强文化认同提高文化软实力

胡锦涛同志在党的十七大报告中提出"文化软实力"这一概念并强调："当今时代，文化越来越成为民族凝聚力和创造力的重要源泉、越来越成为综合国力竞争的重要因素"，"要坚持社会主义先进文化前进方向，兴起社会主义文化建设新高潮，激发全民族文化创造活力，提高国家文化软实力"，这说明"提高文化软实力"被提升到了国家战略的高度，为以后的文化建设指明了方向。民族文化认同是凝聚民族力量的"黏合剂"，是国家文化软实力的重要体现。加强对民族文化认同的内涵及其软实力价值的研究，正确认识新形势下我国民族文化认同中存在的问题，积极探索增进民族文化认同的有效路径，这是增强我国文化软实力、实现文化强国战略目标的硬要求。[①]

国家文化软实力，是综合国力和国际竞争力的重要组成部分。从全球的思想文化激荡来看，中国的文化具有自主能力和调适能力，文化认同感增强。具体地说，要注意处理好经济全球化和文化多样性的关系。在当今世界，很明显的事实是：经济越来越全球化、一体化，政治则是多极化、多元化。而文化则介于两者之间。一方面，随着高科技特别是传媒与网络的迅速发展，文化的认同性日益取代了意识形态的差异性。另一方面，由于文化习惯、宗教传统、价值观念上的鸿沟难以弥合，不同文化与文明之间的差异所造成的裂痕亦有扩大的可能。一方面是全球价值趋同，另一方面是回归民族传统，复兴民族文化，实现民族自我认同。一方面是文化的多样性和差异性被同质化，另一方面是文化的交流、综合与新的多样性的

---

① 宁德业、周磊、张珊：《增进民族文化认同：提升文化软实力的硬要求》，《理论导刊》2014年第2期。

出现。如何处理好全球普遍价值认同与民族角色的自我认同,对于发展中国家的文化选择来说,具有决定性的意义。中华民族几千年来历经磨难而绵延不绝,一个重要原因就是有着深厚的文化传统和强烈的文化认同。

文化软实力的核心是文化魅力。它是社会主义核心价值体系的有机组成部分。社会主义核心价值体系是社会主义制度的内在精神和生命之魂,是社会主义制度在价值层面的本质规定。"文化软实力"作为社会主义核心价值体系中的重要内容,其优势在于文化本身具有的潜在性和柔韧性,它的威慑力和刚性的内涵丝毫不亚于硬实力。文化力量的特殊性在于,它不是一种强制性的力量,它的发挥根本上是靠文化的吸引、精神的感召,具有潜移默化、润物无声、引人入胜的特点,具有极强的渗透力和超越性,体现的是一个国家、一个民族的文化价值观念、社会制度、发展模式等对国际社会的影响力和感召力。文化软实力一旦与硬实力有机结合,将刚柔相济,形成坚不可摧的综合力量。"提高国家文化软实力"是党的最高领导人在党的最重要的会议上首次使用的概念,把"提高文化软实力"提升到国家战略的高度,这是对科学发展观的一次新的注解,表明我们党一方面与时俱进,展示了与国际通行发展规则相一致的视野,另一方面又开拓创新,走自己的文化发展道路的信心。中国是一个多民族的大国,推动民族文化的大发展、大繁荣,提升文化核心价值始终是政治家维护国家安全统一的战略主题。《周易》早就有"观乎人文以化成天下"的认知,南朝萧统提出过"文化内辑,武功外悠"的治国方略,龚自珍发出了"灭人之国者,必先去其史"的警告,都体现了中国政治注重"文化立国"的历史传统。正是这种以文化认同作为民族认同、国家认同和政治认同基础的核心价值取向,为中国数千年来的政治统一奠定了坚实的信念和基础。只有优秀的文化,才能使一个民族自立于世界民族之林。文化兴、民族兴,国家兴;文化衰、民族衰,国家衰;文化灭、民族灭,国家灭。政治治国,经济兴国,文化立国已成为人们的共识。纵观历史,当统一形成共识然而阻力重重之时,当两国硬实力对等或者接近因而相持不下的时候,文化认同的力量更能显示出"硬实力"不可替代的特殊作用。

文化是一个民族的灵魂和标志,是一个民族的精神家园,是民族认同、国家认同和民族凝聚力、创新力、发展力的基础。要加快发展国家软实力,关键就在于要更加自觉、更加主动地推动文化大发展大繁荣,不断增强文化的吸引力和感召力。从这个意义理解,文化是具有能动作用的意识形态和精神支柱。而从文化在传承过程中不断增强国家"软实力"的核心价值而言,文化就是以柔克刚的"军队",文化就是坚固的"国防"。中国是一个多民族的大国,推动民族文化的大发展、大繁荣,提升文化核心价值始终是政治家维护国家安全统一的战略主题。正是这种以文化认同作为民族认同、国家认同和政治认同基础的核心价值取向,为中国数千年来的政治统一奠定了坚实的信念和基础。①

---

① http://blog.sina.com.cn/s/blog_ 6d88ccb70101dniu.html。

后　　记

　　2017年11月11—12日中国人类学民族学年会在中南民族大学举行，作为分论坛"铸牢中华民族共同体意识研究"的召集人，我与诸位学人就中华民族共有精神家园到中华民族共同体意识理论与实践进行了广泛深入的讨论，此次论坛共收到了包括新疆、内蒙古、甘肃、青海等地区、高校学人34篇文章，会议结束后在征得学人同意后将此次会议文章以文集方式付诸出版，以作学界研究参考之用。近日，又收到中国人类学民族学2018年年会通知，此次年会主题为"铸牢中华民族共同体意识：中国人类学民族学的使命与担当"。可见，学界对于铸牢中华民族共同体意识的研究已经成规模、成系统、成体系，多学科交叉研究，多渠道实践调研，使中华民族共同体意识成为当下人类学与民族学的研究重点。同时我们也要清醒地认识到对于中华民族共同体意识的研究始终是一项艰难的任务，根植于中华大地56个民族，承载了历史的变迁与文化的乘合，新时期，如何把56个民族的力量汇聚到一起共同实现伟大复兴中国梦，要求我们要把研究放到现实中来，放到社会发展、民族发展中研究，既要尊重现实又要起到宣传民族团结、国家认同的重要意义，这里的研究恐怕依靠学术理论是不太够的。铸牢中华民族共同体意识的研究也需要对民族地区和对这个国家的款款深情，从他者到自我的研究。为了避免主观的不严谨，我们需要多学科共同协作，政治、经济、文化、制度等。付诸出版之际，希望本书对于学界对铸牢中华民族共同体意识的研究有所裨益。是为初心。

　　由于时间紧迫，诸多疏漏之处，每篇文章仅代表作者的学术思考，享有独立著作权。诚望学人批评指正。

　　感谢中国社会科学出版社的大力支持。

虎有泽
2018年5月3日